入門講義

# 安全保障論

INTRODUCTORY LECTURES
IN SECURITY STUDIES

宮岡 勲 著

慶應義塾大学出版会

# まえがき

## 本書の狙い

　近年、北朝鮮による弾道ミサイル発射や核実験、中国による世界一流の軍隊を目標とする急速な軍備増強、それにロシアによる極東における軍事活動の活発化など、日本を取り巻く安全保障環境はこれまでになく厳しいものとなっている。そうした状況の中、平和安全法制の整備、憲法9条の改正、在日米軍基地の問題をめぐる議論が国会の内外で起きてきた。だが、いずれも賛成派と反対派の議論がかみ合っているとは言い難い。どうも同じ土俵で議論していないように感じられる。賛成派であれ反対派であれ、日本の安全保障を議論する際には、まずは安全保障環境の現状とともに政府の戦略・政策そのものを十分に理解する必要がある。日本周辺の安全保障環境がますます厳しさを増している中、安全保障について知ることの重要性が高まりつつある。まさに今日、安全保障論という学問的な見地から具体的に日本の安全保障問題への理解を深めることのできるテキストの出現が望まれているのである。

　本書は、安全保障論の入門的かつ本格的なテキストである。安全保障論は国際政治論（または国際関係論）の中心的な下位領域として発展してきたため、本書は国際政治論のテキストとしても読むことができる。学部生や一般読者を主な対象としているほか、この分野を専門としている大学院生や研究者、そして安全保障に関係する省庁の方々にも役に立つ内容も盛り込んでいる。

## 本書の三つの特徴

1）　安全保障論・国際政治理論・政治思想の基本文献への手引きとなる。

　本書では、学問としての安全保障論の解説を目的としているため、安全保

障論の教育で重視されてきた名著・基本文献を中心に説明を行う。欧米の大学においては、学部であっても授業の予習として、学生用に平易に書かれた教科書ではなく、研究者用に書かれたオリジナルの学術的図書（の一部）や論文を数点読んでくる課題が出ることが多い。学生が学術文献を読むのが大変なことは事実だが、その方が、より深い理解に到達できるからである。本書は、欧米でよく売られているような文献抜粋集（例えば Art and Greenhill eds. 2015）でもなければ、一章ごとに一冊全体を扱う名著案内（例えば花井・石井編 2009）でもない。だが、安全保障論のシラバスの読書課題としてよく挙げられている名著・基本文献への手引きとなることを意図している。本来は外国語で書かれた原典を読むことが一番であるが、本書は入門書であるため、学生が自習しやすいようできるだけ日本語に翻訳されているものを優先している。

　本書では、原典からの引用を有効利用しながら、とくに**国際政治理論のリアリズムとリベラリズム**の観点から安全保障問題を考察することを重視する。基本的に、観察による検証が可能な、国際政治現象の原因と結果に関する仮説を提示する経験的理論に焦点を当てる一方、「正しい戦争とはどのようなものであるべきか」（正戦論）など国際政治における善悪の価値判断、道義や倫理を考察する規範理論については扱わない。

　なお、第一次世界大戦以降に発展した欧米の国際政治理論のリアリズムとリベラリズムには、それ以前の長きにわたり蓄積されてきた**政治思想**の影響がある。本書では、リアリズムに影響を与えた政治思想を**現実主義**、リベラリズムに影響を与えた政治思想を**自由主義**、と名称上の区別を行っている。リアリズムとリベラリズムへの理解を深めてもらうために、関連する現実主義と自由主義の思想も紹介していく。

2）　アメリカを中心に発展してきた伝統的な安全保障論に焦点を当てる。

　アメリカ合衆国（以下「アメリカ」という）の伝統的な安全保障論には、三つの特徴がある。第1に、研究上の主な対象は、**国家のレベルにおける安全保障の軍事的側面**である。ただし、軍事以外の側面（経済・環境など）や国家以外のレベル（個人・社会など）も、軍事的な国家安全保障に関連する

範囲で分析対象に含まれることがある。第2に、**国際政治論の理論**に基づく学術的な研究が盛んなことである。アメリカは、安全保障論の土台となっている国際政治論の分野も牽引してきた。アメリカの安全保障論は研究者の層も厚く、学問的に発展している。第3に、研究成果には、政策が課題としている問題の性質を理解する上で有益な知識を提供できるという意味での**政策関連性**（relevance）があることが期待されている。ただし、日々の政策決定に対し特定の選択肢を提言するという意味での**政策志向性**（orientation）までは求められていない（Gray 1982, 2）。

　日本においてアメリカの伝統的な安全保障論に着目する必要性がますます高まっている。その理由としては、次の三点を挙げることができる。第1に、日本周辺の東アジアでは、北朝鮮の核・ミサイル開発や中国の軍事的な台頭などの問題があり、**国家のレベルにおける安全保障の軍事的側面**の重要性は一層増している。日本の国際政治論や安全保障論では、国際政治を理解する上で欠かすことのできない安全保障の軍事的側面について十分な考察がなされていないものが多い。第2に、政策論に終始しがちな日本の安全保障論にとって、アメリカの**理論的な研究**からは学ぶべき点が多い。そして、第3に、アメリカの**政策関連性**の高い安全保障論は、同国の安全保障政策を理解し評価する上で大変に役立つのである。これは、日本にとって重要なことである。なぜならば、アメリカは、いまだに国際安全保障環境の現状に多大なる影響を与えている超大国であり、また、日本と共通の脅威・課題に直面している太平洋国家であり、そして、日本の平和と安全にとって死活的な同盟国であるからである。アメリカの安全保障政策は、日本の安全保障政策の与件ともなっている。

3）　日本とアメリカの国家安全保障戦略を重視する。

　アメリカの安全保障論を説明する上で、アメリカ政府の安全保障政策に言及しないわけにはいかない。しかし、それだけでは、アメリカの安全保障論と安全保障政策の単なる紹介に終わってしまう。本書は、最終的には日本の安全保障に関する理解や考察を深めることを狙っている。そのため、安全保障論を日本の読者にわかりやすく説明するには身近な例として日本の安全保

障政策にも言及することが望ましい。また、アメリカの安全保障論を日本の観点から捉え直すことは私たち日本人にとって必要である。

そこで、本書では、アメリカと日本の両政府がそれぞれ公表している、自国の安全保障の基本方針である国家安全保障戦略に関わる公式文書を必要に応じて取り上げる。すなわち、アメリカ政府の**「国家安全保障戦略報告**(National Security Strategy Report」（本書では**「NSS 報告」**という）と、日本政府が 2013 年に策定した文書**「国家安全保障戦略について」**（本書では**「国家安保戦略」**という）である。後者は、これから本書で説明していくように、冷戦後における日本の安全保障戦略の集大成であると言ってよい。もちろん、これらの公式文書が本当に両国の安全保障の基本方針になっているのかについては議論の余地がある。国民や諸外国に対して自国の安全保障政策を正当化するための単なる美辞麗句ではないかという批判もある。しかし、これらは各国の安全保障政策を理解する上でまず読むべき基本文書であろう。

なお、1987 年以降 17 回公表されている NSS 報告は、いずれも「国家安全保障戦略アーカイブ」というウェブサイト（http://nssarchive.us/）から入手可能である。また、日本の国家安保戦略は、内閣官房のウェブサイト（https://www.cas.go.jp/jp/siryou/131217anzenhoshou.html）などから入手できる。さらに、本書でよく引用される資料として防衛省（庁）編『日本の防衛―防衛白書』（以下「防衛白書」という）があるが、こちらは防衛省のサイト（http://www.clearing.mod.go.jp/hakusho_web/）で閲覧と全文検索ができる。


## 本書の構成・読み方

本書は、リアリズムから見た安全保障環境、リベラリズムから見た安全保障環境、戦略的アプローチ、および現代の安全保障課題という 4 部構成で、各部は 3 章ずつとなっている。全体としては、序章と 12 章からなり、半年の授業で使われることを想定している。

各章の構成は、導入部分と 3 節からなる。原則として、第Ⅰ節や第Ⅱ節では、基礎的な概念の説明や、日本やアメリカの国家安全保障戦略などを考察する。また、最後の第Ⅲ節は、より一般的な関連理論の解説で終わるよう

にしている。特に【発展】と書かれた見出しの項はやや高度な内容を含むので、初学者は読み飛ばしても差し支えない。以上のとおり、単著のテキストとして統一性と体系性を重視したものとなっている。

そして、各章末には日本語で書かれた入門的な文献案内をつけている。図書のみならず論文にも慣れ親しんでもらうために、学会機関誌の特集号も掲載している。なお、日本国際政治学会編『国際政治』の論文については、刊行後2年以降の号であれば、学会員でなくても以下のページから電子版を自由に読むことができる。

　　○ https://www.jstage.jst.go.jp/browse/kokusaiseiji/list/-char/ja

より発展的な文献案内については、以下の大学院授業のシラバスを参照することをお勧めする。

　　○ Ronald Krebs, "International Security: A Survey of the Field," The University of Minnesota, Spring 2015
　　　(https://sites.google.com/a/umn.edu/rkrebs/home/teaching).
　　○ Jack Levy, "Theories of War and Peace," Columbia University, Fall 2019 (http://fas-polisci.rutgers.edu/levy/syllabi/warandpeace.pdf).

最後に本書の読み方についてアドバイスしておきたい。本書は、必読文献やそれに準ずる重要文献を紹介している。しかし、必読文献や重要文献であるからといって、いつでもどこでも「正しい」とは限らない。学問や政策に論争はつきものである。本書は、教科書であることから、筆者の個人的見解を強調することは回避したつもりである。むしろ、異なる見解を積極的に紹介している。読者は、性急に「正しい答え」を探そうとするのではなく、それぞれの文献を批判的に検討して、それぞれの見解の長所と短所について自分自身の頭で考えることを願っている。

# 目　次

まえがき　i

## 序章　安全保障とは何か　1

はじめに　1

Ⅰ　安全保障の概念　1

1　安全保障概念の定義　1 ／2　安全保障概念の拡張　3

Ⅱ　アメリカと日本の国家安全保障観　4

1　アメリカにおける国家安全保障国の登場　5 ／2　アメリカの国家安全保障観　6 ／3　日本の国家安全保障観　8

Ⅲ　学問領域としての安全保障論　11

1　【発展】安全保障論の位置付け　11 ／2　【発展】安全保障論の二分化　12

［コラム 0-1］アメリカ国防省による国家安全保障の定義　8

［コラム 0-2］国家安全保障会議　10

［コラム 0-3］実証主義とポスト実証主義　13

## 第 1 部　リアリズムから見た安全保障環境　15

## 第 1 章　無政府状態と国家存立　17

はじめに　17

Ⅰ　国家主権と戦争状態　17

1　国家主権の概念　18 ／2　国連は世界政府ではない　19 ／3　ホッブズの戦争状態　20

Ⅱ　国家存立と自衛権　22

1　国益としての国家の存立　22 ／2　武力行使の禁止と自衛権　24 ／3　憲法 9 条と自衛権　25

Ⅲ　リアリズム理論と分析のレベル　27

1　【発展】古典的リアリズムと人間性　27 ／2　【発展】国際政治の分析レベル　29 ／3　【発展】ネオリアリズムと国際システムの構造　30

## 第 2 章　勢力均衡　35

はじめに　35

Ⅰ　古典的リアリズムの勢力均衡理論　36

1 力によって定義される利益　36　／2　勢力均衡の説明　38　／3　勢力均衡の限界　40

Ⅱ　現代における勢力均衡　　41

1 冷戦期における勢力均衡　42　／2　ポスト冷戦期における勢力均衡　43

Ⅲ　ネオリアリズムの勢力均衡理論　　45

1【発展】ウォルツの勢力均衡理論　45　／2【発展】ウォルツの2極平和論　46／3【発展】冷戦後における単極平和論　47

## 第3章　覇権の盛衰　　51

はじめに　51

Ⅰ　覇権国と新興国のあつれき　　52

1 覇権戦争　52　／2　中国の台頭　54　／3　パワーバランスの変化に関する日本政府の認識　55

Ⅱ　安全保障のジレンマ　　56

1 安全保障のジレンマの概念　56　／2　攻撃・防御バランス　58　／3　攻撃・防御の区別　60

Ⅲ　リアリズムの覇権理論　　61

1【発展】パワー移行理論　62　／2【発展】動的格差理論　63

## 第2部　リベラリズムから見た安全保障環境　　67

## 第4章　価値と民主的平和　　69

はじめに　69

Ⅰ　自由主義思想とアメリカ　　70

1 イギリスの自由主義思想　70　／2　アメリカによる自由主義思想の受容と推進　71　／3　アメリカの国家安全保障戦略　73

Ⅱ　自由民主主義と日本　　74

1 国際社会の自由民主化　74　／2　戦後日本の自由民主化　76　／3　日本の国家安全保障戦略　77

Ⅲ　民主的平和論　　78

1【発展】ラセット著『パクス・デモクラティア』　78　／2【発展】リアリストからの批判　80

## 第5章　秩序と制度的平和　85

はじめに　85

I　国際秩序　86

1　戦勝国による新秩序形成　86 ／2　リベラルな国際秩序　87 ／3　アメリカと日本の国家安全保障戦略　89

II　集団安全保障　90

1　集団安全保障の理論　90 ／2　国際連盟と国連における集団安全保障体制　92 ／3　国連軍への参加に関する日本政府の見解　93

III　国際制度の理論　95

1　【発展】安全保障レジーム　95 ／2　【発展】国際制度に対する異なる見解　97


## 第6章　繁栄と商業的平和　101

はじめに　101

I　経済的繁栄と安全保障　102

1　重商主義とリアリズム　102 ／2　自由放任主義と商業的自由主義　103 ／3　20世紀前半の国際経済状況　105

II　第二次世界大戦後における商業的平和　106

1　アメリカと自由貿易体制　107 ／2　貿易国家論　108 ／3　「貿易国家」日本と吉田ドクトリン　110

III　商業的平和論への批判　112

1　【発展】相互依存関係と紛争　112 ／2　【発展】因果関係の問題　113


## 第3部　戦略的アプローチ　117

## 第7章　自国の防衛体制　119

はじめに　119

I　国際政治における軍事力　120

1　軍事力の特性　120 ／2　軍事力の役割　122

II　日本の防衛体制　124

1　平和国家としての基本方針　124 ／2　防衛政策の体系　126 ／3　防衛力の役割　127

III　抑止の概念と理論　129

1　【発展】抑止と防衛　129 ／2　【発展】限定的な紛争の抑止　131

[コラム7-1] アメリカの防衛政策の体系　127

［コラム 7-2］日本の動的抑止力　133

# 第8章　同盟の形成と管理　135

はじめに　135

I　同盟の概念　136

1　同盟の定義　136 ／2　勢力均衡の手段　137 ／3　同盟政策のトレードオフ　139

II　日米同盟　141

1　日米安保条約　141 ／2　日米安保体制の同盟化　143 ／3　1990年代後半以降の展開　145

III　同盟の理論　147

1　【発展】ネオリアリズムの同盟理論　147 ／2　【発展】ネオリベラル制度論の同盟理論　149

［コラム 8-1］集団的自衛権の行使についての旧政府見解　143

# 第9章　安全保障協力　153

はじめに　153

I　安全保障協力の形態　154

1　平和維持活動　154 ／2　多様化した平和活動　156

II　日本の国際平和協力活動　158

1　非軍事的な国際貢献（冷戦終結の頃）　158 ／2　自衛隊による活動の始まり（1990年代）　160 ／3　自衛隊による活動の拡大（2000年代〜）　161

III　国際協調の理論　163

1　【発展】ネオリアリズムと国際協調　163 ／2　【発展】ゲーム理論と利得構造　164 ／3　【発展】将来の影とプレーヤーの数　166

## 第4部　現代の安全保障課題　169

# 第10章　核兵器の戦略と管理　171

はじめに　171

I　アメリカ核戦略の土台　172

1　大量報復戦略　172 ／2　柔軟反応戦略　174 ／3　確証破壊戦略　176

II　核兵器の軍備管理　177

1　米ソ間の軍備管理　178 ／2　多国間の軍備管理　179 ／3　核兵器に対する日

目　次　xi

　　　本の取り組み　181
　Ⅲ　核抑止の理論　182
　　1【発展】恐怖の均衡　182／2【発展】偶然性に委ねられた脅し　184


## 第11章　グローバル化　187

　はじめに　187
　Ⅰ　グローバル化とは何か　188
　　1　グローバル化の概念と歴史　188／2　複合的相互依存関係　190／3　グローバリズムとグローバル化　191
　Ⅱ　グローバル化と安全保障　193
　　1　国際安全保障への影響　193／2　武力紛争の傾向　194／3　日本政府の認識　195
　Ⅲ　国内紛争とテロリズム　197
　　1【発展】グローバル化と「新しい戦争」　197／2【発展】国内紛争の原因　199／3【発展】テロリズムの意味　200


## 第12章　グローバル・コモンズ　205

　はじめに　205
　Ⅰ　海洋と宇宙空間　206
　　1　海洋と宇宙空間の法　206／2　海洋と宇宙空間における戦略　208
　Ⅱ　海洋・宇宙空間と日本　209
　　1　海洋国家としての日本　209／2　宇宙平和利用原則の変遷　210／3　日本の国家安保戦略と防衛政策　212
　Ⅲ　サイバー空間　214
　　1　サイバー空間とは　214／2　サイバー革命論　216／3　サイバー革命論への懐疑　218
　　［コラム12-1］グローバル・コモンズの訳語　213
　　［コラム12-2］日本政府によるサイバー攻撃対処　218


　引用参考文献リスト　221
　あとがき　233

# 序章　安全保障とは何か

## はじめに

> 安全保障とは酸素のようなものであり、それが希薄になり（息が苦しくなるまでは）、人々は（その重要性に）気づかないが、実際にそうした状況になれば、それ以外のことは考えられないほどに重要なのである。(ナイ 1996, 213)

　これは、1990年代の半ばに、アメリカ政府の高官を務めたことのあるジョセフ・ナイが述べたものである。この「酸素」という比喩は、抽象的な概念である安全保障の重要性を一般の人々に理解してもらう上で巧みな表現であった[1]。

　まず本章は、安全保障という用語に焦点を当てる。第Ⅰ節では、安全保障という概念の定義や意味拡張について述べる。第Ⅱ節では、第二次世界大戦後のアメリカにおいて国家安全保障という概念が登場した背景や、「国家安全保障戦略」という公式文書を題材に、日米両政府による国家安全保障の見方を紹介する。そして、第Ⅲ節においては、学問領域としての安全保障論を簡単に説明しておく。

## Ⅰ　安全保障の概念

　本節ではまず、安全保障概念の最も有名な定義とその問題点について考察する。次に、安全保障概念の拡張（拡大と深化）を紹介する。

### 1　安全保障概念の定義

　「安全保障」という用語にはさまざまな定義があるが、最も有名なのは、アーノルド・ウォルファーズが「『曖昧な象徴』としての国家安全保障」

(Wolfers 1962) という小論の中で示した定義であろう。それは「すでに獲得した価値が守られている状態」というものである。この概念は、「客観的には、獲得した価値への脅威がないことを、主観的には、そのような価値が攻撃されるという恐れがないことを示す」ものであるという。そして、完全な安全保障から、その正反対の脅威または恐怖に満ちた完全な「非安全保障（insecurity）」までの連続的な概念であるとしている（同, 150）。

　ウォルファーズの一般的な定義で注目すべきなのは、保護の対象となる価値の範囲があえて定まっていないことである。概念そのものは、守るべき価値が何であるのかという選択を一般的に行わずに、その決定を国家内の政治過程に委ねている（Berkowitz and Bock 1965, xi）。国家の最小限の核心的価値は国家独立と領土保全であるが、それ以外の価値の保護も追求する国家が存在する。そこで、「『安全保障』という用語はとても広範囲な目標に該当するので、かなり異なる政策が安全保障政策と解釈し得る」ことになる（Wolfers 1962, 150）。政治的な用語として、指針や幅広い合意の基礎を提供する一方、誰でも自分が推進したい政策を魅力的な名称で呼ぶことを可能にしてしまうというのである。

　また、この定義は、ある時代のある国家にとって望ましいと考えられる安全保障のレベルについても何も語っていない。安全保障は、費用などの面から完全なものとはなり得ず、また、一般的に設定できるものでもない。各国が直面する脅威の程度も異なる。それに、同じ脅威に対しても、過去の経験や自国のパワーと機会などにより、どの程度対応すべきかについての判断についてもばらつきがあり得る。

　さらに、この概念には、どのように安全を保障するのかという手段についての規定もない。安全保障の手段としては、軍備や同盟から、他国との合意に向けた外交交渉といった非軍事的な手段まで多岐にわたる。以上のレベルや手段の多様性から、実際にこれまで各国の安全保障の戦略や政策が同じものになることはなかった。

　つまり、「国家安全保障上の利益を指標として対外政策を追求していくべきだ」というリアリストたちの規範的な主張に対して、ウォルファーズは、このような主張は曖昧であり、かつ誤解を生じやすいと警告を発した。こう

した単純な指針には用心すべきであるというのである。意味のある主張にするには、国家が達成したいと望む安全保障の程度や、ある状況において安全保障のために使われる手段を特定化する必要があるという。

## 2　安全保障概念の拡張

アメリカの学術雑誌『インターナショナル・セキュリティ』の初代編集者たちは、1976年刊行の創刊号の序文において、安全保障の概念が拡大しつつあることを指摘している。

> 諸国は、自国の安全保障について、軍事的強さ、経済的活力、および政府の安定性といった通常の方法だけでなく、以前には主要ではなかった能力、すなわちエネルギー供給、科学技術、食糧、および天然資源の観点からもますます規定するようになりつつある。200年前、新しい国家は、ろくに訓練されていない民兵と軍用に転換された商船の船団でもって自国の主権と福利を保障することができた。今日では、地球規模の相互依存により、貿易、テロリズム、軍需品、および環境のような国境横断的な懸念が、どの繁栄社会の安全保障の考慮においても必要不可欠な要素となっている。(The Editors 1976, 2)

ここで注目すべきなのは、この学術雑誌が軍事面での緊張緩和が比較的保たれていた1970年代半ばに登場したことである。

日本でも、石油危機を経験した1970年代の後半に、**総合安全保障**という概念が議論されるようになった（田中 1997, 277-280）。特に注目に値するのは、**大平正芳**首相（自民党、任1978〜80）の委嘱を受けて発足した総合安全保障研究グループが1980年7月に提出した報告書『総合安全保障戦略』である。まず、この報告書は、安全保障を「自国の国民生活をさまざまな脅威から守ること」と定義している（内閣官房編 1980, 21）。そして、安全保障は、軍事的脅威への軍事的手段のみに限定されるわけではなく、その対象領域や手段が多様であることからして、総合的なものであるとしている。対象領域については、経済的安全保障という用語が使われるとともに、エネルギー安全保障と食糧安全保障が具体的に考察されている。また、手段については、平和外交や経済協力といった非軍事的手段への言及がある。

総合安全保障論は、決して日本特有の議論ではなかった。例えば、西ドイツ前首相ヴィリー・ブラントを委員長とする国際開発問題独立委員会（通称、ブラント委員会）は、1980 年 2 月にワルトハイム国連事務総長に提出した報告書の中で「『安全保障』をより包括的にとらえ、純粋に軍事面にのみ限定されることのない、新しい概念を生み出す」べきであると主張していた（ブラント委員会 1980, 162）。

　イギリスの国際政治学者バリー・ブザンは、『人々、国家、および恐怖』（Buzan 1983）の中で、「未発達な概念」である安全保障の意味を二つの軸に沿って拡張することを提唱した。すなわち、一つ目の軸は、国家のみならず個人や国際システムも含む**安全保障の客体**（referent object）である。二つ目の軸は、軍事のみならず政治、経済、および社会も含めた**安全保障のセクター**である。ブザンのこの主張は、第Ⅲ節で述べるとおり、冷戦後になって、リアリズムに批判的な研究者を中心に受け入れられていくことになる。安全保障の概念は、誰にとっての安全保障かと、どの価値にとっての安全保障かという観点から特定化されるのである（Baldwin 1997, 12-14）。

　この安全保障概念の拡張における一つの到達点が、**人間の安全保障**（human security）という概念である。2000 年のミレニアム・サミットにおける国連事務総長の要請に基づき設立された人間の安全保障委員会は、この概念の定義について「人が生きていく上でなくてはならない基本的自由を擁護し、広範かつ深刻な脅威や状況から人間を守ること」と説明している（人間の安全保障委員会 2003, 11）。人間の安全保障は、社会・集団・個人の安全保障への軍事的・非軍事的脅威に焦点を当てたものである（Paris 2001, 98）。


## Ⅱ　アメリカと日本の国家安全保障観

　本節では、まず、第二次世界大戦後のアメリカにおいて、国家安全保障への関心が高まった背景を述べる。次に、アメリカと日本の両政府が安全保障という用語をどのような意味で使っているのかについて両国の戦略文書を検討する。

## 1 アメリカにおける国家安全保障国の登場

　そもそもアメリカの政策立案者の間で「**国家安全保障**（national security）」という用語がよく使われるようになったのは、第二次世界大戦の終結が近づいていた頃であった。**ダニエル・ヤーギンの『砕かれた平和』**（Yergin 1977）によれば、アメリカと世界との新しい関係を説明し、それに見合った政策を提案する「国家安全保障ドクトリン」という基本的な考えと、それに基づく「国家安全保障国（state）」が登場した。多くの異なる政治的・経済的・軍事的要因の相互関係により、地球の反対側の出来事であってもアメリカの核心的利益に直接的な影響を与えると考えられるようになった。安全保障の対象領域が広がり、平時から軍事的な準備の態勢がとられ、アメリカは常に警戒を怠らないような国へと変貌を遂げた。ヤーギンによれば、国家安全保障ドクトリンは、当時、認識されていた四つの変化に基づいていたという（同，193-201）。

　第1に、第二次世界大戦の結果、ヨーロッパを中心とするシステムが、**アメリカとソ連を中心とするグローバルなシステム**に変容した。戦前は、他の大国から地理的に遠く離れていること、すぐれた海軍力による保護、豊富な天然・工業資源などにより、アメリカは安全であり世界の問題から隔離されていると信じられていた。また、複数の大国からなる勢力均衡のメカニズムにより、ある大国がヨーロッパを支配してアメリカを脅かすまでには時間がかかると考えられていた。こうした認識が平時における孤立主義につながっていたのである。しかし、第二次世界大戦により状況が一変した。ユーラシア大陸では、ソ連に対抗できる大国はもう存在しなかった。戦後、アメリカは世界的な責任を自覚した指導的な国家として台頭した。

　第2に、領土拡張を狙っている全体主義国家に対する**宥和や譲歩は危険であるとの教訓**が第二次世界大戦から引き出されていた。特に1938年のミュンヘン会談が強い印象を残していた。ドイツ系住民の多いチェコスロヴァキアのズデーデン地方の割譲を要求するドイツのヒトラー総統に対し、戦争を望まないイギリスとフランスの両政府がその割譲を全面的に認めた。しかし、この外交的勝利により自信を深めたヒトラーは、翌年には、「さらなる領土要求を行わない」との約束を反故にしてチェコスロヴァキア全土を制圧した

だけではなく、ポーランドにも侵攻した。こうして第二次世界大戦の勃発につながった宥和は、「ミュンヘンの教訓」として後々までの語り草となった。

　第3に、アメリカの地位に信憑性を持たせるため、**平時からそれなりの軍事力を持っておく必要性**が認識されてきた。第二次世界大戦は軍隊の急な増強でなんとか対応できたが、将来においては軍隊を動員する時間的余裕がなくなるので、平時から戦時への備えをしておかなければならないと考えられるようになった。

　第4に、**技術的発展**が戦時への備えの必要性をさらに強く感じさせていた。軍隊の機械化、速力、火力、そして航空戦力が戦争のテンポを速めていた。原子爆弾の登場もこれに拍車をかけると考えられていた。また、平時から研究開発や軍事産業の育成を図る必要も認識されていた。

　当時のそうした認識の中で、アメリカでは「国家安全保障国」の諸制度が整備されていった。1947 年に制定され、翌々年に改正された国家安全保障法に基づき、**国家安全保障会議**（NSC: National Security Council）、**国防省**（**DoD**: Department of Defense、国防総省とも呼ばれる）、および**中央情報局**（**CIA**: Central Intelligence Agency）が設立された。また、1953 年になると、NSC スタッフの長として**国家安全保障問題担当大統領特別補佐官**のポストが新設された（花井・木村 1993）。

## 2　アメリカの国家安全保障観

　アメリカ大統領が公表している「**アメリカ合衆国の国家安全保障戦略報告**(National Security Strategy Report)」（以下「**NSS 報告**」という）は、最近の『国防省軍事関連用語辞典』によれば、「国家安全保障に寄与する目的の達成に向けて、国力の手段を発展、適用、および調整するための、合衆国大統領によって承認された文書」である（OCJCS 2019, 150）。アメリカ軍の指揮系統を再編し統合する、1986 年の**ゴールドウォーター＝ニコルズ国防省再編法**により、大統領が NSS 報告に関する報告書を議会に毎年提出することが義務化された。報告書の内容としては、国家安全保障にとって緊要な世界的利益・目標・目的や、国力の政治・経済・軍事・その他の要素などを盛り込むことが期待されている。最初の報告書は、1987 年に**ロナルド・レーガ**

ン大統領（共和党、任 1981〜89）によって提出されている。その後も報告書はほぼ毎年公表されていたが、**ジョージ・W・ブッシュ**大統領（共和党、任 2001〜09）と**バラク・オバマ**大統領（民主党、任 2009〜17）は、それぞれ 1 期目と 2 期目に 1 回ずつ提出しただけであった。

　NSS 報告における国益定義は、大きく変化してきたわけではない。最初の NSS 報告（1987）が公表されるよりも前の 1985 年に、国務省や国防省での勤務経験もある**ドナルド・ニヒターライン**は、アメリカが追求すべき基本的かつ長期的な国益として、**国土防衛（国防）**、**経済的安寧（国家経済）**、**好ましい世界秩序（国際安全保障）**、および**価値の促進（イデオロギー）**という四つのカテゴリーを挙げていた（Nuechterlein 1985, 8）。同様に、オバマ政権 2 回目の NSS 報告（2015）は、アメリカの永続的な利益として、(1) アメリカ、その市民（citizens）、および同盟国と友好国の安全（security）、(2) 開かれた国際経済システムにおけるアメリカ経済の繁栄、(3) 国内外での普遍的価値の尊重、および (4) ルールに基づく国際秩序、の四つを挙げている。国益のカテゴリーとしては、冷戦末期における認識とほぼ同じであった。

　ただし、**ドナルド・トランプ**大統領（共和党、任 2017 〜）の NSS 報告（2017）は、本人が強調してきたアメリカ第一主義に基づくものとなっている。すなわち、(1) アメリカの国民（the people）・国土・生活様式の防護、(2) アメリカの繁栄の増進、(3) 力による平和の確保、(4) アメリカの影響力の強化、の四つをきわめて重要な国益と位置付けている。この報告では、「ルールに基づく国際秩序」や「普遍的価値」という用語はまったく見当たらない。

　オバマ政権の NSS 報告（2015）とトランプ政権の NSS 報告（2017）は、異なる安全保障観を提示している。NSS 報告（2015）は、国家安全保障という名称を使いながらも、かなり広い安全保障概念に基づいている。ブザンの用語を使えば、まず、安全保障の客体については、国家のみならず国民や国際秩序にも焦点が当てられている。国家については、自国だけでなく同盟国と友好国の安全も国益としている点が目を引く。なお、ここでいう国家安全保障とは、国家による安全保障、すなわち、安全保障の主体としての国家を強調しているのであろう。他方で、NSS 報告（2017）は、安全保障の客体として、自国の国土や生活様式の防衛（国境管理、移民制度の改革を含む）

がより強調されている。

　また、安全保障のセクターについては、両報告とも経済など非軍事的な問題まで取り上げているが、相違が見られる。例えば、NSS 報告（2015）は、安全に関する国益を増進していく上での課題として、気候変動問題への取り組みや、感染症の拡散といった地球規模の保健安全保障の問題にも注目している。他方で、NSS 報告（2017）は、気候変動問題にはまったく言及しておらず、地球規模の保健安全保障の優先度も低下している。

### コラム 0-1　アメリカ国防省による国家安全保障の定義

　アメリカ国防省の統合参謀本部が出している『国防省軍事関連用語辞典』によれば、国家安全保障は以下のとおり定義されている。
　国家防衛と合衆国との外交関係の両方を包含する総称的用語。とくに次のような所与の条件の場合をいう。ⓐあらゆる外国あるいは国家群に対する軍事的あるいは防衛上の優勢。ⓑ好ましい外交関係状態。ⓒ防衛態勢が内部あるいは外部、公然あるいは秘密裡の、敵対的あるいは破壊的な行為に十分に抵抗しうる防衛態勢。（アメリカ国防総省編 1983, 217、削除線は筆者）
　この定義は、1980 年代前半の辞典に掲載されていたものであるが、30 年以上経った原著の最新版でも基本的にそのまま維持されている（OCJCS 2019, 150）。ここでは、国家安全保障が国家防衛（国防）と外交関係の総称とされていることに留意したい。

## 3　日本の国家安全保障観

　日本政府は、2013 年 12 月の国家安全保障会議（コラム 0-2 参照）と閣議の決定によって**「国家安全保障戦略について」**（以下「国家安保戦略」という）を初めて策定した。この戦略文書は、1957 年 5 月に国防会議と閣議で決定された**「国防の基本方針について」**（以下「国防の基本方針」という）に代わるものとされている。そこで、まずは、その国防の基本方針の短い全文を確認しておこう。

　国防の目的は、直接及び間接の侵略を未然に防止し、万一侵略が行われるときはこれを排除し、もって民主主義を基調とするわが国の独立と平

和を守ることにある。この目的を達成するための基本方針を次のとおり
定める。

(1)　国際連合の活動を支持し、国際間の協調をはかり、世界平和の実
現を期する。

(2)　民生を安定し、愛国心を高揚し、国家の安全を保障するに必要な
基盤を確立する。

(3)　国力国情に応じ自衛のため必要な限度において、効率的な防衛力
を漸進的に整備する。

(4)　外部からの侵略に対しては、将来国際連合が有効にこれを阻止す
る機能を果たし得るに至るまでは、アメリカとの安全保障体制を基
調としてこれに対処する。(2013年版防衛白書, 313)

つまり、国防という国益のために、国際協調と平和努力（外交努力）の推進、
内政の安定による安全保障基盤の確立、効率的な防衛力の漸進的整備、およ
び日米安保体制の堅持という四つの方法が列挙されている。

　**国家安保戦略**（2013, 1, 2）は、「外交政策及び防衛政策を中心とした」
「国家安全保障に関する基本方針」であり、「おおむね10年程度の期間を念
頭に置いたもの」である。この国家安保戦略の中で、初めて日本の国益が公
式に定義された。すなわち、(1) わが国の平和と安全の維持、(2) わが国
とわが国国民の更なる繁栄の実現、(3) 普遍的価値やルールに基づく国際
秩序の維持・擁護、の三つである（同, 4）。本書の第1部で詳しく見ていく
ように、日本の国益とされているものは、基本的にオバマ政権の国益認識と
同じであり、これが日米同盟の強固な基盤となっていた。

　日本の国家安保戦略は、アメリカのNSS報告（2015）と同様、拡張され
た安全保障概念を使っている。まず、安全保障の客体について、日本の国家
安保戦略は、国益の定義において、自国のみならず、自国民と国際秩序にも
焦点を当てている。日本でも国家安全保障は、国家による安全保障、すなわ
ち、安全保障の主体としての国家を強調しているようである。次に、安全保
障のセクターについても、「グローバルな安全保障環境と課題」のところを
見れば、非軍事的な問題まで含んでいることが分かる。「『人間の安全保障』

に関する課題」として、「貧困、格差の拡大、感染症を含む国際保健課題、気候変動その他の環境問題、食料安全保障、更には内戦、災害等による人道上の危機といった一国のみでは対応できない地球規模の問題」や、「エネルギー、食料、水資源の需要増大が、新たな紛争の原因となるおそれ」への言及がある（同，7-8）。

なお、2018 年 12 月に、内閣官房は「『国家安全保障戦略』の現時点での評価について」という文書を公表した。特に以下の箇所が注目される。「現下の安全保障環境と国家安全保障上の課題は、引き続き中長期的方向性を見定める必要はあるものの、全体として見れば、本戦略で示された基本的な認識の枠内にあると考えられる」、「本戦略で示された、我が国が掲げる理念、国益及び国家安全保障の目標は依然として妥当であり、戦略的アプローチの必要性・重要性に変わりはない」（内閣官房 2018, 1, 3）。内閣官房は、以上のとおり、策定から 5 年経過した時点においても同戦略が有効であることを主張しているのである。

### コラム 0-2　国家安全保障会議

国家安全保障会議は、**安倍晋三**首相（自由民主党、任 2006〜07、2012〜）の政権が 2013 年 12 月に安全保障会議を再編したものである。前身の安全保障会議は、**中曽根康弘**首相（自由民主党、任 1982〜87）の政権が重大な緊急事態に対する危機管理の任務を追加して 1986 年 7 月に国防会議を再編したものであった（松田・細野 2009）。

内閣官房の国家安全保障会議設置準備室（2013）の資料によれば、国家安全保障会議の設置の趣旨は、「総理を中心として、外交・安全保障に関する諸課題につき、戦略的観点から日常的、機動的に議論する場を創設し、政治の強力なリーダーシップにより迅速に対応できる環境を整備する」ことである。その目的のために、「国家安全保障に関する外交・防衛政策の司令塔」になることを期待されて、総理、官房長官、外相、防衛相からなる「四大臣会合」が新設された。そして、翌年 1 月には国家安全保障会議の事務局である国家安全保障局が内閣官房において発足した。

会議の審議対象に「国家安全保障に関する外交政策及び防衛政策の基本方針並びにこれらの政策に関する重要事項」が追加された。国家安保戦略は、設立されたばかりの国家安全保障会議が審議し決定したものである。

## Ⅲ　学問領域としての安全保障論

　本節では、安全保障論について、学問上の位置付けを説明するとともに、本書が焦点を当てる伝統主義的なアプローチだけではなく、冷戦終結後には、拡大・深化主義的なアプローチも独自の発展をしてきたことを紹介する。

### 1　【発展】安全保障論の位置付け

　安全保障論は、「学問分野（discipline）ではなく、［研究対象となる］問題（problem）」を示す名称である（Nye and Lynn-Jones 1988, 6）。安全保障論の学術上の位置付けには、三つの特徴がある。

　第1に、安全保障論は、多様な学問分野にまたがる学際性を保持しつつ、学問分野の一つである**政治学**を学術的な本拠地としてきた（Walt 1991, 214）。ジョセフ・ナイとジョセフ・リン゠ジョンズは、「主権国家間の政治的紛争が国際安全保障における多くの重要な問題を理解する手がかりとなっていることから、戦争と平和の問題に関係している学問分野の中でも、政治学が中心的な位置を占め続けるであろう」と指摘している（Nye and Lynn-Jones 1988, 6）。

　第2に、安全保障論は、1950年代半ば以降から、政治学の一領域である**国際政治論**または**国際関係論**（International Relations: IR）の、さらに下位領域の一つとして位置付けられてきた（Walt 1991, 212）[2]。冷戦後の安全保障論は、国際政治理論を一層重視するなど、国際政治論の下位領域としての性格を強めている。

　そして、第3に、安全保障論は、**戦略論**（strategic studies）よりも広範な問題を分析対象にしている。ここでいう戦略とは、「政治的目的のために軍事力を用いること、または用いると威嚇することの術」と定義され得る軍事戦略のことである（Gray 1982, 5）。つまり、戦略論は、安全保障の軍事的手段に焦点を当てるものであり、安全保障の目標自体は既定かつ自明のものとして，議論されることは少ない（中西 2007）。

　安全保障論に含まれるが戦略論には含まれない研究対象としては、戦争原因や安全保障と経済との関係といった理論的な問題や、安全保障の非軍事的

側面などがある（Nye and Lynn-Jones 1988, 7）。なお、戦車の運用法など戦闘での勝利を目指す軍事科学（military science）は、主に軍事組織内で研究されており、安全保障論には含まれないと見なされている（同，6-7）。

つまり、研究対象となる問題の範囲から、[政治学]⊃[国際政治論]⊃[安全保障論]⊃[戦略論]という関係が一般的に成り立っている（ここで[X]⊃[Y]は「XはYを含む」という意味である。

## 2 【発展】安全保障論の二分化

冷戦も末期になると、最大の懸念であったソ連からの軍事的脅威が低下し、安全保障論の研究対象や理論・方法論について再検討する機運が高まった。このような要請に対して、安全保障論の今後のあり方をめぐる論争が起きた。一方で、伝統的な安全保障論の継続にこだわる人々（伝統派）がいた。他方で、冷戦後の新しい国際環境に合わせて研究対象を拡大するとともに研究手法を多様化すべきと主張する人々（改革派）もいた（Krause and Williams 1996）。冷戦終結後の安全保障論は、アメリカに多い伝統派による**伝統主義**と、ヨーロッパに多い改革派による**拡大・深化主義**とに分かれて発展してきた（Buzan and Hansen 2009）。

まず、これらのアプローチは、安全保障概念の捉え方が異なる。伝統主義は、安全保障の見方において軍事・国家中心主義（military-state centrism）である。つまり戦略論に近いと言える。例えば、**スティーヴン・ウォルト**は、安全保障論を「軍事力の威嚇、行使、および管理の研究」と定義し得るとしつつ、軍備管理、外交、および危機管理などの国政術（statecraft）も含むとしている。また、安全保障概念を拡大せよとの主張に対しては、安全保障論の領域を過度に拡張してしまい、その知的な統一性を壊すだけでなく、この研究領域は公害や病気などの重要な問題の解決に不向きでもある、と反論している。そして、戦争の危険がなくなっていない以上、安全保障論の中核をなす伝統的な問題を無視することは無責任である、と釘を刺すことも忘れていない（Walt 1991, 212-213）。

他方で、拡大・深化主義とは、安全保障の概念を軍事以外の側面（経済・環境など）に「拡大」させることと、国家以外のレベル（個人・社会など）に

「深化」させることを意味している。つまり国際政治論に近いと言える。ここで言う拡大と深化は、第Ⅰ節で言及した、ブザンの旧著『人々、国家、および恐怖』(Buzan 1983) において安全保障概念を拡張する軸として設定された「セクター」と「客体」の考え方を踏襲したものである。

　また、理論的観点からも、これら二つのアプローチを特徴付けることができる。伝統主義は、リアリズムを中心にリベラリズムやコンストラクティビズムなどの理論に依拠することが多い。他方で、拡大・深化主義は、批判的コンストラクティビズム、ポスト植民地主義、人間の安全保障論、批判的安全保障論、フェミニズム、コペンハーゲン学派、およびポスト構造主義などの理論と親和性が高い。なお、伝統主義の理論は、実証主義という科学観に、他方で拡大・深化主義の理論は、実証主義に批判的なポスト実証主義という科学観に依拠している傾向にある（コラム0-3参照）。

### コラム0-3　実証主義とポスト実証主義

　論理実証主義の流れを汲む国際政治論の実証主義は、次の四つの前提を含んでいる (Smith 1996)。すなわち、（1）自然界も人間社会も同一の科学的方法で分析できるという自然論、（2）世界を客観的に知ることができるという客観論、（3）人間社会にも規則的な現象が存在するという規則性への信念、および（4）知識は最終的には経験によって検証・反証されなければならないという経験論である。ちなみに、ポスト実証主義とは、実証主義の諸前提（自然論・客観論・経験論・行動論）を全面的あるいは部分的に否定する立場である。

　実証主義的な理論とポスト実証主義的な理論とでは、そもそも研究上の目的を異にしている。前者の目的は、「問題をもたらしている原因に効果的に取り組むことによって、社会関係や権力関係そして現存する制度を円滑に運用する」という「問題解決」である（コックス 1995, 216）。他方で、ポスト実証主義的な理論は、「［現に存在する］制度や社会関係、権力関係を当然のこととは考えず（……）問題としてとりあげる」ことによって、より良いオルタナティブな世界を創り出すという批判的な目的を持っている（同, 217）。

◆注
1)　ちなみに、同様の表現が、ナイが国防次官補（国際安全保障担当）として担当した、国防省国際安全保障問題局の報告書「東アジア太平洋地域におけるアメリカの安全保障

政策」(東アジア戦略報告 (EASR)、1995年2月)、通称「ナイ・レポート」にも使われている (細谷ほか編 1999, 1297-1313)。
2) 安全保障論の起源を戦間期に求める説 (Ekbladh 2011) もあるが、この揺籃期においては、安全保障論は国際政治論と未分化のままであった。また、軍事に関する学術研究は、主に軍事史や外交史の分野で行われていた (Walt 1991, 213)。

 文献案内

I　安全保障の概念
◆　古関彰一『安全保障とは何か―国家から人間へ』岩波書店, 2013年.
◆　遠藤誠治, 遠藤乾責任編集『安全保障とは何か』岩波書店, 2014年.
◆　国際安全保障学会編『国際安全保障』(人間の安全保障) 第30巻第3号, 2002年12月;(非伝統的安全保障概念の再検討―資源, 環境, 難民問題から) 第45巻第3号, 2017年12月;(越境・難民をめぐる政治力学) 第46巻第4号, 2019年3月.

II　アメリカと日本の国家安全保障観
◆　花井等, 木村卓司『アメリカの国家安全保障政策―決定プロセスの政治学』原書房, 1993年.
◆　田中明彦『安全保障―戦後50年の模索』読売新聞社, 1997年.
◆　村田晃嗣『米国初代国防長官フォレスタル―冷戦の闘士はなぜ自殺したのか』中央公論新社, 1999年.
◆　福田毅『アメリカの国防政策―冷戦後の再編と戦略文化』昭和堂, 2011年.
◆　国際安全保障学会編『国際安全保障』(「国家安全保障戦略」の意義と課題) 第42巻第4号, 2015年3月.

III　学問領域としての安全保障論
◆　赤根谷達雄, 落合浩太郎編著『「新しい安全保障」論の視座―人間・環境・経済・情報』増補改訂版, 亜紀書房, 2007年.
◆　防衛大学校安全保障学研究会編『安全保障学入門』新訂第5版, 亜紀書房, 2018年.
◆　日本国際政治学会編『国際政治』(安全保障の理論と政策) 第117号, 1998年3月.
◆　国際安全保障学会編『国際安全保障』(安全保障理論の新たな地平) 第44巻第4号, 2017年3月.
◆　宮岡勲「アメリカにおける国際安全保障研究の進展 (上)・(下)」『法学研究』第89巻第10号・第11号, 2016年10月・11月, 1-23頁・1-24頁. http://koara.lib.keio.ac.jp/xoonips/modules/xoonips/listitem.php?index_id=66250

第 *1* 部

# リアリズムから見た安全保障環境

## イントロダクション

　イギリスの国際政治学者 **E・H・カー**（2011）によれば、第一次世界大戦後に同国で誕生した国際政治論という学問では、まずは**ユートピアニズム**（空想主義または広義の理想主義）が主流を占めることになった。未曾有の大惨事を経験した国民は国際関係に関心を持つようになり、「戦争を防止するという熱い願望」が国際政治論の誕生につながったのである。第一次世界大戦後の国際政治論では、自由主義の政治思想を国際社会に適用して、国際法や国際組織によって平和を維持していくという考え方が優勢となった（Baldwin 1995, 119）。ただ、初期段階の国際政治論は、どうしても熱い願望ゆえに実現可能性を軽視した**ユートピア**（空想上の理想的な政治体制）を構想しがちであった。

　ユートピアニズムへの反動として登場してきたのが「事実の容認および事実の原因・結果の分析に重きを置く」科学的態度を有する**リアリズム**であった（カー 2011, 38）。カーの著作『危機の二十年』自体も、ユートピアとリアリティの両面の重要性を唱えながら、戦間期において行き過ぎたユートピアニズムをリアリズムによって打倒するという目的を持っていた。ユートピアニズムは看過したものの、リアリズムが直視したのは、国際政治における**権力**の要素であった。これは、政治思想における**現実主義**の伝統を引き継いでいる（本書では、政治思想と国際政治理論を区別するために現実主義とリアリズムという異なる訳語を用いる）。

　国際連盟システムの崩壊と第二次世界大戦の到来は、理念先行的な国際政治理論の正当性を失わせてしまった。そして、冷戦の顕在化とともに、代わって古典的リアリズムが国際政治論の支配的な理論となった。冷戦の緊張の緩んだ 1970 年代には、古典的リアリズムへの批判が高まったが、新冷戦と呼ばれた 80 年代にはネオリアリズムが再び現実主義の伝統を復活させた。本書の第 1 部は、無政府状態、勢力均衡、および覇権の盛衰というテーマからリアリズム的世界観を紹介していく。

# 第1章　無政府状態と国家存立

## はじめに

　17世紀イギリスの哲学者である**トマス・ホッブズ**（1588～1679）は、主著『**リヴァイアサン**』（1964, 53, 285／原著1651）の中で、国家が存在しない場合における人々の自然な状態を「無支配 *Anarchy*（それは統治の欠如をあらわす）」と呼ぶとともに、**戦争状態**であると見なした（傍点は原文）。「人びとが、かれらのすべてを威圧しておく共通の権力なしに、生活しているときには、かれらは戦争とよばれる状態にあり、そういう戦争は、各人の各人に対する戦争である」（ホッブズ 1954, 210）とも述べている。ここで戦争状態とは、現に戦闘が進行中である状態ではなく、「戦闘によってあらそおうという意志が十分に知られている」状態のことをいう。このような状態では、「継続的な恐怖と暴力による死の危険があり、それで人間の生活は、孤独でまずしく、つらく残忍でみじかい」とした（同, 211）。なお、当時のイギリスは、清教徒革命という内戦を経験したばかりであり、厳しい状態を想起しやすい環境にあった。

　本章では、国家の存立という国益に注目しつつ、リアリズム的世界観の一つとして国家間の無政府状態を取り上げる。第Ⅰ節では、無政府状態と関連のある戦争状態と国家主権という概念を取り上げる。第Ⅱ節では、国家の存立（滅びずに存続し続けること）と自衛権という概念を考える。そして、第Ⅲ節では、新旧のリアリズム理論と国際政治に関する分析のレベルを紹介する。

## Ⅰ　国家主権と戦争状態

　本節では、国家間の無政府状態に関連して、国家主権という概念や、国際連合（以下「国連」という）が世界政府ではないことについて説明を行うと

18 　第 1 部　リアリズムから見た安全保障環境

ともに、政治思想における現実主義に大きな影響を与えたホッブズの戦争状態という概念を紹介する。

## 1　国家主権の概念

　ヨーロッパ中世における封建制に基づく国家は、それに続く近世以降の国家とはだいぶ異なっていた。中世国家では、国王は、家臣となった諸侯や騎士に対して保護と封土（諸侯領・騎士領）を与える一方、諸侯や騎士から軍役と忠誠を得ていた。そのため、国王の有する王領は国土の一部でしかなく、国王といっても実質的には地方の一諸侯に過ぎなかった。また、ローマ＝カトリック教会の教皇も教皇領を有していた。13 世紀初めごろにローマ教皇であったインノケンティウス 3 世は、イギリス、フランス、ドイツの国王を破門し屈服させることさえあった。

　ところが、16 世紀になると、中世の時代に力を持っていたローマ＝カトリック教会や神聖ローマ帝国が衰退し、一定の明確な領域に対して排他的な最高権力を行使する領域国家が登場してきた。こうした近代国家が、今日の国家の源流となっている。

　新しいタイプの国家の登場を理論面で支えたのが、**主権**（sovereignty）という概念であった。それは、中央集権的な「絶対主義体制を確立しようとする王政側の勢力が、これを阻止しようとする諸勢力に対して掲げた新しい概念であっ」た（福田 1985, 266）。この概念を発展させたのが、16 世紀フランスの**ジャン・ボダン**である。その後、17 世紀イギリスにおいて、ホッブズは、王権神授説に頼ることなく、人々による社会契約によって国家の絶対的な権力である主権が成立すると考えた。彼は主権のことを「人工的人間」である国家の「人工の魂」と呼んでいる（ホッブズ 1954, 37）。近代から続く国家の最大の特徴は、主権を有することである。

　主権概念は歴史的に変遷してきたが、現代の国際法においては、国家が持つ**主権**には、領域権（対内主権）と、独立権（対外主権）という二つの側面があると整理されている。**領域権**とは、「国家が領域内のすべての人や物に対し排他的に統治を行い、また、領域を自由に処分することができること」を指す。他方で、**独立権**は、「国家が対外的にいかなる国家にも従属せず、

国際法のみに服すること」という意味であるが、条約締結権、外交使節派遣権、および戦争権などを含む（杉原ほか2012, 35, 69）。主権という概念は、国家に自律性と独立性を与えることから、国家の上位に普遍的権威は存在せず、国家間の無政府状態と論理的に表裏一体のものである。

ただし、国家の独立とは、他国から影響を受けない状態や、他国に依存しない状態ということではない。本章の第Ⅲ節で再登場する国際政治学者**ケネス・ウォルツ**の言葉を借りれば、「他国からの援助を求めるか否か、また求めることによって他国に債務を負い、自国の自由を制限するかどうかを含めて、国内外の問題にどう対処するかを独力で決める」能力のことである（ウォルツ2010, 127）。

ある国が主権を失うのは、その国の領域内における統治機能を他国がコントロールする、あるいは他国が自ら遂行する場合である。主権を失えば、国家はもはや現代的な意味での国家たり得なくなってしまう。これは、「国家の死」を意味するのである。例えば、日本は、連合国に降伏して占領された1945年から、サンフランシスコ講和条約（日本国との平和条約）が発効する1952年まで、国際社会の中で主権を喪失していた（Fazal 2004, 320）。

## 2　国連は世界政府ではない

主権国家からなる国際社会において、主権は基本原則である。1945年の国連憲章は、**主権平等**の原則（2条1項）を確認している。また、1970年に国連総会で採択された「国際連合憲章に従った国家間の友好関係及び協力についての国際法の原則に関する宣言」（**友好関係原則宣言**）は、上記の原則に加えて、それから派生する「いずれの国の国内管轄権内にある事項にも干渉しない義務」（**国内問題不干渉義務**）も挙げている。そこでは、国内管轄事項の内容としては「国の人格又はその政治的、経済的及び文化的要素」や「政治的、経済的、社会的及び文化的体制を選択する不可譲の権利」が言及されている。

ここで、そもそも国連は、国家の上に立つ世界政府でも超国家的組織でもないことを強調しておきたい。「国家が最高権威──すなわち特定領域内での主権者──であるということは、論理的には、（……）その国家に上位す

20　第 1 部　リアリズムから見た安全保障環境

る権威が存在しないことを意味する」(モーゲンソー 1998, 330)。国連が存在していても、国際政治は世界政府が欠如している状態、すなわち無政府状態のままである。

　国連は、国家の主権を侵害することはできない。国連憲章 2 条によれば、この国際機構は、「すべての加盟国の主権平等の原則に基礎をおいて」(1項)おり、「本質上いずれかの国の国内管轄権内にある事項に干渉する権限」(7 項)を持っていない。ただし、憲章上、この**国内問題不干渉原則**は、憲章第 7 章に基づく「平和に対する脅威、平和の破壊及び侵略行為」を行った国への強制措置(集団安全保障、本書第 9 章参照)には適用されないという但し書きが追記されている。だが、現実問題として、安全保障理事会において拒否権を持つ常任理事国(現代の大国)が 1 カ国でも反対すれば、強制措置を発動することはできないのである(27 条)。

　また、予算規模からしても、国連が世界政府ではないことがわかる。国連広報センターのウェブサイト(日本語)は、2012 年の国連通常予算が 2013年度の東京都世田谷区の一般会計当初予算額(約 2,423 億円)と同規模であったことを認めている。国連は、旧連合国を中心に設立された、国家の国家による国家のためのクラブ(会員制組織)と言ってよいだろう。それ以上でもそれ以下でもない。

　国連は、そもそも第二次世界大戦で日本を含む枢軸国と戦った連合国が作った国際機構である。連合国も国連も英語では同一表記(United Nations)である。和訳された国連憲章の前文は、「われら連合国の人民は」で始まる。安全保障理事会の常任理事国は、連合国の主要メンバーであったアメリカ・イギリス・フランス・中国・ロシア(ソ連)である。また、憲章上に「敵国」や「第二次世界大戦中にこの憲章の署名国の敵であった国」(枢軸国のこと)といった表現が散見される(53 条、77 条、および 107 条)。中国語では「聯合國」と訳されているとおり、国連は、「連合された諸国」のことである。

## 3　ホッブズの戦争状態

　**ホッブズ**は、**清教徒革命**の直後に出版した主著『**リヴァイアサン**』(1954,

14章／原著1651）の中で、人間は、自然権として自己保存権、自己の生命を維持する権利を持つが、国家のない状態では自己保存は難しいと考えた。本章の冒頭で見たとおり、ホッブズは、人々の自然状態が**戦争状態**になってしまうと考えたが、その論理は明快である。まず、人々は心身の能力において平等に作られており、食料など限られた同一の物をめぐって争いが起こる。また、人間は予見能力を持つがゆえに、他人が自分の安全を脅かすのではないかという不信が生まれる。そして、自己保存のために相手を滅ぼすか屈服させるかしようと努力するようになる。人々は、先手必勝との信念の下に、征服による力の増大を追求するようになる。このように平等が不信を生み、不信が戦争を生み出すのである（同，第13章）。

　ホッブズによると、人々は、自己保存のために、お互いに自らの自由を制限して共通の強制権力を樹立し、それに服することを選択する。そこで、彼が「**リヴァイアサン**（巨大な海獣）」や「**コモン・ウェルス**」と呼ぶ国家（同，37）は、悲惨な戦争状態からの解放を望む人々の社会契約により、「諸個人の安全保障」を目的として設立される（ホッブズ1964, 27）。国家は、人々の自己保存の手段として考えられたのである。そのために、国家には絶対的な権力が認められた。

　ホッブズは、『リヴァイアサン』において、複数の国家が出現すると、今度は共通の権力の下にはない国際関係において戦争状態が生じてしまうことも指摘している。

> すべての時代に、王たち、および主権者の権威をもった諸人格は、かれらの独立性のゆえに、たえざる嫉妬のうちにあり、剣闘士の状態と姿勢にあって、たがいにかれらの武器をつきつけ、目をそそいでいる。かれらの王国の国境にあるかれらの要塞や守備兵や銃砲と、かれらの隣国に対するたえざるスパイが、そうであって、これは戦争の姿勢である。（ホッブズ1954, 213）

また、共通の権力がないところには道徳や法は存在しない、というのもホッブズの見解である。

　すると、国家間の戦争状態においては、国家は、安全保障に向けた**自助努**

22 第1部　リアリズムから見た安全保障環境

**力**をせざるを得なくなる。

> 諸都市と諸王国（……）は（それ自身の安全保障のために）、侵略の危険、おそれ、
> あるいは侵略者に援助が与えられるかもしれないという、あらゆる口実にもと
> づいて、かれらの領土を広げるのであり、また、かれらは、公然たる強力やひ
> そかな技巧によって、隣人たちをできるだけ屈従させ弱めようと、努力するの
> であるが、そのことは、ほかに保証がないのだから、正当である。（ホッブズ
> 1964, 28）

国家間の無政府状態においては、国家の自助努力は当然視されている。

　ただしホッブズは、同時に、諸国家間の戦争状態は、国家設立前における
諸個人間の戦争状態より悲惨ではないことも認めている。諸国家は、国内に
おいて「かれらの臣民の勤労を維持しているのであるから、個々の人々の自
由にともなう悲惨は、それからは生じてこないのである」（ホッブズ 1954,
213）。また、国家は、外からの攻撃に対して人間ほど脆弱ではない。槍で
急所を突かれただけで死んでしまうような生物ではない。政治的指導者が死
去しても、国家は組織として存続する。さらに、国家の場合、心身の諸能力
において平等に作られている人間とは異なり、強さにおいてかなり差が生じ
る。パワーに明確な差がある場合、国際紛争は外交的（＝平和的）に解決さ
れる。以上のホッブズによる議論のとおり、国際的な戦争状態は悲惨さの程
度が比較的低いために、世界政府を樹立する機運が生まれてこないとも言え
る（Doyle 1997, 117）。

## II　国家存立と自衛権

　本節では、国家安全保障戦略において最重要の国益とされている国家の存
立を説明した後で、国際法上の武力行使禁止の原則と自衛権、そして日本国
憲法9条と自衛権の関係を見ていく。

### 1　国益としての国家の存立

　諸国家間の戦争状態を前提にする国際政治学のリアリズムは、国家の中核

的な利益として、国家の存続を挙げている。それでは、何をもって国家の存立と言えるのであろうか。ホッブズの政治思想の流れをくむ代表的な古典的リアリストである**ハンス・モーゲンソー**は、次のとおり**国益（ナショナル・インタレスト）**を限定的に定義している[1]。

> 平和愛好国家のナショナル・インタレストは、<u>国家安全保障</u>の観点からのみ定義されるべきである。しかも国家安全保障は<u>国家の領土および諸制度の保全</u>として定義されなければならない。そこで、国家安全保障とは、外交が相手に妥協せずに適当な力を動員してまもられなければならない最小限のものをさす。
> （モーゲンソー 1998, 570、下線は筆者）

また、モーゲンソーは、アメリカの国益に関する論文（Morgenthau 1952, 973）において、国益の最小限のものとして国家の存立を挙げて、「国家の領土、政治的制度、および文化の保全」が含まれるとした。

序章で紹介したドナルド・ニヒターラインは、アメリカが追求すべき基本的かつ長期的な国益の一つとして、「国土防衛（国防）」を挙げていた。それは、「潜在的な外国の危険に対するアメリカの国民、領土、および制度の保護」と定義されている（Nuechterlein 1985, 8）。国土防衛の重要性は、政府による対外脅威認識とともに増減してきたという。

アメリカの NSS（国家安全保障戦略）報告は、常に第 1 の主要な国益として国土防衛に言及してきた。いくつか例を挙げておく。レーガン政権によるNSS 報告（1987）：「その基本的価値と制度が損なわれていない、自由で独立した国家としてのアメリカの存続」、オバマ政権による最初の NSS 報告（2010）：「アメリカ、その市民、およびアメリカの同盟国や友好国の安全」、トランプ政権による NSS 報告（2017）：「アメリカの国民、国土、およびアメリカ的生活様式を守ること」。

**日本の国家安保戦略**（2013, 4）は、日本が守るべき国益の一つ目として以下のとおり記載している。

我が国の国益とは、まず、我が国自身の主権・独立を維持し、領域を保全し、

24 第1部 リアリズムから見た安全保障環境

　　我が国国民の生命・身体・財産の安全を確保することであり、豊かな文化と伝
　　統を継承しつつ、自由と民主主義を基調とする我が国の平和と安全を維持し、
　　その存立を全うすることである。

以上の国益定義は、モーゲンソーの「国家の領土、政治的制度、および文化
の保全」やニヒターラインの「国民、領土、および制度の保護」という表現
と類似している。ただし、政治制度のうち特に「自由と民主主義」を強調し
た点や「国民の生命・身体・財産の安全」という表現には、自由主義思想の
影響が見てとれる（本書第4章参照）。なお、1957年の**国防の基本方針**では、
国防の目的として「民主主義を基調とするわが国の独立と平和を守ること」
を挙げていた（本書序章参照）。

## 2　武力行使の禁止と自衛権

　国連憲章は、国際紛争の平和的解決を義務化するとともに（2条3項）、
国際関係における武力による威嚇や武力の行使（宣戦布告など戦意の表明を伴
う戦争を含む）を禁止している（同条4項）。後者については、条文上、「す
べての加盟国は、その国際関係において、武力による威嚇又は武力の行使を、
いかなる国の領土保全又は政治的独立に対するものも、また、国際連合の目
的と両立しない他のいかなる方法によるものも慎まなければならない」と表
現されている。なお、武力行使の禁止は慣習国際法として確立しているため、
国連非加盟国にも適用される（杉原ほか2012）。

　この武力不行使原則には、二つの例外が認められている。一つは、安全保
障理事会を中心に行う国際的な強制措置（**集団安全保障制度**、本書第5章参
照）である。国連憲章の前文においても、「国際の平和及び安全を維持する」
という「共同の利益の場合を除く外は武力を用いない」と明記されている。

　武力行使が認められるもう一つの例外が、**自衛権**（right of self-defense）
の行使である。国連憲章は、「この憲章のいかなる規定も、国際連合加盟国
に対して武力攻撃が発生した場合には、安全保障理事会が国際の平和及び安
全の維持に必要な措置をとるまでの間、個別的又は集団的自衛の固有の権利
を害するものではない」（51条）と規定している。ここで固有の権利とは、

「国家である限り原始的に（ab initio）取得しているものとして、国際慣習法上みとめられている権利」のことである（山本 1994, 208）。ただし、国連憲章は、「武力攻撃が発生した場合」や「安全保障理事会が（……）必要な措置をとるまでの間」と明記することにより、国際慣習法よりも自衛権の要件を限定的に捉えている。なお、武力攻撃（armed attack）とは、「武力行使のうち最も重大性をもつ方式であ」り、「陸海空軍その他これに準ずる軍事手段を用い国境線を越えて行われる組織的な軍事行動をい」う（同, 733）。

　なお、自衛権には、個別的（individual）なものと集団的（collective）なものがある。**個別的自衛権**は、自国に対する武力攻撃に自ら反撃する権利のことである。**集団的自衛権**は、一国に対する武力攻撃に他国も共同して反撃する権利のことである。集団的自衛権は、安全保障理事会の許可がなくても同盟が集団防衛できるように憲章に含められた（杉原ほか 2012、本書第 8 章参照）。

## 3　憲法 9 条と自衛権

　**日本国憲法**は、その基本原理として、国民主権や基本的人権の尊重とともに、**平和主義**を採用している。その前文には、日本国民は「政府の行為によつて再び戦争の惨禍が起ることのないやうにする」とともに、「恒久の平和を念願し、人間相互の関係を支配する崇高な理想を深く自覚するのであつて、平和を愛する諸国民の公正と信義に信頼して、われらの安全と生存を保持しようと決意した」との文章がある。日本の防衛政策は、憲法の平和主義により、他国では見られない特徴がある。日本の特殊性を理解するためには、まず、憲法 9 条と自衛権との関係を把握しておく必要がある。

　憲法 9 条は、**戦争放棄**、**戦力不保持**、および**交戦権の否認**を規定している。

　　第 1 項　日本国民は、正義と秩序を基調とする国際平和を誠実に希求し、国
　　　　権の発動たる**戦争**と、**武力による威嚇又は武力の行使**は、国際紛争を解決す
　　　　る手段としては、永久にこれを放棄する。
　　第 2 項　前項の目的を達するため、陸海空軍その他の**戦力**は、これを保持し

ない。国の**交戦権**は、これを認めない。(太字は筆者)

第1項は国連憲章の趣旨と合致しているが、第2項の規定は国際社会でも珍しい徹底した平和主義を示している。

　しかし、日本政府は、「もとより、わが国が独立国である以上、この規定は、主権国家としての固有の自衛権を否定するものではない」という見解を維持してきた(2019年版防衛白書, 200)。自衛権が否定されない以上、自衛のための必要最小限度の実力行使や、そのための実力保持は憲法上認められているというのが政府の立場である。憲法9条の趣旨についての政府見解で重要なポイントは、以下の四つである(同, 200-202)。

　第1に、自衛のための必要最小限度の実力は、憲法9条2項で保持が禁止されている**「戦力」**にあたらないとされている。1954年6月に自衛隊法が公布され、翌月に陸・海・空自衛隊が発足すると、自衛隊を合憲とするための政府統一見解が出されて今日まで維持されている。ただし、「大陸間弾道ミサイル(ICBM)、長距離戦略爆撃機、攻撃型空母」などの「性能上専ら相手国国土の壊滅的な破壊のためにのみ用いられる、いわゆる攻撃的兵器」(1988年以降の防衛白書)は、憲法上許されないと解されている(本書第2章参照)。

　第2に、自衛のための必要最小限度の実力行使は、憲法9条1項で禁止されている「戦争」や「武力の行使」にあたらないとされている。現在の政府見解によれば、憲法9条の下で許容される自衛の措置としての**「武力の行使」**は、次の三要件を満たす必要がある。

　　○わが国に対する武力攻撃が発生したこと、またはわが国と密接な関係にある
　　　他国に対する武力攻撃が発生し、これによりわが国の存立が脅かされ、国民
　　　の生命、自由および幸福追求の権利が根底から覆される明白な危険があるこ
　　　と
　　○これを排除し、わが国の存立を全うし、国民を守るために他に適当な手段が
　　　ないこと
　　○必要最小限度の実力行使にとどまるべきこと

一つ目の要件は、2014年の閣議決定で変更された後のものであるが、個別的自衛権のみならず、集団的自衛権の行使も限定的に認められるようになった（本書第8章参照）。

第3に、自衛権を行使できる地理的範囲は、「必ずしもわが国の領土、領海、領空に限られないが、それが具体的にどこまで及ぶかは個々の状況に応じて異なるので、一概には言えない」とされている。ただし、政府が「武力行使の目的をもって武装した部隊を他国の領土、領海、領空に派遣すること」と定義している、いわゆる**海外派兵**は憲法上許容されない（本書第5・第11章参照）。

第4に、自衛のための必要最小限度の実力行使に該当する相手国兵力の殺傷と破壊などは、憲法9条2項で禁止されている「**交戦権**」の行使にあたらないとされている。ただし、自衛のための必要最小限度を超えるものと考えられる相手国の領土の占領などは、認められていない。

## Ⅲ　リアリズム理論と分析のレベル

本節では、人間性に焦点を当てる古典的リアリズムと、国際システムに注目するネオリアリズムを紹介するとともに、国際政治に関する分析レベルについて説明を行う。

### 1 【発展】古典的リアリズムと人間性

冷戦期前半の古典的リアリズムを代表する著作と言えば、**ハンス・モーゲンソー**によって書かれた『**国際政治―権力と平和**』（1998／原著第5改訂版1978）であろう。ドイツ生まれのユダヤ系であったモーゲンソーは、ナチスの迫害を逃れアメリカへ亡命し、ヨーロッパのリアリズム思想をアメリカに伝えた。彼は、法規や道義原則ではなく、「**権力・力**」（パワー）こそが、国際政治を理解する上で重要であることを強調している。彼の国際政治に関する基本的な考えは、同著の第1章にある「政治的リアリズムの六つの原理」にまとめられている。

その第1原理は、「政治は（……）**人間性にその根源をもつ客観的法則に**

支配されている」となっている（同，3）。モーゲンソーの理論は、その出発点に人間性を置いているため、「人間性リアリズム」と呼ばれることもある（ミアシャイマー 2017, 51）。人間性というのは、人類共通の特性であり、ずっと変わることのないものである。このため、政治現象には繰り返し現れる法則があるという。

第1原理が強調している「人間性」とは、すべての人間が共通して持っている「権力への欲望」、「力への欲求」である（モーゲンソー 1998, 第3章）。いつの時代でも人はみな権力欲を持つが故に「国際政治は不可避的に権力政治となる」という（同，36）。「人間性にその根源をもつ客観的法則」とは、権力欲に基づく権力闘争と言い換えることも可能である。この点で国内政治と国際政治の共通性を強調しているのがモーゲンソー理論の特徴である。国際政治においては、権力闘争には、（1）力を維持する現状維持政策（同，第4章）、（2）力を増大する帝国主義政策（同，第5章）、および（3）力を誇示する威信政策（同，第6章）という三つのパターンがあるという。

彼のリアリズム理論の中核をなす力・権力に関する第2と第3の原理については、本書の第2章で取り上げる。以下、簡単に第4から第6までの原理も紹介しておく。

［第4原理］**政治行動は、「普遍的な道義原則」ではなく、「政治的結果」によって判断される。**政治的リアリストは、「深慮、すなわち、あれこれの政治行動の結果を比較考慮することを政治における至上の美徳と考える」のである（同，11）。同様に、ドイツの社会学者マックス・ヴェーバーも、自著『職業としての政治』（1980／原著 1919）の中で、政治における倫理は、内面的な心情の正しさよりも、政治的結果の責任により判断されると主張している。こうした考え方は、心情倫理と区別されて、責任倫理と呼ばれた。

［第5原理］**「ある特定国の道義的な願望」が「世界を支配する道徳律」であることはない。**政治的リアリストは、「国家はすべて、彼ら自身の特定の欲望と行動を世界の道義的目標で装いたくなるものである」ことを知っている（同，11）。国際政治において、正義（神）がいつも自分たちの側にあるとの十字軍的な熱狂は、判断を誤りやすく危険である。代わりに「力によって定義された利益」の概念を通して考えれば、自国の利益の保護・助長が

できるだけでなく、他国の利益を尊重することも可能となる（同，第32章）。

　［第6原理］**政治的領域には自律性がある**。政治的リアリストは、経済的・法律的・倫理的領域を否定するわけではなく、「力によって定義される利益」という観点から、現実の人間の一側面（政治人）に焦点を当てる。政治的リアリズムでは、国際政治への「法万能主義的＝道義主義的アプローチ」は否定されるのである。

## 2　【発展】国際政治の分析レベル

　**ケネス・ウォルツ**は、初期の代表作『**人間・国家・戦争──国際政治の3つのイメージ**』（2013／原著第2版1959）において、「戦争の主要原因はどこにあるか」という問いに対して、**人間**、**国家の国内構造**、そして**国際システム**という三つの分析レベルに着目して、それぞれを**第1**、**第2**、**および第3のイメージ**と呼んだ。以下は、各イメージに関する議論の概要である。

　**人間**のレベルに焦点を当てる**第1イメージ**は、「人間の邪悪さや誤った行動が戦争を導き、善良さが普遍化すれば平和となる」という考え方である（同，46）。人間の進歩を信じる楽観主義者は、人間が変われば戦争をなくすことが可能であると考える。他方で、いくら教育や啓蒙活動を行っても生まれつきの人間の本性（欠陥）が変わらないと信じる悲観主義者は、戦争は起こり続けると主張する。ウォルツは、第1イメージの悲観主義者の例として、人間の不変的な「権力への欲求」から国際政治現象を説明する、モーゲンソーらを取り上げている。

　**国家の国内構造**に焦点を当てる**第2イメージ**は、「国家の欠陥」を戦争原因として捉え、国家の改革が世界平和のためには必要であると考える。例えば、自由主義の考え方をとる一部の人々は、専制主義国家は戦争を引き起こす悪い国家であり、反対に民主主義国家は平和をもたらす良い国家であると主張してきた。民主主義国家が平和的であるのは、兵士として命が危険にさらされる人々の意見が政策に反映できるということと、危険な行動をとろうとしている国家を国際世論により制裁できると考えたからであった（本書第7章参照）。もう一つ例を挙げると、マルクス主義では、「資本主義国家が戦争の原因なので、国家に革命を起こして資本主義を破壊し、社会主義を樹立

することによって平和がもたらされる」という主張がなされてきた（同, 120）。

他方で、ウォルツが強調しているのが、**第3イメージの国際システム**である。18世紀フランスの哲学者**ルソー**の**鹿狩りの寓話**（本書第9章参照）に言及しながら、「問題がアクターのみにあるのではなく、彼らが直面している状況にもあること」を指摘している（同, 158）。そして、国家間におけるアナーキー（無政府状態）では、国益の自動的な調和はない、また、戦争は不可避であると主張している。

結論の章において、ウォルツは、個人や国家は「直接的もしくは効果的な戦争原因」となり得るのに対して、国際システムは「戦争の間接原因、もしくは表面下の原因」であると特徴付けている（同, 212）。後者は、国際的なアナーキーという、戦争を妨げるものがない状況という**許容原因**のことであり、戦争が繰り返し起こることを説明するという。

なお、ここで取り上げた著作は、西洋政治思想についての議論を中心とし、本人いわく「厳密に言えば『人間・国家・戦争』は国際政治の理論を提示したものではない」（同, 5）。しかし、第3のイメージである国際システムは、次項で述べるとおり、後に国際政治システムの構造として理論的に定式化されることになる。

## 3 【発展】ネオリアリズムと国際システムの構造

**ウォルツ**は、代表作『**国際政治の理論**』（2010／原著1979）において、国際政治システムの構造に焦点を当てて、**ネオリアリズム**または**構造的リアリズム**と呼ばれる理論を提示した。本項では、国際政治システムの構造という概念を紹介しよう。

まず、**システム**は、①環境・状況・文脈・場のような**構造**（structure）と、②その中で相互に作用する**ユニット**（**行為主体＝アクター**）からなる。構造は、ユニットそのものの特性・行動・相互作用（プロセス）とは区別された、ユニットの配置に着目する概念である。例えば、経済市場システムは、市場という構造と企業などのユニットからなる。

**政治構造**は、①システムの**秩序原理**、②ユニットの**機能的差別化**（役割分

担）、および③ユニット間の**能力分布**（相対的能力）によって定義される。**国内政治構造**の場合、まず、強制力を持つ統治権の下に関連組織が上下関係において組織されていることから、階層的な**ハイラーキー**という秩序原理で特徴付けることができる。次に、権力分立の原理に基づき国会、内閣、および裁判所の間で役割分担があり、立法・行政・司法とそれぞれの機能（権能）が差別化されている。そして、国会、内閣、および裁判所の間の関係は、各機関の相対的能力によっても影響を受ける。なお、政治構造は政治過程（相互作用）に影響を与える。議院内閣制を採用するイギリスと日本のように、同じような政治構造を持つ国は同じような政治行動が見られるのである。

　他方で、**国際政治構造**は、秩序原理と能力分布の二つだけで定義することができる。まず、国際政治構造の秩序原理は、非集権的で水平的な**アナーキー**（無政府状態）である。この用語は、国際社会では世界政府が存在せず主権国家が併存しているという状態を指している。なお、構造であるアナーキーは、過程である無秩序・カオスを意味しない。アナーキーにおける必然的な行動原理としては、**自助**（self-help）**の原則**がある。諸国家を守ってくれる世界警察がない以上、国家は自らを助けなければならない。国際システムは自助システムである一方、国内システムは自助システムではない。このため、政府が正統な軍事力の使用を独占している。

　ここで、アクターの動機については、「生き残ることは、（……）国家のいかなる目標を達成する場合でもその前提条件となる」として、「国家は**生き残る**ことを確実にしようとする」、すなわち安全保障が国家の最高目的であるという仮定が導入されている（同, 121、太字は筆者）。なお、この仮定は、「国家はつねに生き残ることを確実にすることだけ専念して行動するわけではない」ことや「どの国家も完全な知識や知恵をもって行動するわけではない」ことを否定するものではない（同, 121-122）。

　次に国際政治構造の能力分布は、端的に言えば**大国の数**によって定義される。能力はユニットの属性であるが、ユニット間の能力分布は構造の特徴となるのである。システム内において、二つの大国のみが存在すれば**2極構造**となり、三つ以上の大国が存在すれば**多極構造**となる。大国の数において、二つと三つ以上の間に質的な違いがあると見なされているのである。歴史的

には、20世紀初頭までは大国が多数存在している多極構造の時代であったが、冷戦期はアメリカとソ連という二つの超大国からなる2極構造の時代であった。なお、多数の大国が二つの同盟に分かれた国際政治システムと2極システムとは構造的に区別されている。ちなみに、市場の構造は、競争している企業の数によって定義される。同等な企業が多数存在している完全競争は、少数の企業が市場を支配している寡頭競争と区別される。

　以上のことから、国際システムの変化とは、ハイラーキカルな領域への移行や、ユニット間の能力分布の変化を意味しているのである[2]。

◆注
1)　その上で、モーゲンソー（1998, 571）は「国家は自国にとって死活的でない争点に関してはすべてすすんで妥協しなければならない」とも述べている。つまり、必要があれば軍事力を使ってでも守られなければならない国家安全保障の範囲をできるだけ狭く捉えることにより、調整（外交）による平和の余地を大きくしようとしているのである。
2)　他方で、国内政治構造では重要であった機能的差別化は、国際政治構造の定義では不要である。なぜならば、国家は類似したユニットだからである。アナーキーに置かれた国家は、主権を有しているという共通性の他、防衛や治安維持から外交、司法、社会保障まで機能的にはほとんど同じ活動を行っている。国際システムの構造は、国家の相互作用（過程）にだけでなく、国家の属性にも影響するのである。

**文献案内**

Ⅰ　国家主権と戦争状態
- 高澤紀恵『主権国家体制の成立』山川出版社，1997年．
- 篠田英朗『「国家主権」という思想―国際立憲主義への軌跡』勁草書房，2012年．
- 小川浩之，板橋拓己，青野利彦『国際政治史―主権国家体系のあゆみ』有斐閣，2018年．
- 政所大輔『保護する責任―変容する主権と人道の国際規範』勁草書房，2020年．
- 日本国際政治学会編『国際政治』（国家主権と国際関係論）第101号，1992年10月．
- 国際安全保障学会編『国際安全保障』（主権国家体制のゆくえ）第45巻第2号，2017年9月．

Ⅱ　国家存立と自衛権
- 森肇志『自衛権の基層―国連憲章に至る歴史的展開』東京大学出版会，2009年．
- 田村重信編『新・防衛法制』内外出版，2018年．
- 芦部信喜『憲法』第7版，高橋和之補訂，岩波書店，2019年．

Ⅲ　リアリズム理論と分析のレベル
- アリソン，グレアム，フィリップ・ゼリコウ『決定の本質―キューバ・ミサイル危機の分析　Ⅰ・Ⅱ』第2版，漆嶋稔訳，日経BP社，2016年［Allison, Graham, and Philip Zelikow, *Essence of Decision: Explaining the Cuban Missile Crisis*, 2nd ed. New York: Longman, 1999］．
- ラセット，ブルース，ハーヴェイ・スター，デヴィッド・キンセラ『世界政治の分析手法』小野直樹，石川卓，高杉忠明訳，論創社，2002年［Russett, Bruce, Harvey Starr, and David Kinsella. *World Politics: The Menu for Choice*, 6th ed. Boston: Bedford/St. Martin's 2000］．
- マキアヴェリ『君主論』新版，池田廉訳，中央公論新社，2018年．
- 国際安全保障学会編『国際安全保障』（冷戦後の国内政治と安全保障）第38巻第3号，2010年12月；（リーダーシップと対外政策変更）第46巻第1号，2018年6月．

# 第2章 勢力均衡

## はじめに

**勢力均衡** (balance of power) という理念が意識的に定式化されるように なったのは、17 世紀から翌世紀にかけてのヨーロッパであった。当時、「太 陽王」ルイ 14 世（位 1643〜1715）が統治するフランスが周辺国への侵略戦 争を繰り返し、周辺諸国の脅威となっていた（バターフィールド 2010）。フ ランスの聖職者・著述家であった**フランソワ・フェヌロン**（1651〜1715） は、以下の引用文で述べているとおり、勢力均衡を国際関係の安定の源と見 なしていた。

> 　実際に頻繁に起こるのを目にするとおり、全ての国がその近隣諸国より優位 に立つよう努めるであろうことを期待し得る。それ故、全ての国は、その適切 な安全のために、あらゆる近隣諸国が強大になり過ぎることを警戒し、また、 何としてでも抑制することを義務付けられている。これは不正ではない。それ は自国自身とその近隣諸国を隷属から守ることである。それは、一般に全ての 自由、平穏、そして幸福のために対抗することである。いかなる国においても パワーの過大な増加が周囲の全ての国からなる一般的なシステムに影響を与え るのである。(Luard ed. 1992, 384)

フェヌロンは、勢力均衡を諸国に「共通の平安」をもたらす手段と考えてい たのである。

**スペイン継承戦争**（1701〜14）を終結へと導いた 1713 年の**ユトレヒト条 約**には、勢力均衡によるヨーロッパ全体の平和という考え方が明示的に示さ れた（明石 1998）。スペイン継承戦争は、フランスのルイ 14 世が自分の孫 フェリペ 5 世をスペインの王位につけたことが発端となって起こった。イ ギリス、オランダ、それにハプスブルク家のオーストリアは、フランスの強

36 第1部 リアリズムから見た安全保障環境

大化を阻止するため戦った。戦争の結果、ユトレヒト条約により、フェリペ5世のスペイン王位は認められたが、他国にとって脅威となるフランスとスペインの統一は禁止されたのである（木村・岸本・小松編 2017）。スペイン継承戦争は、勢力均衡を維持するための戦争だったと言えるだろう。

本章は、リアリズム的世界観の一つとして勢力均衡を取り上げる。第Ⅰ節では、モーゲンソーの『国際政治』を使って古典的リアリズムの勢力均衡理論を説明する。第Ⅱ節では、第二次世界大戦後の勢力均衡に焦点を当てる。そして、第Ⅲ節では、ウォルツの『国際政治の理論』を中心にネオリアリズムの勢力均衡理論を見ていく。

# Ⅰ 古典的リアリズムの勢力均衡理論

本節では、本書第1章で取り上げた古典的リアリズムの名著『国際政治』（モーゲンソー 1998／原著第5改訂版 1978）を再度取り上げて、力の概念、勢力均衡の説明、および勢力均衡の限界について説明する。

## 1 力によって定義される利益

モーゲンソー『国際政治』の「政治的リアリズムの六つの原理」の中でも特に重要な第2原理とそれに関連する第3原理は、**力・権力**（power）の概念に関連している。

［第2原理］「**政治家は力によって定義される利益によって思考し行動する**」（同, 4）。これがモーゲンソーの言う「人間性にその根源をもつ客観的法則」である。モーゲンソーは、政治家が力の維持・拡大という利益（目標）にとって最適な行動をとると仮定している。こうした仮定を持つ合理的理論は、国際政治の現実をそのまま映し出す写真のようなものではなく、国際政治の本質を浮かび上がらせる肖像画のようなものであるという。実際の対外政策がいつも合理的であるとは限らないことを認めつつ、合理的な対外政策をよいものと見なしている。モーゲンソーの理論が規範的でもあると言われるゆえんである。

第2原理の「力によって定義される利益」とは、権力が直接目的である

ことを言い換えたものである。『国際政治』第3章（政治権力）によれば、モーゲンソーは、「国家目的を達成する手段として」、権力を考えていた。「国際政治とは、他のあらゆる政治と同様に、権力闘争である。国際政治の究極目的が何であれ、権力はつねに直接目的である」（同，30）という。権力は、安全・自由・繁栄など、どのような国際政治の究極目的にも役立つためその手段（＝直接目的）とされた。ここでは、政治における権力は、経済における通貨のようなものと見なされている（ミアシャイマー2017, 42）。通貨も、さまざまな目的のために使える、使い勝手のよい手段であるからである。

　それでは、力・権力（power）とは何か。モーゲンソー（1998, 31）はそれを「人が他の人びとの心と行動に及ぼす制御（control）」と定義している。それは、価値を剥奪したり付与したりする強制力を伴うことから、強制的ではない影響力から区別される。また、権力は、心理的なコントロールを意味することから、物理的な軍事力を実際に使うことでもない。ただし、「威嚇手段あるいは潜在力としての軍事力は、一国の政治権力を形成する最も重要な物的要素となる」とされていることに注意する必要がある（同，32）。

> どんな種類の軍備でも、その政治目的は、他国に対して軍事力の使用を危険だと思わせ、それを抑止することにある。いいかえるなら、軍備の政治目的は、仮想敵国に軍事力の使用を思いとどまらせることによって、軍事力の現実の行使を不必要にすることにある。戦争の政治目的も、領土の征服や敵軍のせん滅自体にあるのではなく、敵を改心させて勝利者の意思に従属させることにあるのである。（同，35）

　［第3原理］**力は、普遍的な概念であるが、その内容や利用方法は、その時々の「政治的、文化的環境によって決定される」**（同，9）。ここは分かりにくいが、例えば、議会制民主主義制度の下にあれば、諸政党間の議席数の配分が重要であろう。また、法の支配が確立しているところであれば、制御の仕方が合法的であるか否かも重要となるであろう。

　そして、力という概念の内容や利用方法が可変であるという第3原理は、紹介されている国力の諸要素の相対的重要度が国や時代によって異なってき

38 第1部 リアリズムから見た安全保障環境

たことと関係があるだろう。『国際政治』第9章では、国力の諸要素として、
軍備やそれに関連する物的な諸要因である地理、天然資源、および工業力や、
人的な諸要因である人口、国民性、国民の士気、外交の質、および政府の質
が列挙されている。モーゲンソーは、重要性が増大してきた要素として工業
力に着目している。

> 現代の戦争のための輸送およびコミュニケーションの技術は、重工業の全面的
> な発達ということを国力の不可欠の要素にしてしまった。現代の戦争における
> 勝利は、高速道路、鉄道、トラック、船舶、飛行機、戦車、さらには、魚雷網
> および自動ライフル銃から酸素マスク、誘導ミサイルに至るあらゆる種類の装
> 備と武器の質量によって決まる。そのため、力をめぐる諸国家間の競争は、よ
> り大型の、より優れた、より多くの戦争手段の生産競争へと大きく変質してい
> る。(同, 128)

力をめぐる競争も政治的、文化的環境によって影響を受けるのである。

## 2 勢力均衡の説明

モーゲンソーは、国家権力を制限する平和維持装置として、国際法、国際
道義、および世界世論などの規範的制約とともに、勢力均衡を捉えていた
(同, 26)。これは『国際政治』第4部で詳細に検討されている。まず、第
11章において、この概念の説明を次のとおり行っている。

『国際政治』において、**勢力均衡(バランス・オブ・パワー)**という用語は、
四つの異なった意味で使われている。「(1) ある特定の情勢をつくろうとす
る政策。(2) 現実の情勢。(3) ほぼ均等な力の配分。(4) 何らかの力の配
分。」ただし、「何ら限定を加えずにバランス・オブ・パワーという言葉を用
いているときには、この言葉は、**幾つかの国の間にほぼ均等に力が配分され
ている現実の情勢**をさす」(同, 188-189、太字は筆者)。

諸国家による力の追求により、勢力均衡という状態とその維持を目指す政
策は、必然的に生まれる。また、それらは、国際社会の「本質的な安定要
因」でもある(同, 180)。バランスと同義である均衡(equibrium)とは、
複数の要素からなる一つのシステムの安定を意味している。システムはその

諸要素の均衡が攪乱されるたびにそれを修復しようとするのである。

国際政治における勢力均衡の機能は二つある。すなわち、諸国間における力関係の安定を維持する機能と、各国家の独立を保護する機能である。二国間の均衡は、直接的対抗によりそれらの国家間関係を安定させるだけでなく、競争により第三国の独立を侵害することも困難にさせる。ただし、均衡は、ある国の力を他の国の力でもって制限しようとする連続した取り組みの結果である。したがって、勢力均衡そのものは「本質的に不安定で動的な特性」を有する（同，186）。

モーゲンソーは、第12章において、勢力均衡の諸方法を論じている。まず注目すべきなのは、勢力均衡の維持・回復の基本的な手段としての**軍備**である。それは、自国の軍事力を増大することである（本書第7章参照）。このため、第一次世界人戦前にイギリスとドイツの間で起きた海軍の建艦競争のように、軍備競争が繰り返されてきた。

> 諸国家は、他の諸国家に対して自国を防衛しようとするために、あるいはまた他の諸国家を攻撃しようとするために武装する。政治的に積極的な国家がすべて、軍備をその不可欠の要素とする力の競争に参加していることは明らかである。したがって、政治的に積極的な国家はいずれも、できるだけ多くの力を獲得すること、すなわち、何よりも、できるだけ強く武装するということに熱心でなければならない。（同，415）

軍備競争は、まさに不安定で動的なプロセスそのものである。

軍備の他にも、同盟、分割支配、代償、およびバランスの保持者という方法が論じられている。一つ目の**同盟**については、勢力均衡の必然的な手段として紹介されている。同盟政策には、味方側の強化と敵側の弱体化の方法がある（本書第8章参照）。二つ目の**分割支配**とは、潜在的に強力な競争相手を分割しておく方法である。近代におけるフランスの対ドイツ政策や冷戦期におけるソ連の対ヨーロッパ政策が該当する。三つ目の**代償**とは、領土的な代償でもって均衡を図る方法である。代償の原則により、18世紀後半にはポーランドが、19世紀後半と20世紀初頭にはアフリカが分割された。最後に、**バランスの保持者**とは、バランスが崩れた際に劣勢の側に立つことによ

40　第 1 部　リアリズムから見た安全保障環境

りバランスの回復をはかる国家のことである。バランスの保持者は、自国を抜きにしてバランスが成り立っているときは他国からは孤立した立場をとった。また、加勢した劣勢側から大きな見返りを期待できた。この「光栄ある孤立」の地位にあったのは、歴史上、16 世紀のヴェネツィアや同世紀以降のイギリスであった。

## 3　勢力均衡の限界

　モーゲンソーは、『国際政治』第 14 章において、勢力均衡には不確実性、非現実性、および不十分性という三つの弱点があることを指摘している。まず、**不確実性**とは、さまざまな要素からなる国力の計算が困難であるだけではなく、相互防衛に対する同盟国の意図を確実視できない点が問題をより複雑にすることを意味している。

　次に、**非現実性**とは、各国がパワーの最大化を目指すので、勢力均衡がなかなか成立しにくいことを指している。力の優位を追求せざるを得ないのは、勢力均衡の不確実性がある、すなわち他国の力を正確に算定することができない以上、安全性の余地をできるだけ確保しておく必要があるからである（同，224）。この勢力均衡の力学のため、数多くの予防戦争や、帝国主義的戦争、反帝国主義的戦争が起きている。

　最後に、**不十分性**とは、各国のエリートの間に知的・道義的なコンセンサスがなければ、勢力均衡が有益に機能しないということである。近代ヨーロッパ世界の場合、1648 年の三十年戦争終結から 1772 年の第 1 次ポーランド分割までの期間と、1815 年のナポレオン戦争終結から 1933 年のドイツの国際連盟脱退までの期間においては、そのようなコンセンサスが存在していたという。したがって、モーゲンソーによる勢力均衡の評価は「力が、国際舞台における力の野心を制限する方法としては粗雑で信頼度の低いものである」ということである（同，242）。

　モーゲンソーによれば、第二次世界大戦を経て、勢力均衡は、三つの大きな変化を経験した（同，第 21 章）。第 1 に、アメリカとソ連という二つの超大国間における均衡が重要となり、同盟関係の組み換えという方法が失われ、勢力均衡が硬直化したことである。第 2 に、2 極的な勢力均衡においては、

第三の勢力としてのバランサーがいなくなってしまった。そして、第3に、植民地のフロンティアが消滅し、領土拡張による力の追求が著しく困難となった。

モーゲンソーは、以上の変化から、勢力均衡が権力闘争を抑制することがますます困難になってしまったと考えたのである。また、国際道義と世界世論（同，第5部）、そして国際法（同，第6部）による国家権力の制約も十分には作用しない。そこで、現代世界における平和を維持するためにモーゲンソーが着目したのが、外交という平和的手段による国益の推進・調整である（同，第10部）。

ここで注目したいのは、力の2極化という構造的変化が国家権力への制限を弱くしているとモーゲンソーが考えていることである。

> ゲームに積極的に参加する国の数が多ければ多いだけ、考えられる諸関係の数もそれだけ多くなるし、また、現実に反目し合う国家関係についての不確実性や、個々の参加国がこれらの諸関係において実際に果たすべき役割についての不確実性もますます大きくなる。（……）全くあてにならない同盟から生じるバランス・オブ・パワーは極端に柔軟であったためすべての参加国は国際政治というチェス盤においては注意深く行動しなければならなかったし、また、起こりうる危険をすべて予測することができなかったためできるだけ危険を冒さないようにしなければならなかった。（同，364）

要するに、2極化する前の勢力均衡では、同盟関係の柔軟性から生じる**不確実性**が、**注意深さ**や**危険回避の行動**を通じて平和を促進していた面があったというのである。この考え方は、次節で見るとおり、後にウォルツによって反論されている。

## II 現代における勢力均衡

本節では、第二次世界大戦以降の勢力均衡の移り変わりについて、冷戦期とポスト冷戦期に分けて見ていく。

## 1 冷戦期における勢力均衡

　第二次世界大戦が終わって間もなくすると、超大国として頭角を現してきたアメリカとソ連の間で対立関係が始まった。**ハリー・トルーマン**大統領（民主党、任 1945〜53）は、1947 年 3 月の議会演説の中で、ソ連を封じ込めるために、ギリシャとトルコへの援助を行う権限を承認するよう訴えた（トルーマン・ドクトリン）。さらに、1948 年から 1951 年にかけて第二次世界大戦で被災したヨーロッパ諸国の経済復興のために大規模な援助計画（マーシャル・プラン）を実施した。安全保障面では、1949 年に西欧 10 カ国やカナダと北大西洋条約に署名して**北大西洋条約機構**（**NATO**: North Atlantic Treaty Organization）を設立した。

　アメリカとソ連の対立関係は、核戦争の危険もあった 1962 年のキューバ危機で最高潮に達した後、ずっと順調だったわけではないが、改善の基調にあった。1960 年代末からの 10 年間、特に 1972 年から 75 年半ばにかけては、米ソ間のデタント（緊張緩和）と呼ばれる状況にあった。**リチャード・スチーブンスン**は、その著書『**デタントの成立と変容**』（1989／原著 1985）の中で、このデタントの成立に寄与した要因を五つ挙げている。すなわち、(1) 1971 年の米中関係の改善、(2) ベトナムからのアメリカ地上軍の漸進的撤兵、(3) 米ソ間での軍事力の均衡化、(4) 軍拡競争による米ソ経済への過重負担、および (5) 米ソ指導者たちの政治的・外交的手腕である。

　第 3 の要因に着目すれば、米ソ間のデタントは、「勢力均衡による平和」の一例と考えることもできる。冷戦時代の前半においては、戦車等の通常戦力で勝るソ連中心の東側陣営に対して、アメリカ中心の西側陣営は核戦力の優位で対抗していた。それが 1960 年代末から 70 年代初めにかけて、ソ連は、核戦力においてアメリカと「同等の地位（パリティ）」を達成したのである（本書第 10 章参照）。

　しかし、1970 年代の後半になって、デタントは後退していった。その理由として挙げられるのは、まず、ソ連が核兵器と通常兵器の両方において軍備拡張を続けたことである。また、ソ連は、アンゴラの内戦、エチオピアの対ソマリア戦争、および南イエメンでのクーデターなどの動乱に介入して、親ソ政権を樹立していった。また、日本とアメリカにとっては、極東ソ連軍

の増強も憂慮されていた。ただし、デタント的な状況が崩壊していく速度は緩やかなものであり、1970年代においては、両国の安全保障政策が大きく転換されることはなかった。アメリカの国防支出は、国内総生産（GDP）に占める比率において低下し続けた。

デタントが完全に終焉したのは、1979年12月にソ連がアフガニスタンに侵攻した時である。それからの約10年間の時期は、**新冷戦**または**第2次冷戦**と呼ばれている。1981年版防衛白書は、「現在の世界の平和と安定は、軍事的バランスを重要な要素としており、そのバランスが崩れたとき、脅威はより顕在化するおそれがある。現在、西側諸国がソ連の顕著な軍事力増強に懸念を抱いているのもこのためである」と記している。

## 2　ポスト冷戦期における勢力均衡

1989年の冷戦終結の後1991年12月に、ソ連を構成していた15の共和国が分離・独立して、2極構造の一方の盟主であった超大国が解体された。ソ連消滅により、国家間の軍事力の配分は劇的に変化して、国際政治システムは、2極構造からアメリカを唯一の超大国とする単極構造に移行した。これは、多くの国際政治学者にとって予想外のことであった。

実は、ネオリアリズムの創始者である**ケネス・ウォルツ**は、自らの論文（Waltz 1964, 898-899）において「いくつかの国が一体化するか他国が混乱において消滅しない限り、世界は今世紀の末まで2極であり続けるだろう」と予測したことがある。その後、1979年の主著『国際政治の理論』（ウォルツ 2010, 214, 237）において、先の論文で平和と安定性を混同していたことを認めつつ、「問題は、予見できる将来に大国クラブに第三国もしくは第四国が入るかどうかではなく、ソ連がこのままアメリカについてこれるかどうかである」と鋭く指摘していた。ソ連の消滅後、ウォルツは、「多極世界はかなり安定的［＝多極世界が続く］だが戦争になりがちである。2極世界はかなり平和的であるが残念なことに前のもの［多極世界］よりも安定性は低い」と述べている（Waltz 1993, 45）。

1990年代においてリアリストたちは、勢力均衡理論に基づき、唯一の超大国アメリカに対してバランシング行動が起こり、多極世界へ移行していく

と主張していた。ウォルツも、1993年の論文において、10年後から20年後といった近い将来に、ドイツ、日本および中国が大国となり2極の世界が多極化するかもしれないと主張していた（同）[1]。同様に、**クリストファー・レイン**は、同じ年の論文の中で、2000年から2010年にかけて単極世界から多極世界に移行していくと予測していた（Layne 1993）。

　対照的に、**ウィリアム・ウォルフォース**は、自らの論文（Wohlforth 1999）において、単極世界が持続的であることを主張した。その主な理由は、二つあるという。一つは、アメリカとその他の諸国との間におけるパワーの格差がとても大きく、さまざまな分野に及ぶことである。もう一つは、大西洋と太平洋に囲まれたアメリカの地理的な強みである。将来、極になりそうな諸国家は全てユーラシアに位置している。そうした国々は、アメリカよりも地理的に近い周辺国の方を脅威と見なしやすく、グローバルな勢力均衡よりも地域における勢力均衡を重視するという。

　この論文が注目されたこともあり、2000年代になると、唯一の超大国アメリカに対して、軍事的なバランシング行動、特に反覇権同盟の形成がなかなか起きない状況をいかに説明するかに関心が集まった。軍事的なバランシング行動の不在について、時間の問題であるという説（Waltz 2000; Layne 2006；レイン 2011）[2]の他に、リアリズムの立場から少なくとも四つの説明が行われてきた（Levy and Thompson 2010a, 42-43）。ウォルフォースによる説明と重なる面もあるが、列挙しておく。第1に、アメリカが侵略的な意図を持たないと他国は認識している（ウォルト 2008）。第2に、覇権国の台頭を防止するとの勢力均衡理論は、すでに覇権を達成し現状維持国となっているアメリカには当てはまらない（Brooks and Wohlforth 2008）。第3に、**ジョン・ミアシャイマー**（2017, 297）の大国政治理論によれば、「沖合から勢力均衡を保つ役割を果たす国家」という意味のオフショア・バランサーの役割を担ってきたアメリカは、西半球以外の諸国にとって脅威にならない。第4に、陸上の大陸システムを説明する勢力均衡理論は、海洋システムには当てはまらない（Levy and Thompson 2010b）、というものである。

## Ⅲ　ネオリアリズムの勢力均衡理論

　本節では、前節第2項において言及された、ウォルツの勢力均衡理論と、それを発展させた2極平和論、およびウォルフォースの単極平和論のそれぞれをより詳しく紹介する。

### 1　【発展】ウォルツの勢力均衡理論

　アナーキーな秩序において安全保障を最優先する国家が存在するという仮定から、ウォルツ（2010, 169）は「**勢力均衡は繰り返し形成される**」という仮説を導いている。いつも均衡しているわけではないが、均衡が崩れてもまた復元するということである。ここで勢力均衡とは、国家行動の結果を示すものとして使われている。結果として勢力均衡をもたらす国家行動は**バランシング行動**と呼ばれる。アナーキー下にある国家は自己保存のためにバランシング行動をとると予測されている。しかし、モーゲンソーとは異なり、ウォルツは、国家がシステム全体の勢力均衡を目的としているか否かは問題にしていない。むしろ、それまでの国際政治学にありがちであった「動機と結果とが必然的に呼応していると前提すること」を強く批判している（同, 159）。市場における企業の行動が、企業の意図にかかわらず市場の均衡をもたらすのと同様であると、彼は考えている。

　バランシング行動は、「**対内的努力**（経済力の向上、軍事力の増進、巧妙な戦略の開発）と、**対外的努力**（味方の同盟の強化・拡大、敵の同盟の弱体化・縮小化）」の二つに分類できる（同, 155-156、太字は筆者、本書第7・第8章参照）。

　そしてウォルツは、勢力均衡が競争的なシステムであることから、「国家が互いを模倣し」「国家が競争者としての共通の特性を示すこと」という仮説も提示している（同, 169）。軍事技術や軍事手段における競争においては、強国であったプロシアの軍事参謀本部システムが日本を含めた列強各国に模倣された。ウォルツは言及していないが、自国の安全保障に危機感を持ち富国強兵のために西洋諸国の諸制度を貪欲に模倣していた明治期の日本は、分かりやすい例であろう。過去の模倣の結果、無政府状態に置かれた国家は、

主権を有しているという共通性の他、防衛や治安維持から外交、司法、社会保障まで機能的にはほとんど同じ活動を行っている。国際システムの構造は、国家の相互作用（過程）にだけでなく、国家の属性にも影響するのである。

　この点でも、国際政治構造は、国内政治構造と対照的である。後者の場合、権力分立の原理に基づき国会、内閣、および裁判所の間で役割分担があり、立法・行政・司法とそれぞれの機能（権能）が差別化されている。以上のことから、国内政治構造では重要であったユニット間の機能的差別化は、国際政治構造の定義では不要となるのである（本書第 1 章参照）。

## 2 【発展】ウォルツの 2 極平和論

　ウォルツにとって、国際システムの安定性とは、国際構造が変化しないことを意味している。すなわち、アナーキー状態の維持と、2 極なら 2 極のまま、多極なら多極のまま国家間の能力分布が変化しないことである。例えば、システムにおける大国の数が五つから六つに変わっても、国際システムの安定性は維持されている。この安定性の限定的な定義は、「私も、1964 年と 1967 年に書いた論文で、安定性を、平和と国際関係の有効的管理の両方を意味するものとして使ってしまった」という反省に基づいている（同，214）。現実に起こり得る国際システムの変化は、彼の理論によれば、2 極から多極へ、またはその逆ということになる。ちなみに、ウォルツは三つの大国からなるシステムは安定しないとみている。二つの大国が結託して一つの大国を滅ぼしてしまうというのがその理由である。したがって、ウォルツの言う多極とは、四つ以上の大国からなるシステムのことである。

　2 極と多極との間で大きく異なってくるのは、バランシングの仕方である。多極システムでは**対内的努力**（自国能力の強化）と**対外的努力**（他国能力の追加）の両方が調整手段として使えるが、2 極システムでは対内的努力のみが調整手段となる。なぜならば、後者では二つの超大国とそれら以外の国家の間で能力の差がありすぎるからである。2 極システムでも同盟関係が発生し得るが、それはバランシング行動とは言えないものである。

　ウォルツは、多極システムの危険性を強調している。他国に依存できる多極システムでは、追加的な調整手段を持てるが、同盟関係が不確実である点

が問題である。責任の所在が不明瞭となり、同盟国はいざというときに助けに来てくれないかもしれないし、正確にその能力を他国に開示しているとは限らない。そして、昨日の友が今日の敵になり得るような状況で、明確な脅威が認定しにくい。そうした同盟関係の柔軟性という多極システムの特徴が、戦争の原因となり得る**不確実性と誤算**の危険性を高めている。これは、本章第Ⅰ節で紹介したとおり、多極世界の不確実性がむしろ注意深さや危険回避の傾向を生み、平和を促進すると考えるモーゲンソーとは対照的な見解である。

　ウォルツは、2極システムの平和性を主張する。このシステムでは、対内的バランシングしか調整手段はない。しかし、自国に頼る対内的バランシングの方が他国に頼る「対外的バランシングより、あてになるし正確である」。それに、自国に匹敵する大国は一つしかなく、脅威は明確であり、「不確実性は少なく、計算は容易なのである」（同，222）。拮抗した競争関係においては、イデオロギーよりも国益の方が優先される傾向にある。相互行為の積み重ねから国家の考え方が類似してきて、国家間の調整が容易になる。二大国間の緊張度は高いが、当てにできる国家はなく、それ故に自制の必要性も高い。これらの実例として、冷戦時代の米ソが挙げられている。

　なお、2極システムの危険性として大国による**過剰反応**が指摘されている。責任転嫁できない大国は、ライバル国家との競争上世界全体に関心を持ち、自国から遠い、死活的ではない問題にも介入しがちとなる（アメリカのベトナム介入など）。しかし、大国間の戦争を引き起こしやすい誤算という多極システムのデメリットに比べたら、2極システムのデメリットである「過剰反応はコストがかかるだけであり、行われる戦争も限定的で、害はより少ない」とされている（同，228）。つまり、ウォルツによれば、戦争の原因となる不確実性や誤算が相対的に少ない2極システムは、より平和的なのである。

## 3　【発展】冷戦後における単極平和論

　**ウィリアム・ウォルフォース**は、論文「**単極世界の安定性**」（Wohlforth 1999）において、単極世界が持続的であるのみならず、平和的であること

48 第1部 リアリズムから見た安全保障環境

も主張した。理論的には覇権理論と勢力均衡理論に依拠して、単極世界では大国間の戦争は起こらず、また、安全保障と威信をめぐる大国間の競争が起きにくいことを以下のとおり説明している。

まず、覇権理論（本書第3章参照）によれば、先導国のパワーが圧倒的であればあるほど、世界は平和的になる。紛争が起こるのは、先導国と挑戦国の間で、それらの相対的パワーについて見解の相違がある場合である。すなわち、先導国と挑戦国の全体的な格差が小さい場合か、挑戦国が国力のいくつかの要素で先導国を追い越したものの、これらの要素の相対的な重要性について二国間で異なる見方をする場合である。したがって、先導国のパワー優位の全体的な規模と包括性があれば、世界は平和になる。

次に、勢力均衡理論によれば、ウォルツが主張しているとおり、2極は多極よりも不確実性が低下するために戦争が起きにくい。この論理からすると、同盟選択やパワー計算における不確実性が最も少ない単極が最も戦争が起きにくい構造ということになる。二番手の諸国が取り得る戦略は、超大国へのバランシングではなく**バンドワゴニング**（便乗）をするか、あるいは何もしないかのみとなる。超大国は、他国による安全保障上の依存とパワー優位を利用して、自国に有利な同盟システムを維持することもできる。

つまり、単極世界には、覇権競争と大国間の勢力均衡政治という二つの紛争の源が存在しないのである。歴史上、パックス・ブリタニカや冷戦の際は、単極世界ではなかったため、覇権競争や安全保障競争が起きている。

反対に、**ヌーノ・モンテイロ**は、論文「**確かな不安——なぜ単極は平和的ではないのか**」（Monteiro 2011）において、単極は、重大な紛争を引き起こすメカニズムを創り出すと主張している。モンテイロによれば、ウォルフォースの議論には次の問題点がある。まず、超大国と大国との戦争、および大国間の戦争のみに焦点を当てており、中小国を含めた他の組み合わせを検討していない。次に、超大国はいつも防御的支配（dominance）の戦略を取るとの前提に立っている。超大国は、攻撃的支配や撤退（disengagement）の戦略を取ることもある。

モンテイロの理論は、単極世界においてどのような紛争が起こるかは、超大国がどの戦略を選択するかに依存している、というものである。現状維持

的な防御的支配戦略の場合、超大国の意図が他国にとって不確実であることにより、二つの経路で紛争に発展する可能性がある。一つは、現状には不満を持っているものの、超大国を抑止できる能力を持たない中小国が、同盟を形成する相手国がいない単極世界において、北朝鮮のように非対称な戦略の考案や核武装などの極端な自助の政策に打って出ることである。そして、もう一つは、1991年の湾岸戦争のように、反抗的な中小国が小さな現状の修正を図ることにより現状維持の限界を試してみることである。

　超大国が現状変更的な攻撃的支配戦略を取る場合も、二つの経路で紛争に発展する可能性がある。一つは、超大国が中小国の存続を脅かすような修正主義的な行動を取ることである。もう一つは、防御的支配戦略の場合と同様に、中小国が自らの軍備増強を行うことである。2001年9月11日の同時多発テロの発生後、中近東において攻撃的支配戦略を取ったアメリカは翌々年にイラクに侵攻している。

　他地域の勢力均衡に関与しないという撤退戦略の場合、超大国を含む戦争の可能性は低下するが、地域での競争が激しくなり、大国と中小国との間の戦争は起こりやすくなる。中途半端な撤退は、防御的・攻撃的支配戦略の場合と同様の、超大国を含む紛争が起きてしまう。冷戦後においてアメリカがこの戦略を取ることはなかったが、この戦略の危険性は多くの外交政策の専門家によって指摘されている。


◆注
1)　ただしウォルツは、当初、ソ連消滅の2年後になってもロシアの軍事力を考慮し2極構造が続いているとして、単極構造が出現したとは見なしていなかった（Waltz 1993, 52）。その後、国際政治システムが単極になったことを認めた（Waltz 2000, 27）。
2)　ウォルツは、支配的な国家が国外での任務を引き受けすぎて長期的には疲弊してしまうことと、支配的な国家に対して他国がバランシング（均衡化）を行うことという二つの理由から、単極が最も短命な構造であるとした。さらに、中国と日本が台頭しているアジアにおいてはすでに単極から多極に移行しつつあると主張していた（Waltz 2000, 27-28, 32）。レインは、2010年までに多極世界になるだろうとの1993年論文での予測の間違いを認めながらも、アメリカの覇権は2030年まで持続しないであろうと述べている（Layne 2006；レイン 2011）。

**文献案内**

I　古典的リアリズムの勢力均衡理論
- 高坂正堯『国際政治―恐怖と希望』中央公論社，1966年．
- カー，E・H『危機の二十年―理想と現実』原彬久訳，岩波書店，2011年 [Carr, E. H. *The Twenty Years' Crisis, 1919–1939: An Introduction to the Study of International Relations*, 2nd ed. London: Macmillan, 1946].
- 国際安全保障学会編『国際安全保障』（特集　パワー概念と安全保障研究）第39巻第4号，2012年3月．

II　現代における勢力均衡
- 山本吉宣『「帝国」の国際政治学―冷戦後の国際システムとアメリカ』東信堂，2006年．
- ウォルト，スティーヴン・M『米国世界戦略の核心―世界は「アメリカン・パワー」を制御できるか？』奥山真司訳，五月書房，2008年 [Walt, Stephen M. *Taming American Power: The Global Response to U.S. Primacy*. New York: Norton, 2005].
- 国際安全保障学会編『国際安全保障』（単極構造時代と国際安全保障）第31巻第1号第2号合併号，2003年9月．

III　ネオリアリズムの勢力均衡理論
- レイン，クリストファー『幻想の平和―1940年から現在までのアメリカの大戦略』奥山真司訳，五月書房，2011年 [Layne, Christopher. *The Peace of Illusions: American Grand Strategy from 1940 to the Present*. Cornell University Press, 2006].
- ミアシャイマー，ジョン・J『大国政治の悲劇』完全版，奥山真司訳，五月書房新社，2017年 [Mearsheimer, John J. *The Tragedy of Great Power Politics*, updated ed. New York: W.W. Norton, 2014].

# 第3章　覇権の盛衰

## はじめに

　国際政治論において最も言及されることの多い戦争の一つが古代ギリシア
の**ペロポネソス戦争**（前431〜前404）であると言ったら、意外であろうか。
この戦争は、アテーナイ（アテネ）を中心とするデロス同盟と、ラケダイモー
ン（スパルタ）を中心とするペロポネソス同盟との間で起き、アテーナイ
の敗北で終わる戦争である。その前の**ペルシア戦争**（前500〜前449）では、
ペルシア軍による前480年の第3回遠征に対し、ラケダイモーンとアテー
ナイを中心とするギリシア連合軍が組織されたことがあった。ペロポネソス
戦争は、その半世紀後に起きている。都市国家アテーナイ出身の史家**トゥキ
ディデス**（またはトゥーキュディデース、前460ごろ〜前400ごろ）がこの戦
争について書いた古典『**戦史**』（の少なくとも一部）は、安全保障論を学ぶ者
にとっての必読文献となっている。

　『戦史』が2500年近い時を経ても必読の古典となっているのは、本大戦
のきっかけ（直接的原因）となったケルキューラ紛争やポテイダイア紛争な
どを記述することにとどまらず、その真の原因を分析したことにある。トゥ
キディデスは、次のとおり語っている。「アテーナイ人の勢力が拡大し、ラ
ケダイモーン人に恐怖をあたえたので、やむなくラケダイモーン人は開戦に
ふみきったのである」（トゥーキュディデース 1966, 77）。「主たる理由はア
テーナイがすでにひろくギリシア各地を支配下にしたがえているのを見て、
それ以上の勢力拡大を恐れたことにある」（同, 136）。つまり、ラケダイモー
ンは、アテーナイの勢力拡大をくい止めるために、予防戦争を行ったと分
析している。ここには、日本の国家安保戦略（2013, 10）の表現を使えば、
「パワーバランスの変化に伴い生じる問題や緊張」がよく表されている。

　本章は、リアリズム的世界観の一つとして覇権の盛衰を取り上げる。第Ⅰ

節では、覇権国と新興国の間に生じやすいあつれきについて考察する。第Ⅱ節では、そうしたあつれきを生み出す原因として、安全保障のジレンマに注目する。そして、第Ⅲ節では、パワーバランスの変化に関するリアリズムの覇権理論について解説する。

## Ⅰ　覇権国と新興国のあつれき

　本節では、覇権国と新興国の間に生じやすいあつれきについて、トゥキディデスの覇権戦争理論、中国の台頭、および日本政府の認識を見ていく。

### 1　覇権戦争

　**ロバート・ギルピン**は、論文（Gilpin 1988）の中で、トゥキディデスの覇権戦争理論が国際政治論の中心的な体系的アイディアの一つになっていると主張している。この**覇権戦争**（hegemonic war）**理論**とは、国家間におけるパワーの異なる成長率が国際関係の原動力であるというものである。以下、ギルピンによるトゥキディデスの覇権戦争理論の説明について、適宜『戦史』からの引用を使って補足しながら紹介する。

　覇権戦争は、周期的な経過をたどる。まず、覇権国を頂点とする諸国の序列化によって特徴付けられる比較的安定した国際システムが存在する。ところが時間が経つうちに、ある下位の国家のパワーが成長し始め、その後、覇権国と衝突するようになる。これらの競争国間の優位をめぐる闘争と同盟の拡大がシステムの2極化につながる。そして、片方の得がもう片方の損となるゼロサム状況となり、システムはますます不安定化する。小さな出来事が危機を誘発し、大きな紛争を引き起こす。その紛争の結果、新しい覇権国とシステムにおけるパワーの序列が決まる。

　覇権戦争であったペロポネソス戦争の原因はアテーナイの勢力拡大であったが、トゥキディデスは、それをいくつかの要因に分けて説明している。第1の要因は、**地理と人口**である。『戦史』から引用すれば、アテーナイ周辺の「アッティカ地方では土壌の貧しさがさいわいして、太古より内乱がきわめて稀であったので、古来つねに同種族の人間がこの地に住みついてきた。

第3章　覇権の盛衰　53

（……）他国にまさるアッティカの繁栄は、難民人口の増加によってもたらされた」（トゥーキュディデース 1966, 56-57）。そして，この人口の増加がアテーナイを強国にし、また、植民地、すなわち領土・版図の拡大に走らせたのである。

　第2の要因は、海軍国を支えた**経済と技術**である。ペルシア戦争後における海軍力の技術的革新、城壁に関する技術、それに商業と結びついた金融力の上昇がアテーナイの軍事力や経済力の強化に結びついた。『戦史』の言葉を使えば、当時の「勢力」を構成する「軍船」（海軍）、「物質的な収益」（軍資金）、および「版図」（領土）の面において、ペロポネソス戦争の開戦前、アテーナイは抜きん出た存在になっていた（同, 69, 129）。ここでは、経済活動からの物質的な収益が軍船の建造や版図の拡大を支えていたことに留意したい。

　第3の要因は、アテーナイ帝国の台頭をもたらした**政治**である。『戦史』いわく「アテーナイ人は、最初は同盟加盟国は各々独立自治権を持ち、全員参加の議席上で衆議によって事を決する、という前提のもとに同盟盟主の議席を占めていた」（同, 144）。それが、ペルシア戦争後、アテーナイは、同盟支配権を徐々に成立させていき、同盟国から軍船と年賦金の徴収を行い、ますます勢力を拡張させた。また、ギルピンは、民主制のアテーナイと貴族制のラケダイモーンという国内体制の違いが両国の外交政策に大きな影響を与えていたことを強調している。

　なお、トゥキディデスは、国家の国内構造のみならず、国際システムや人間に着目している。ギルピンによれば、覇権戦争理論は、次の三つの命題を含んでいる。(1) 覇権戦争は、政治・戦略・経済における広範な変化により引き起こされる。(2) 各国家間の関係は、システムとして捉えられる。(3) 覇権戦争は国際システムの構造を脅かし、変質させる。また、この理論では、人間の本性は変わらないので歴史上の出来事は繰り返されると仮定されているという。『戦史』では、人間は「名誉心、恐怖心、利得心という何よりも強い動機」により権力を追求するものであると書かれている（同, 126）。つまり、ウォルツの言う三つのイメージ全てについて分析しているのである。このため、マイケル・ドイルは、トゥキディデスの理論を「複合

54 第1部 リアリズムから見た安全保障環境

的（complex）リアリズム」と呼んでいる（Doyle 1997, 第1章）。

## 2 中国の台頭

　**グレアム・アリソン**は、『**米中戦争前夜**』（2017／原著2017）において、アメリカと中国が「トゥキディデスの罠」にかかりつつあると警告した。本章の冒頭で述べたとおり、アテーナイの台頭がラケダイモーンに与えた恐怖がラケダイモーンを開戦に踏み切らせた。このように「新興国が覇権国に取って代わろうとするとき、大きな構造的ストレスが生じる。そのような状況下では、予期せぬ大事件だけでなく、よくある外交上の火種さえも、大戦争の引き金になる恐れがある」という（同，48）。アリソンによれば、過去500年の歴史において発生した覇権争いに該当する16件のケースのうち、最終的にその4分の3が戦争になった（同，第3章）。「戦争なんて『ありえない』と言うとき、それは現実の世界における可能性を意味するのか、それとも人間の思考力の限界を示しているのか」（同，8）。アリソンは後者だと考えている。

　アリソンは、今や「世界史上最大のプレーヤー」になりつつある中国の台頭の規模と速度のすさまじさを強調している（同，第1章）。「中国経済は2008年以降、2年おきにインド1カ国分のGDPに相当する成長を遂げている。そのペースが鈍化した2015年でさえ、4カ月おきにギリシャ、あるいは5カ月おきにイスラエルと、国ひとつ分を加えるペースで拡大した」（同，20）。1980年以降年10％で成長してきた中国経済が7年ごとに倍増してきたことも指摘している[1]。そして、2014年には物価水準の違いを考慮する購買力平価で算出された国内総生産（GDP）において、ついに中国経済がアメリカ経済を追い抜く見通しであるとの国際通貨基金の発表にも言及している。米ドルベースで見る輸出や外貨準備高でも、中国はアメリカを大きく引き離している。（ただし、アリソンは、米ドルベースのGDPでは、2015年の中国経済はまだアメリカ経済の61％であったことにも言及している。）

　アリソンは、他にも中国がアメリカを追い越して世界一になった分野を数多く列挙している。

　○生産：船舶、鉄鋼、アルミニウム、家具、衣料品、繊維品、携帯電話、

コンピュータ、自動車、半導体、通信機器、医薬品

○消費：自動車、携帯電話、ネットショッピング、エネルギー、高級品

○その他：石油輸入、太陽光発電システムの設置数、世界経済の最大のエンジン、高速道路網、高速鉄道網、ビリオネア（億万長者）の数、大学ランキング（工学）、特許出願数、スーパーコンピュータの処理速度

また、軍事の分野では、2015年にランド研究所が発表した『米中軍事力比較』からの引用で、「中国は2017年までに、通常兵器の9領域中六つ（空軍基地や地上標的の攻撃能力、制空権獲得能力、宇宙兵器能力など）で、アメリカよりも「優位」または「およそ同等」の能力を獲得する」としている（同, 35）。

アリソンは、現状のままいけば、今後数十年において米中戦争が発生する可能性はかなり高いと考えている（同, 第8章）。1969年の中ソ国境紛争など、第二次世界大戦後における中国の限定的な武力行使を見ると、今後も相手に心理的なダメージを与えるために武力を先制的に使用する可能性がある。そして、サイバー攻撃などの新しい要因も加わり、そうした限定的な武力行使がエスカレートする可能性も否定できない。そうした展開の具体的なシナリオとして、アリソンは、海上での偶発的な衝突、台湾の独立、（日本の極右団体による尖閣諸島上陸などの）第三者の挑発、および北朝鮮の崩壊の四つを挙げている。

他方で、アリソンは、米中戦争が不可避であるとも考えていない。しかし、そのためには、思い切った戦略的オプションの見直しが必要であるという（同, 第10章）。アリソンが提案するオプションは、（1）新旧逆転への適応、（2）中国の弱体化、（3）長期的な平和への交渉、（4）米中関係の再定義の四つである。この四つを組み合わせれば、アメリカと中国は、「トゥキディデスの罠」から逃れられる公算が増すという。

## 3 パワーバランスの変化に関する日本政府の認識

日本の**国家安保戦略**（2013）は、「Ⅲ　我が国を取り巻く安全保障環境と国家安全保障上の課題」において、「**パワーバランスの変化**」という表現を6回使っている。まず、グローバルな安全保障環境については、パワーバラ

56　第１部　リアリズムから見た安全保障環境

ンスの変化が国際政治に対して及ぼしている影響に関して次のとおり述べている。

　　１　グローバルな安全保障環境と課題
　　(1)　パワーバランスの変化及び技術革新の急速な進展
　　　今世紀に入り、国際社会において、かつてないほどパワーバランスが変化しており、国際政治の力学にも大きな影響を与えている。
　　　パワーバランスの変化の担い手は、中国、インド等の新興国であり、特に中国は、国際社会における存在感をますます高めている。他方、米国は、国際社会における相対的影響力は変化しているものの、軍事力や経済力に加え、その価値や文化を源としたソフトパワーを有することにより、依然として、世界最大の総合的な国力を有する国である。また、自らの安全保障政策及び経済政策上の重点をアジア太平洋地域にシフトさせる方針（アジア太平洋地域へのリバランス）を明らかにしている。
　　　こうしたパワーバランスの変化は、国際政治経済の重心の大西洋から太平洋への移動を促したものの、世界貿易機関（WTO）の貿易交渉や国連における気候変動交渉の停滞等、国際社会全体の統治構造（ガバナンス）において、強力な指導力が失われつつある一因ともなっている。(同, 5)

## II　安全保障のジレンマ

　本節では、ジャービスの論文「安全保障のジレンマの下における協調」に依拠して、安全保障のジレンマの概念と、その程度に影響を与える二つの要因、すなわち攻撃・防御バランスと攻撃・防御の区別について考える。

## 1　安全保障のジレンマの概念

　明治時代の日本で自由民権運動の理論的指導者であった**中江兆民**（1847～1901）は、ジャン＝ジャック・ルソーの思想を日本へ紹介したことでも有名であるが、現代でも読まれている彼の著作『**三酔人経綸問答**』（中江2014, 130–131／初版1887年）の中で、南海先生という登場人物に以下のとおり語らせている。

　　二国が開戦に至るのは、たがいに戦いを好むからではなく、まさに戦いを恐れ

るためにそうなるのです。こちらが相手を恐れて急ぎ軍備に走れば、相手もまたこちらを恐れて兵を集め、たがいの神経症は日に日に盛んに激しくなる。さらに新聞が、それぞれの国の事実と風聞とを区別なく並べて報道し、それに自己の神経症の色彩を加えて一種異様な幻影で社会をおおいつくす。こうなればたがいに相手を恐れる二国の神経症はますますこうじて錯乱するに至り、先手をとれば勝てると思い込み、やられる前にやってやろうと、開戦に至る。

　この発言の中で、双方のノイローゼを悪化させるものとして、デマを含めた新聞報道を挙げていることは興味深い。

　安全保障のためにパワー競争の悪循環が生じてしまうことを、**ジョン・ハーツ**は論文（Herz 1950）の中で「**安全保障のジレンマ**」と呼んだ。安全保障のジレンマが生じるのは、まず、個人や集団は、他の個人や集団を攻撃する能力を持っているからである。誰もが潜在的な敵という現実がある。次に、個人や集団は、他の個人や集団の意図について知るよしもないという不確実性があるからである。特に安全保障のジレンマが上位の権威がないところで深刻になる。こうした状況においては、他者によって攻撃されるかもしれないという相互の不信と恐れが極度に強くなるからである。以上のとおり、ハーツは、安全保障やパワーの追求を説明するのに、国際システムに注目している。この点で、権力欲や支配欲といった人間性に注目したモーゲンソーとは説明の根拠が異なるのである。

　**ロバート・ジャービス**は、著名な論文「**安全保障のジレンマの下における協調**」（Jervis 1978）の中で、安全保障のジレンマの程度が常に一定であるわけではなく、それが緩和すれば国家間における協調の可能性が高まることを主張した。この論文では、安全保障のジレンマは「自国の安全保障を高めようとする手段の多くが他国の安全保障を低めてしまうこと」と定義されている（同，169）。この状況では、自国と他国の安全保障がゼロサム関係となっている。

　この論文の後半で、ジャービスは、安全保障のジレンマの程度が**攻撃・防御バランス**および**攻撃・防御の区別**（differentiation）という二つの変数によって影響を受けるという主張を提示し、この二つの変数を組み合わせて、四つの可能な世界を描いてみせた（表3-1参照）。この表によると、安全保障

58 第1部 リアリズムから見た安全保障環境

表3-1 四つの世界

|  | 攻撃優位 | 防御優位 |
|---|---|---|
| 攻撃・防御の区別不可 | ①二重に危険 | ②安全保障のジレンマ<br>安全保障上の所要は両立可 |
| 攻撃・防御の区別可能 | ③安全保障のジレンマはなし<br>攻撃は可能 | ④二重に安定 |

出典：Jervis（1978, 211）の表を参考にして筆者作成

のジレンマが発生する必要条件は、攻撃・防御の区別ができないことである。さらに、攻撃・防御バランスで攻撃が優位な場合は、ジレンマが深刻化することになる。以下、本節の残りの部分において、引き続きジャービスのこの論文に依拠して、これらの二つの変数について通常（非核）戦力に限定して補足説明をしておく。

## 2　攻撃・防御バランス

　まず、**攻撃・防御バランス**とは、攻撃と防御のどちらが優位であるかを示す概念である。攻撃優位は、自国を防衛するより他国軍を破壊したり他国を占領したりする方が容易であることを意味している。他方で、防御優位は、前進、破壊、および占領よりも防護や保持の方が容易なことを指している。攻撃・防御バランスの安全保障のジレンマへの影響は、戦力整備と軍事戦略という二つの問題に分けて考える必要がある。攻撃的戦力と防御的戦力のどちらの整備によりお金をかけるべきかという問題については、防御優位ならば、防御的戦力の整備が進み、軍備競争は起こりにくいと予想される。攻撃か防御かという問題では、攻撃優位の場合、先制攻撃の誘因が高まり、短期の安定性が低下すると考えられる。

　さらに、戦争開始後において、攻撃優位との信念があれば、安全保障のジレンマはさらに深刻化する。迅速で犠牲の少ない決定的な勝利が可能となれば、戦争が勝者にとって有益となり、軍備競争や事前の同盟形成が起こり、他国の意図を攻撃的と見なす傾向も強まる。こうなれば、現状維持国間での協調はさらに困難とならざるを得ない。他方で、防御優位の場合は、まさに

逆の状態となり、状況が安定化し、国際協調はより一般的になるはずである。19世紀のビスマルクの戦争が攻撃優位を証明することになり、この状況が続くと想定されるようになった。しかし、その期待は、20世紀初頭の第一次世界大戦によって間違っていたことが明らかとなった。塹壕や機関銃により防御優位となっていったのである。その大戦の終結後すぐの時期には、安全保障のジレンマは低下し、軍備競争は回避されたのである。

　攻撃・防御バランスを決定する主要な要因には、地理と技術がある。まず、地理的要因については、一般的に戦術レベルでは防御が優位となる。なぜならば、防御側が掩蔽（cover）を利用できるのに対し、攻撃側はどうしても敵から見て暴露されがちだからである。海・大河・山脈といった天然の障害物は、防御を優位にする。もし世界が自給自足の島国で成り立っていたら、安全保障のジレンマは小さいだろう。また、ナショナリズム、そして非武装地帯を定めた条約や海軍条約などの人為的な障害物も、防御を有利にするのである。

　次に、技術的要因については、保護されていないミサイルや爆撃機など、敵の攻撃に脆弱な兵器は、攻撃される前に使いたいという誘因を持ち、不安定化を引き起こしやすい。逆に、強固な地下設備で守られたミサイルなどは、先制攻撃の誘因を持たない。陸上戦においては、一般的に、要塞と支援小型火器は防御優位を、機動力と重火器は攻撃優位をもたらす傾向にある。

　攻撃・防御バランスは、時代とともに変化しているという見方が一般的である。中世の12・13世紀には、要塞が攻撃を困難なものにしていたが、15世紀の終わりには火器が普及し、要塞を破壊しやすくなった。しかし、17世紀半ばから18世紀半ばにかけて再び防御優位の時代が訪れた。19世紀の移動式重砲は、攻撃優位を復活させたが、第一次世界大戦は防御優位を示していた。第二次世界大戦のドイツ軍による進撃は、高度に機械化された軍の攻撃力を示していた。戦後は、戦車や戦術航空戦力により攻撃が優位であると信じられていたが、1973年の第4次中東戦争では、対戦車・対空兵器により防御優位であると見なされるようになった。

## 3　攻撃・防御の区別

　まず、**攻撃と防御の区別**がつくことによってどのようなメリットがあるのか。第1に、現状維持国は、防御兵器を重視するため相互に認識し合うことができ、国際協調がしやすくなる。第2に、現状維持国は、他国の攻撃計画について、攻撃兵器の開発や配備に注目することにより、事前の警告を受け取ることができる。よって、潜在的な敵国が平和的な態勢をとっている限り、防御的な軍備を増強する必要がなくなる。第3に、もし全ての国家が現状維持を支持するならば、攻撃兵器を禁止することができる。しかし、現状ではそのような合意はほとんどない。なぜであろうか。

　攻撃兵器と防御兵器を分けようとする国際交渉は、ことごとく失敗してきた。なぜならば、簡潔で曖昧さのない定義は不可能だからである。また、実は、現状維持国でも攻撃兵器が必要な場合があるのである。すなわち、(1)明確な攻撃優位の状況、(2)戦争初期に失った土地を奪還する場合、(3)敵が領土を失って初めて講和に応じる場合や、同盟国が第三国と戦争をする際には攻撃に参加するとのコミットメントがある場合である。また、侵略国が攻撃兵器の獲得の前に防御兵器を獲得することがある。さらに問題をややこしくしているのは、戦車など同じ兵器でも、地理的な状況や使い方で攻撃的にもなり、防御的にもなるのである。

　しかし、ある程度の区別は可能である。攻撃だけに役に立つ兵器や戦略というものはめったに存在しないが、ほとんど防御に特化したものは存在する。防御の本質は、自国の領土に敵を入れないことである。純粋に防御的な兵器とは、敵の国土に侵入する能力は持たずに防御できるものである。機動力のない要塞はその典型例であるが、航続距離の短い戦闘機や対空ミサイルなどの機動力の低い兵器は、相対的に防御的である。また、消極的抵抗など自国の領土内でのみ能力を発揮するものや、反覇権連合も同様である。他方で、移動式重砲や重戦車など要塞や障害を破壊するのに効果的な兵器は、攻撃的なものとなる。また、奇襲に有効な兵器や戦略は、ほとんどいつも攻撃的となる。

　日本政府は、攻撃的兵器と防御的兵器のある程度の区別は可能という立場を取っている。政府見解によれば、日本が憲法上保持できる自衛力は、自衛

のための必要最小限のものでなければならない。このため、1970年版防衛白書には「他国に侵略的な脅威を与えるようなもの、たとえば、B52のような長距離爆撃機、攻撃型航空母艦、ICBM等は保持することはできない」と書かれている。また、国会における政府答弁を踏まえ、1988年以降の防衛白書では、「性能上専ら相手国国土の壊滅的な破壊のためにのみ用いられる、いわゆる攻撃的兵器」の保有は、憲法上許されないと明記されている。そして、それに該当する兵器として「大陸間弾道ミサイル（ICBM）、長距離戦略爆撃機、攻撃型空母」が例示されている。

　なお、特に冷戦末期から議論になってきた「空母」の導入は、2018（平成30）年12月に決定された「**平成31年度以降に係る防衛計画の大綱について**」（以下「30大綱」という。本書第7章参照）に書き込まれた。

> 　さらに、柔軟な運用が可能な短距離離陸・垂直着陸（STOVL）機を含む戦闘機体系の構築等により、特に、広大な空域を有する一方で飛行場が少ない我が国太平洋側を始め、空における対処能力を強化する。その際、戦闘機の離発着が可能な飛行場が限られる中、自衛隊員の安全を確保しつつ、戦闘機の運用の柔軟性を更に向上させるため、必要な場合には現有の艦艇からのSTOVL機の運用を可能とするよう、必要な措置を講ずる。（30大綱, 19）

最後の「必要な措置」とは、同時期に決定された5カ年の「**中期防衛力整備計画（平成31年度〜平成35年度）について**」（本書第7章参照）によれば、「海上自衛隊の多機能のヘリコプター搭載護衛艦（「いずも」型）の改修」であるという。これは、事実上「ヘリ空母」から、短距離離陸・垂直着陸戦闘機も運用できる「空母」への改修とみることができる。しかし、日本政府は、改修後においても同艦を「多機能の護衛艦」として運用するとしている。


## Ⅲ　リアリズムの覇権理論

　本節では、パワーバランスの変化に関するリアリズムの覇権理論として、パワー移行理論と動的格差理論について解説する。

62 第1部 リアリズムから見た安全保障環境

## 1 【発展】パワー移行理論

　**A・F・K・オルガンスキー**は、自著『**世界政治**』（Organski 1968／初版
1958年）において、**パワー移行**（power transition）の章を設けて、パワー
バランスの変化が国際政治に与える影響について議論している。この節では、
以下、その議論の要旨を紹介したい。

　国家のパワーは、勢力均衡論者が注目する軍事力や同盟ではなく、主に産
業力、人口、および政府組織の効率性によって決定される。国家のパワーは、
いくつかの段階を移行して増えていく。まず、農業を中心とする産業化以前
の潜在的パワーの段階である。次に、パワーの急成長が起こる産業化後にお
けるパワーの過渡的成長の段階を経る。そして、最後に、現在のアメリカや
西欧諸国のように、相対的パワーが低下するパワー成熟の段階が来る。

　以上を踏まえ、世界史を巨視的に見ると、三つの時期に分けることができ
る。第1期は、産業革命前の時期である。第2期は、産業革命の起きた18
世紀の中ごろから現代を経て近い将来までの時期である。この時期には、産
業化していない国、産業化の途上である国、および十分に産業化した国が混
在している。第3期は、全ての国家が十分に産業化した後の時期である。
なお、第1の時期と第2の時期は、それぞれ勢力均衡理論とパワー移行理
論で説明可能であるが、第3の時期は新しい理論が必要となろう。

　現代が該当する、第2のパワー移行期には、二つの大きな特徴がある。
一つ目の特徴は、世界における産業化の時差のある拡散により、急激な国力
の増加を経験してきたことである。この時期において当初は、帝国主義や移
民もパワーの拡大に寄与した。また、二つ目の特徴としては、諸国家間の関
係の強化・持続がある。産業化は、先進国間の経済的関係を深め、先進国と
発展途上国との経済的な相互依存を強めた。また、戦争の費用が高騰し、平
時から戦争準備を行う状況から、同盟関係が永続化するようになった。諸国
は、比較的に長く持続する国際秩序に組み入れられ、貿易、外交、および戦
争のルールに従うようになった。

　過去200年間における挑戦のパターンは、国際秩序を主導する最強の支
配国に対して新興の国家が挑戦するときに戦争が起こるというものであった。
最初は、最初の産業化国であるイギリスが優位を達成した。世界の大多数の

国家がイギリスの経済圏と関係していた。第一次世界大戦において、そのイギリスとフランスに対して挑戦したのがドイツであった。第二次世界大戦においては、新たに支配国となったアメリカにドイツと日本が挑戦した。戦後は、ソ連と中国がアメリカに対する挑戦国となっている。なお、アメリカは20世紀においてイギリスと戦争することなく、新たな支配国となった。パワーの平和的な移転が起きたのは、英仏を中心に構築されてきた国際秩序をアメリカが受容したことが大きいと考えられる。

　世界平和の条件を考える際に重要になってくる国家の特徴は、**パワーの程度**と**既存の国際秩序への満足度**である。既存の国際秩序を統制している最強の支配国は、現状維持を望むという意味で満足している。その支配国に挑戦する国家とは、強力で不満な国家である。最近になって産業化した国は、既存の国際秩序に不満をいだくかもしれない。それは、台頭が遅れたためパワーに見合った諸利益の分け前にあずかることができなかったからである。また、支配国によって搾取されてきて不満に感じている弱小国を味方につけることに成功するかもしれない。

　そこで、満足国家群のパワーが圧倒的であるとき平和は保障される。また、支配国のパワーと既存の秩序に不満な挑戦国のパワーが均衡しつつあるときに戦争は起こりやすい。これまでは挑戦国の方が攻撃をしかけてきた。戦争と平和に関する他の要因としては、(1) 挑戦国の潜在力、(2) 台頭の速さ、(3) 支配国の柔軟性の欠如、(4) 支配国と挑戦国との間における友好の伝統の欠如、および (5) 挑戦国による既存の秩序を再編する試み、を挙げることができる。

## 2　【発展】動的格差理論

　デール・コープランドは、著書『**大戦の起源**』(Copeland 2000) の中で、**動的格差** (dynamic differentials) **理論**を構築し検証している[2]。この理論は、大国間のパワー格差の変動が**大戦** (major wars) の発生に与える影響に注目するものである。それは、三つの主張から成り立っている (同, 第1章)。

　第1に、大戦を最も開始しそうなのは、支配的であるが衰退しつつある

軍事大国（衰退国）である。要するに、大戦とは**予防戦争**（preventive wars）ということになる。予防戦争とは、衰退国が将来を悲観して起こす戦争である。衰退国家は、台頭国が将来支配的になったときに自国を攻撃するか自国の安全保障を脅かすような譲歩を強いるのではないかと恐れる。もし台頭国が現在は平和的であっても将来もそうあり続けるとは限らない。考えが変わったり、指導者が交代したり、革命が起きたりする可能性がある以上、将来における他国の意図は不確実なのである。そこで、衰退国は自国の将来における安全保障のための手段として台頭国に対して戦争をもくろむのである。これは、台頭しつつある国家（台頭国）こそが戦争を引き起こすとしていたパワー移行理論とは正反対の主張である。

　第2に、もしパワー格差の程度や趨勢が同じならば、戦争は、多極システムより**2極システム**の方が起こりやすい。これには、四つの理由がある。(1) 覇権を達成するために対峙しなければならない大国は一つのみ（台頭国）である。台頭国と長期戦を戦っている際も、戦争の費用を回避するために傍観者になっている第三国に対してパワーの相対的な損失を心配する必要はない。(2) 予防戦争の攻撃に対して台頭国を中心に対抗同盟が形成されたとしても、台頭国以外の国が追加するパワーは結果を左右しない。(3) 以上二つの理由から、台頭国も衰退国に対して優位を達成した後は武力行使へのためらいが減る。(4) 台頭国に対して衰退国中心の同盟が形成されるとしても、衰退国の安全保障は十分に向上することはない。以上の四つの理由を理解している衰退国にとって、台頭国に追い越される前の予防戦争は合理的な選択肢となる。

　第3に、**衰退が深刻で不可避**であると認識されている場合、大戦の可能性は高まる。衰退の考慮においては、軍事力以上に、経済力や潜在力が重要になってくる。ここで潜在力（potential power）とは、人口規模、天然資源の埋蔵量、技術水準、教育開発、および未開の肥沃な土地など、経済力に転換し得る全ての物的・人的資本・資源のことをいう。軍事力は優位だが衰退している場合でも、経済力と潜在力が優位かつ台頭していれば、それほど心配する必要はない。なぜならば、軍事力の衰退傾向を反転させることができるからである。他方で、軍事力が優位であっても経済力、特に潜在力が劣っ

ている場合は、いったん軍事力が衰え始めると、さらなる衰退が不可避であり深刻であると信じやすくなる。特に相対的な経済力や潜在力が低下傾向にあれば、なおさらである。こうなると、軍事大国であっても、将来について悲観的となり、予防戦争を始める誘因が高まるのである。

　さらに、コープランドは、大戦開始の前段階として、軍備競争の強化や危機の開始など、意図しない大戦にエスカレートしてしまうリスクがある強硬な政策の選択についても理論に組み込んでいる（同，第2章）。この意思決定モデルの追加は、核の時代のように国の指導者による戦争回避の傾向が強い状況でも大戦の可能性が高まることを理解するのに役立つという。


◆注
1)　ここでアリソンは「72の法則」に言及している。それは、「元本が2倍になる年数≒72÷年利」という、元本が2倍になる年数を年利から簡単に求めることができる公式である。
2)　この理論の検証のために、歴史上の10の事例が分析されている。コープランドが最も重視しているのは、20世紀における三つの事例である。すなわち、多極であった第一次世界大戦前（第3章と第4章）と第二次世界大戦前（第5章）、および2極であったキューバ危機までの冷戦の時期（第6章と第7章）である。そして、補足的な事例としては、三つの2極の事例（スパルタとアテネ、カルタゴとローマ、およびフランスとハプスブルク家）と、四つの多極の事例（三十年戦争、ルイ14世の戦争、七年戦争、ナポレオン戦争）が取り上げられている。このうち、七年戦争を除く九つの事例が動的格差理論を支持しているという。

**文献案内**

Ⅰ　覇権国と新興国のあつれき
- フリードバーグ，アーロン・L『支配への競争—米中対立の構図とアジアの将来』佐橋亮監訳，日本評論社，2013 年［Friedberg, Aaron L. *A Contest for Supremacy: China, America, and the Struggle for Mastery in Asia*. New York: W.W. Norton, 2011］．
- ヨシハラ，トシ，ジェイムズ・R・ホームズ『太平洋の赤い星—中国の台頭と海洋覇権への野望』山形浩生訳，バジリコ，2014 年［Yoshihara, Toshi, and James R. Holmes. *Red Star over the Pacific: China's Rise and the Challenge to U.S. Maritime Strategy*. Annapolis, Md.: Naval Institute Press, 2010］．
- ナイ，ジョセフ・S『アメリカの世紀は終わらない』村井浩紀訳，日本経済新聞出版社，2015 年［Nye, Joseph S., Jr. *Is the American Century Over?* Cambridge, U.K.: Polity Press, 2015］．
- 秋田浩之『乱流—米中日安全保障三国志』日本経済新聞出版社，2016 年．
- 梅本哲也『米中戦略関係』千倉書房，2018 年．
- 国際安全保障学会編『国際安全保障』（中国台頭への対応—地域ミドルパワーの視点）第 39 巻第 2 号，2011 年 9 月．

Ⅱ　安全保障のジレンマ
- ラセット，ブルース・M『安全保障のジレンマ—核抑止・軍拡競争・軍備管理をめぐって』鴨武彦訳，有斐閣，1984 年［Russett, Bruce. *The Prisoners of Insecurity: Nuclear Deterrence, the Arms Race, and Arms Control*. San Francisco: W.H. Freeman, 1983］．
- 土山實男『安全保障の国際政治学—焦りと傲り』第 2 版，有斐閣，2014 年．

Ⅲ　リアリズムの覇権理論
- モデルスキー，ジョージ『世界システムの動態—世界政治の長期サイクル』浦野起央，信夫隆司訳，晃洋書房，1991 年［Modelski, George. *Long Cycles in World Politics*. University of Washington Press, 1987］．
- 野口和彦『パワー・シフトと戦争—東アジアの安全保障』東海大学出版会，2010 年．

第 2 部

# リベラリズムから見た安全保障環境

## イントロダクション

国際政治論における戦争と平和の問題に関して、自由主義の政治思想が再び注目されるようになった。その発端となった有名な論文は、「**カント、自由主義の遺産、外交**」（ドイル 2004／原著 1983）である。この論文は、国際政治論において**イマヌエル・カント**（1724～1804）の自由主義思想への関心が復活するきっかけを作った。

プロイセン王国（後のドイツ帝国の盟主）の哲学者であったカントは、国際関係の常態とは戦争状態（いつ戦争が起きてもおかしくない状態）であり、平和状態は創り出すべきものと考えていた。そこで、『**永遠平和のために**』（カント 2006, 165, 175, 185／原著 1795）において、国家間における永遠平和を実現するための三つの条件（確定条項）を国民法・国際法・世界市民法ごとに提示している（傍点は筆者）。

第 1 確定条項　どの国の市民的な体制も、共和的なものであること

第 2 確定条項　国際法は、自由な国家の連合に基礎をおくべきこと

第 3 確定条項　世界市民法は、普遍的な歓待の条件に制限されるべきこと

次章の冒頭で述べるとおり、一つ目の「共和的」というのは、今日では「（間接）民主的」と言い換えることができる。二つ目は、自由主義国間の条約による「平和連盟」を提唱している。最後の「歓待」は、国境を越えた人々の自由な交流・交易と読み替えると分かりやすい。カントは、本書第6 章で見るとおり、「商業の精神」の平和性についても強調している（同, 210）。

1980 年代後半になると、自由主義の伝統に基づく国際政治理論を**リベラリズム**と総称することがより一般的になった（Wæver 1996）。ただし、自由主義の伝統は多様であることから、リベラリズムは、カントの確定条項に基づき大きく三つに分類することができる。本書では、これらを**民主的リベラリズム**、**制度的リベラリズム**、および**商業的リベラリズム**と呼ぶことにする（Keohane 1990）。第 2 部は、それぞれのリベラリズム的世界観を一章ずつ紹介していく。

# 第4章　価値と民主的平和

## はじめに

　カント（2006, 165）によれば、国家間における永遠平和を実現するための第1の条件は、国民法（**憲法**）による国内体制に関連して、「**どの国の市民的な体制も、共和的なものであること**」である。共和的な体制は、自由、法の支配、平等という三つの理念を重視する。それは統治方法の面で、行政権・統治権と立法権との分離や、代議制（今日で言う間接民主制）という特徴を持ち、専制的な体制と区別される。また、全ての市民が支配権力を握っている民主制（直接民主制）とも区別される。そして、公開性の原理（同，付録）も、この体制に含まれる。

　カントが共和的な体制が平和的であると考えるのは、「この体制では戦争をする場合には、『戦争するかどうか』について、**国民の同意をえる必要がある**」という論理からである（同，169、太字は筆者）。カントは続けて次のとおり述べている。

　　　そして国民は戦争を始めた場合にみずからにふりかかってくる恐れのあるすべての事柄について、決断しなければならなくなる。みずから兵士として戦わなければならないし、戦争の経費を自分の資産から支払わねばならないし、戦争が残す惨禍をつぐなわねばならない。さらにこれらの諸悪に加えて、たえず次の戦争が控えているために、完済することのできない借金の重荷を背負わねばならず、そのために平和の時期すらも耐えがたいものになる。だから国民は、このような割に合わない〈ばくち〉を始めることに慎重になるのは、ごく当然のことである。（同，169）

国民が**戦争開始に慎重**になるという見方には、人間が利己的であるとの前提と、戦争は国民にとって割に合わないとの前提がある。

70　第2部　リベラリズムから見た安全保障環境

　本章は、普遍的価値という国益に注目しつつ、リベラリズム的世界観の一つとして民主的平和（民主的リベラリズム）を取り上げる。第Ⅰ節では自由民主主義思想とアメリカについて、第Ⅱ節では自由民主主義と日本について論じる。そして、第Ⅲ節では民主的平和論とそれへの批判について紹介する。

## Ⅰ　自由主義思想とアメリカ

　本節では、17世紀のイギリスで発展した自由主義思想を紹介するとともに、アメリカによる自由主義思想の受容と推進を見ていく。

### 1　イギリスの自由主義思想

　自由主義思想の源流は、イギリスでホッブズ（本書第1章参照）よりもおよそ半世紀近く遅れて誕生した哲学者**ジョン・ロック**（1632〜1704）の『**市民政府二論**』（原著1690）までさかのぼる。この著作の後編『**市民政府論**』（ロック2011）は、三つの重要な主張を行っている。第1は、人間が生まれながらにして平等に持つ自然法上の権利（**自然権**）である。「人間は、自分の**所有するもの**（property）、言い換えるなら**生命・自由・財産**（life, liberty, and estate）を守り、他人からの加害、攻撃を防ぐ権力をもともと与えられているのである」（同，122; Locke 1980, 46）。第2は、所有の維持を目的とする**社会契約**による政府の樹立である。「人間が国家を結成し、みずからその統治に服す最大の目的は、所有権の保全にある」（ロック2011，176）。第3は、社会契約に違反する政府への人民の**抵抗権・革命権**である。政府が人民からの信託に違反する場合は、人民は今の政府を解体し、新しい政府を設立することができる。

　ロックが所有において財産を取り上げ、その根拠として労働という考え方を導入したことは思想史的に重大な意味を持っている（福田1985）。そもそもホッブズの人間像には生産活動が入っていないため、すでに存在している一定量の財貨の分配をめぐって人々が争うという側面が強調されている。これに対し、ロックの考える人々は、生産活動を通じて私有財産を増やすことができるため、他者と争う必要があまりない。そこで、ロックは、自然状態

は**平和な状態**であると考えた。そして、国家は、戦争状態からの解放という切実な要請からではなく、公権力がなければ戦争状態となってしまう可能性が残るという問題への対処のために設立されるのだという。このようにして、ロックは、ホッブズと議論の一部を共有しながら、19世紀初頭から**自由主義**（liberalism）と呼ばれることになる思想上の立場を表明したのである。

　今日の自由主義の理念は、三つの個人の権利から成り立っている（ドイル2004；芦部2019）。一つ目は、「**国家からの自由**」とも言われる**自由権**である。いわゆる「**消極的自由（negative freedom/liberty）**」すなわち他者、特に国家による干渉「**からの自由（freedom from）**」である（バーリン2000, 303, 317、傍点は原文）。ロックが重視していたのは精神的自由や身体の自由であったが、その後、経済的自由も加わった。アメリカが独立宣言を出した1776年に、イギリスではアダム・スミスが『国富論』の中で、経済的自由放任主義の立場から「小さな政府」が望ましいと主張した（本書第6章参照）。19世紀のイギリスは、国防、治安維持、および私的財産の保護の役割しか持たない「夜警国家」であると揶揄されたこともあった。

　二つ目の権利は、「**国家による自由**」ともいわれる**社会権**である。この権利には、人として最低限の生活を送ることを保障する生存権、教育を受ける権利、勤労の権利、労働基本権が含まれる。これらの権利は、いわゆる「**積極的（positive）自由**」すなわち自己支配や自己実現「**への自由（freedom to）**」と関係している（同, 304, 317、傍点は原文）。社会権の保障には、国家の積極的な介入が必要となる。社会権は比較的新しく20世紀になって発展した権利である。特に1929年に始まる世界恐慌を経て、社会権の重要性が高まり、「大きな政府」や「福祉国家」が求められるようになった。

　三つ目の権利は、「**国家への自由**」ともいわれる**参政権**である。それは, 自由権や社会権を法で保障するために必要な権利である。代表的な参政権としては、選挙権や被選挙権がある。ここに自由主義と民主主義の接点がある。

## 2　アメリカによる自由主義思想の受容と推進

　ロックの自由主義思想は、後世の独立宣言、人権宣言、憲法などに大きな影響を与えた。その代表的なものが**アメリカ独立宣言**（1776年）である。

それは、ロックの三つの重要な主張、すなわち自然権（「生命、自由および幸福の追求」を含む）、社会契約、抵抗権・革命権の考え方を明瞭に取り入れている。1783年のパリ条約により英米間の独立戦争は終結し、独立したアメリカは1787年に**アメリカ合衆国憲法**を制定した。その前文において人民主権を明示するとともに、ロックやフランスの啓蒙思想家**モンテスキュー**（1689〜1755）の唱えた権力分立論に基づき、立法（連邦議会）・行政（大統領）・司法（最高裁判所と下級裁判所）の三権分立、連邦政府と州政府からなる連邦主義を採用した。また、1791年には、人権を保障する10カ条の修正条項（権利章典）が追加された。これには、宗教・言論・出版・集会の自由（修正第1条）や生命・自由・財産の保障（修正第5条）が含まれている。

　19世紀半ばになると、アメリカが自由な諸制度を拡大し文明化を進めていくことは、神から与えられた「**明白な天命**（Manifest Destiny）」である、という言説が登場した（佐々木編2011）。この言説は、当初、北米大陸におけるアメリカの領土拡張を正当化する標語であった。その領土拡張の目標は1850年までにはほぼ達成し、新たな関心はカリブ海や太平洋の島々に向けられた。ちなみに、ペリーの日本来航は1853年のことである。

　それが、19世紀末には、適者生存を唱える社会進化論の影響もあり、「明白な天命」論は、西半球の地理的範囲を越えて、世界におけるアメリカ外交の精神的支柱となった。これを象徴する最初の出来事は、1898年のアメリカ・スペイン戦争や1902年のフィリピン領有であった。それらの背景には、その頃までにアメリカが西半球における覇権を達成していたことと、アメリカの工業力（鉄鋼生産高とエネルギー消費量）が1890年までにイギリスのそれを追い越し世界最大になっていたことがある（ミアシャイマー2017, 278-279）。

　そして、1917年4月に、アメリカはヨーロッパを中心とする第一次世界大戦に参戦した。翌年、**ウッドロー・ウィルソン**大統領（民主党、任1913〜21）は、「**十四カ条の平和原則**」という連邦議会での演説の中で、「人類の自由」に言及するとともに、その戦後構想の土台となる原則として「すべての国民と民族に対する正義」と「強い弱いにかかわらず、互いに自由と安全の平等な条件の下に生きる権利」を挙げている（米国大使館レファレンス資料

室編 2008, 94)。

　普遍的価値である自由に基づく世界という考え方は、第二次世界大戦を契機に強く主張されるようになった。1941 年 1 月、ドイツがヨーロッパで軍事侵攻を続ける中、**フランクリン・ローズヴェルト**大統領（民主党、任 1933 ～45）は、議会での一般教書演説において「人類の普遍的な**四つの自由**を土台とした世界」の誕生を期待することを表明した。ここで四つの自由とは、言論・表現の自由、信教の自由、欠乏からの自由、および恐怖からの自由を指す（同）。このうち、恐怖と欠乏からの自由は、ローズヴェルト大統領がイギリスの**ウィンストン・チャーチル**首相（保守党、任 1940～45, 51～55）とともに同年 8 月に公表した**大西洋憲章**に引き継がれて、連合国の共通原則かつ戦後の平和構想の土台となった。連合国からすれば、第二次世界大戦は、民主主義を否定し自由を抑圧するファシズム諸国との戦争であった。大西洋憲章は、「世界の一層よい将来に対するその希望の基礎とする各自の国の国政上のある種の共通原則」を公表するものであった（岩沢編 2018, 855）。世界平和は特定の国内体制と密接に結びついていると考えられていたのである。

## 3　アメリカの国家安全保障戦略

　国益としての価値の促進については、冷戦期の前半は、国防、経済的安寧、および好ましい国際秩序と比べて相対的に低い関心しかなかったが、1970 年代になるとアメリカ外交において人権が強調されるようになった（Nuechterlein 1985, 8）。レーガン大統領による NSS 報告（1987, 4）では、国益の定義の中に「世界中における自由、民主的制度、および自由市場経済の発展」が含められている。オバマ大統領の NSS 報告（2010, 17）では、アメリカの永続的な国益として、安全保障、繁栄、国際秩序とともに、「国内と世界における普遍的価値の尊重」を挙げている。「アメリカは、ある一定の諸価値は普遍的であると信じており、それらを世界的に推進するため力を尽くしていく」と宣言している。他方で、「アメリカ第一主義」を標榜するトランプ大統領が公表した NSS 報告（2017, 4）では、アメリカの価値を強調している。アメリカの利益や価値を反映した世界に向けた「アメリカの影響

74 第2部 リベラリズムから見た安全保障環境

力の強化」が国益の一つとされた。また、「アメリカの影響力の強化」に関する章の中に「アメリカの価値を擁護する」という節がある（同, 41-42）。しかし、文書全体の中で普遍的価値という用語は一度も使われていない。これは、普遍的価値が9回登場するNSS報告（2010）と大きく異なっている。

## II 自由民主主義と日本

本節では、第二次世界大戦後の世界における自由民主主義の進展について述べた後に、アメリカによる戦後日本の自由民主化や日本の国家安全保障戦略への影響を論じる。

### 1 国際社会の自由民主化

第二次世界大戦の末期に採択された**国連憲章**は、前述の大西洋憲章の考えを引き継いでいる。その前文において「基本的人権と人間の尊厳及び価値」を確認するとともに、国連の目的の一つとして「すべての者のために人権及び基本的自由を尊重するように助長奨励することについて、国際協力を達成すること」（1条3項）を掲げている（岩沢編 2018, 15, 16）。この目的に向けて、国連総会は「全ての人民と全ての国民とが達成すべき共通の基準として」**世界人権宣言**を1948年に採択している。その後、法的拘束力を持つさまざまな国際人権条約が締結された。国際人権保障の基本法とも言うべき**国際人権規約**は、1966年に成立し、1976年に発効している。それは、A（社会権）規約、B（自由権）規約、およびB規約選択議定書の三つの条約からなっている。

**サミュエル・ハンチントン**は、『**第三の波—20世紀後半の民主化**』（1995／原著 1991）の中で、近代の歴史上、民主主義への体制移行という波が三度押し寄せたと主張している。一般男子の選挙権を導入したアメリカから始まった**第一の波**は1828-1926年の間、第二次世界大戦を契機とする**第二の波**は1943-62年の間続き、その後、ポルトガルのクーデターで始まった**第三の波**は1974年に始まったという。なお、ハンチントンの言う民主主義は、「政治論争や選挙キャンペーンに必要な言論、出版、集会、結社という市民

的、政治的自由」を内包している（同, 7）。

　冷戦終結の頃、**フランシス・フクヤマ**は『ナショナル・インタレスト』誌に論文「**歴史の終わり？**」（Fukuyama 1989）を発表して注目を集めた。彼の主張は、「リベラルな民主主義が『人類のイデオロギー上の進歩の終点』および『人類の統治の最終の形』になるかもしれないし、リベラルな民主主義それ自体がすでに『歴史の終わり』なのだ」というものであった。また、次のように言い換えてもいる。「それ以前のさまざまな統治形態には、結局は崩壊せざるを得ない欠陥や不合理性があったのに対して、リベラルな民主主義には、おそらくそのような根本的な内部矛盾がなかったのだ」（フクヤマ 2005, 13）。

　冷戦の終結は、グローバルな民主化の波を加速化させ、普遍的価値の拡大を促進した一面があった。例えば、北米からシベリアに至る広大な地域をカバーする全欧安保協力会議（CSCE）は、1990 年 11 月のパリ首脳会議において、冷戦の終結を確認する**新たなヨーロッパのためのパリ憲章**を採択した。その採択により、アメリカやカナダ、西欧諸国のみならずソ連と東欧諸国も、人権、民主主義、法の支配や、経済的自由・市場経済をヨーロッパ全体の共通価値として受け入れたのである（CSCE 1990）。また、全欧安保協力会議は、1994 年に**安全保障の政治・軍事的側面に関する行動規約**を採択し民主的軍統制分野の規範設定を行い、翌年からは改組された全欧安保協力機構（OSCE）がその履行促進を図った（宮岡 2006）。他方で、ヨーロッパ連合（EU）や北大西洋条約機構（NATO）は、旧社会主義国に対して加盟の条件として民主化を要求している。民主化の第三の波は、冷戦終結後もしばらく続いた。

　しかし、2000 年代の半ばから、国際社会において民主主義や自由主義は後退しているといわれる。国際非政府組織（NGO）フリーダム・ハウスの2019 年報告書『世界における自由』（Freedom House 2019）によると、2005 年から 13 年間連続で政治的権利と市民的自由が世界的に衰退している[1]。2010 年代では、アメリカもこの低下傾向の例外ではなく、「自由諸国」のカテゴリーにとどまっているものの、アメリカの集計スコア（86/100）は、世界 52 位で、ギリシア、ラトヴィア、ベリーズ、クロアチ

76　第２部　リベラリズムから見た安全保障環境

ア、およびモンゴルと同じレベルになっている。ちなみに日本の集計スコア
(96/100) は、世界 12 位でバルバドス、スイス、ベルギー、ポルトガルと
同じ点数である。

## 2　戦後日本の自由民主化

　太平洋戦争末期にあたる 1945 年 7 月、アメリカを中心とする連合国は、
日本の降伏条件を定める**ポツダム宣言**を発表した。その宣言では、戦争終結
の条件の中に、軍国主義勢力の除去（6 条）や、「日本国民の間に於ける民
主主義傾向の復活強化」、「言論、宗教及思想の自由並に基本的人権の尊重」
の確立（10 条）が含められた。これらの条文には、「無責任なる軍国主義」
国家であった日本はこれから自由で民主的な国家にならなければならないと
いう強い信念と、戦争指導者が「日本国国民を欺瞞し、之をして世界征服の
挙に出づるの過誤を犯さしめた」という状況認識が示されている（岩沢編
2018, 857）。日本政府は、同年 8 月 14 日に連合国に対しポツダム宣言の受
諾を通告して、降伏した。

　日本を占領したアメリカは、当初、日本の非軍事化と民主化に向けた改革
を断行した（江藤 1995）。1945 年 10 月 4 日、**ダグラス・マッカーサー**連合
国軍最高司令官が率いる総司令部（GHQ）は、政治的、公民的および宗教
的自由に対する制限を除去するようにとの、いわゆる「**自由の指令**」を出し
た。また、同月 11 日に、マッカーサーは、新たに首相に就任した幣原喜重
郎に対し、憲法の自由主義的改革、すなわち（1）女性の解放、（2）労働者
の団結権の保障、（3）教育の民主化、（4）秘密警察の廃止、（5）経済の民
主化、からなる**五大改革**を要請した。

　こうした要請に対して、日本政府は積極的に対応したわけではなかった
（芦部 2019）。日本政府は、松本烝治国務大臣を長とする憲法問題調査委員
会を設置して、大日本帝国憲法（以下「明治憲法」という）に必要最小限の手
直しを加えた改正案（松本案）を作成した。しかし、1946 年 2 月、総司令
部は、天皇が統治権を総攬するという国家体制（国体）を維持している松本
案を拒否し、自ら作成した草案を提示した。この総司令部案を基に内閣で作
成された明治憲法改正案が、帝国議会と枢密院で審議された後に**日本国憲法**

として 1946 年 11 月に公布された。日本国憲法の施行は翌年 5 月からであった。

　日本国憲法の基本原理は、憲法前文で示されているとおり、**国民主権、基本的人権の尊重**、および**平和主義**の三つである（同，35）。

　最後に、憲法 13 条にもアメリカ独立宣言の影響が見てとれることに留意したい。

> 　第十三条　すべて国民は、個人として尊重される。<u>生命、自由及び幸福追求に対する国民の権利については、公共の福祉に反しない限り、立法その他の国政の上で、最大の尊重を必要とする。</u>（下線は筆者）

なお、この条文は、2014 年に日本政府が集団的自衛権の行使に関する見解を部分的に修正する根拠となった（本書第 8 章参照）。

## 3　日本の国家安全保障戦略

　日本の**国家安保戦略**（2013, 4）は、「自由と民主主義を基調とする我が国の平和と安全を維持し、その存立を全うすること」を第 1 の国益として掲げるとともに（本書第 1 章参照）、「自由、民主主義、基本的人権の尊重、法の支配といった普遍的価値やルールに基づく国際秩序を維持・擁護すること」を日本の第 3 の国益と位置づけた（ルールに基づく国際秩序については次章参照、第 2 の国益である繁栄については第 6 章参照）。日本は、「普遍的価値を掲げ」（同，2）る国家として、自国と同じ価値に基づく国際秩序を求めている。文書には「普遍的価値や市場経済等の原則」という表現があることから、ここでは普遍的価値には経済原則は含められていないようである（同，23）。また、同盟国であるアメリカや「韓国、オーストラリア、ASEAN 諸国及びインド」、それにヨーロッパ諸国とは、普遍的価値を共有しているとの記述もある（同，20, 23）。同盟国やパートナー諸国と安全保障上の協力をする上で、普遍的価値の共有が貢献すると認識しているようである。

　より具体的には、国家安全保障戦略の「5　地球規模課題解決のための普遍的価値を通じた協力の強化」には、重点項目の一つとして「普遍的価値の

共有」が取り上げられている（同，27-28）。そこでは、総論として「自由、民主主義、女性の権利を含む基本的人権の尊重、法の支配といった普遍的価値を共有する国々との連帯を通じグローバルな課題に貢献する外交を展開する」と書き込まれている。

　他方で、国家安全保障戦略は、北東アジア地域の「戦略環境の特性」として「域内各国の政治・経済・社会体制の違いは依然として大きく、このために各国の安全保障観が多様である点」を挙げている（同，10）。この文章は、国内体制の異なる国家同士の協力は難しいことを示唆している。

　なお、ロックの思想的影響は現代日本の憲法のみならず、安全保障政策においても見られる。日本の国家安全保障戦略（2013年）では、本書第1章で見たとおり「我が国国民の生命・身体・財産の安全を確保すること」は、現代では国家の第一義的な国益と考えられている。また、新しい安全保障法制の制定に関する2014年7月の閣議決定（本書第8章参照）では、集団的自衛権の行使を部分的に容認するために、「我が国と密接な関係にある他国に対する武力攻撃が発生し、これにより我が国の存立が脅かされ、国民の生命、自由および幸福追求の権利が根底から覆される明白な危険があること」とのアメリカ独立宣言や日本国憲法13条と類似した文言が武力行使の要件に追加された（2019年版防衛白書，200、下線は筆者）。

## III　民主的平和論

　本節では、まず、民主的平和論の代表作としてブルース・ラセット著『パクス・デモクラティア』を紹介し、次に、リアリストたちからの民主的平和論への批判を取り上げる。

### 1　【発展】ラセット著『パクス・デモクラティア』

　民主的平和論に関する初期の代表的な図書は、**ブルース・ラセット**の『**パクス・デモクラティア―冷戦後世界への原理**』（1996／原著1993）であろう。本節では、その第1章と第2章の概要を紹介する。

　第1章は、「民主国家間の平和に関する事実」について以下のとおり考察

第4章　価値と民主的平和　79

している。19世紀末になって、ようやく民主国家同士が戦争をするべきで
はないとの規範が発展してきた。その結果、安定した民主国家の間では、重
大な外交紛争が戦争にエスカレートしそうになってもなんとか平和的に解決
できた。その一例としては、1890年代における英領ガイアナとヴェネズエ
ラとの境界線をめぐるイギリスとアメリカの間の危機がある。この背景には、
イギリスにおける選挙権の拡大により、両国間の類似性に関する認識がアメ
リカで高まったことがある。ただし、第一次世界大戦終結の頃は、民主国家
はまだ十数カ国しか存在せず、しかもたいていの場合、相互に離れていた。
したがって、民主国家同士で戦争がないという現象に関心が集まらなくても
不思議なことではなかった。

　しかし、ようやく1970年代になると、民主国家間の平和という経験的事
実が自明のものになってきた。これには、いくつかの理由があった。まず、
国際システムの中で民主国家の数が35カ国ほどに増加し、互いに地理的に
近接しているものも多くなったためである。また、民主主義が北大西洋地域
や富裕な工業諸国を越えて拡大したことにより、文化や経済力という要因で
は説明できなくなったためでもある。ただし、一般的に民主国家がそうでな
い国家よりも平和的であるとする主張は、一般化できるほどの根拠がない。

　なお、民主国家間の戦争とされるものは、よく検討すれば、国家間戦争の
基準を満たさないか、民主制の基準を満たさない国家が含まれるかのいずれ
かである。ラセットの本書では、**「国家間の戦争」**という用語は、戦闘員の
戦死者1,000人以上のものに限定し、植民地戦争や内戦を除外する。また、
**「民主制」**とは、実質的な普通選挙権、競争的な選挙、最低限の安定性と持
続性によって定義されることにする。この定義には、市民的自由や経済的自
由は含まれていない。

　第2章「民主国家間の関係はなぜ平和なのか」の重要なポイントは次の
とおりである。　民主国家間の平和を説明する理論には、文化・規範的モデ
ルと構造・制度的モデルがある[2]。まず、**文化・規範的モデル**は、民主国家
は、民主制特有の平和的な紛争解決の国内規範を、他の民主国家との対外関
係にも適用すると仮定するものである。民主的な国々の間で武力紛争がまれ
である理由の主なものは以下のとおりである。

80 第2部 リベラリズムから見た安全保障環境

　　○民主的な国々のなかでは、政策決定者たちは、相手の権利と存続を尊重
　　　して、紛争を妥協と非暴力によって解決することができると期待してい
　　　る。

　　○そのため、民主的な国々は、他の民主国家との関係でも**平和的な紛争解
　　　決の規範**に従うし、また他の民主国家も自国との関係でそうすると期待
　　　する。(同，61、太字は筆者)

ただし、民主国家でも不安定な状況にある場合は平和的な紛争解決の規範が
弱まるであろうことも、このモデルに組み込まれている。

　次に、**構造・制度的モデル**とは、民主国家は、カントが指摘したような制
度的な拘束があるため政策決定に時間がかかり、また、政策決定過程がオー
プンなため、奇襲攻撃に不向きであると仮定するものである。民主的な国々
の間で武力紛争がまれである理由は以下のとおりである。

　　○民主的な国々では、**抑制と均衡**、**権力の分立**、そして広範な支持を得る
　　　ために**公開の議論**が必要であるといった拘束があるため、大規模な武力
　　　行使の決定には時間がかかるだろうし、またそのような決定がなされる
　　　可能性も低い。

　　○他の国々の指導者は、民主的な国々の指導者がそのように**拘束**されてい
　　　ることに気づく。

　　○その結果、民主的な国々の指導者は、他の民主国家との紛争に際して、
　　　国際紛争を解決するプロセスが機能するだけの**時間**があると期待するし、
　　　また**奇襲攻撃**を恐れなくていい。(同，69-70、太字は筆者)

相手からの奇襲攻撃が予想されなければ、自らの先制攻撃も不要となり、交
渉による解決の可能性が高まるのである。以上が、ラセットによる民主的平
和論の現象と原因に関する章の要約である。

## 2 【発展】リアリストからの批判

　リアリストの**ケネス・ウォルツ**は、『**人間・国家・戦争**』(2013／原著第2
版1954)において、「専制主義国家は戦争を引き起こす悪い国家であり、反
対に民主主義国家は平和をもたらす良い国家である」というカントら自由主
義者の主張を批判した(本書第1章参照)。しかし、1970年代以降の民主的

平和論が主張しているのは、民主国家同士の平和という現象である。前項に登場したラセットも「民主国家が一般的に、あらゆる種類の国家との関係において、権威主義的国家や他の非民主的国家よりも平和的であるとの主張（……）を体系的に裏付ける証拠はほとんどない」と言い切っている（ラセット 1996, 15）。しかし、より限定的な主張である民主的平和論に対しても、リアリストからは批判が出ている。

　例えば、**クリストファー・レイン**は、論文「**カントか空念仏（cant）か――民主的平和の神話**」（Layne 1994）の中で、民主平和論よりもリアリズムの方が国際的な出来事を予測するのに優れていると主張している。まず、世論や抑制と均衡に着目する構造・制度的モデルは、民主的な国家が非民主的な国家に対しては好戦的であることを説明できないと批判している。その上で、文化・規範的モデルとリアリズムの説明力について、危機的状況だったが戦争は回避された四つの歴史的事例で検証している。四つの事例とは、(1) 1861 年のトレント号事件（アメリカがイギリスに譲歩）、(2) 1895 年のヴェネズエラ危機（イギリスがアメリカに譲歩）、(3) 1898 年のファショダ危機（フランスがイギリスに譲歩）、および (4) 1923 年のルール危機（ドイツがフランスに譲歩）である。事例 (1) と (2) については、当事国同士が争っているうちに、第三国が何の苦労もなく利益をさらってしまうこと（漁夫の利）を憂慮したこと、また、事例 (3) と (4) については、相手国の軍事的能力の方が勝っていたこと、すなわちパワーの要因で説明できると結論付けた。

　最後に、政策的には、希望的観測に基づく民主的平和論は危険であると結論付けている。第 1 に、民主的平和論は、悲惨な軍事介入、過度の戦略的拡張、およびアメリカの国力の低下を招いてしまう。第 2 に、国際政治が変質しているとの幻想を抱かせ、戦略上の備えが疎かになってしまうという。

　**エドワード・マンスフィールドとジャック・スナイダー**は、共著の論文「**民主化は本当に世界を平和にするか**」（1995／原著 1995）において、民主的平和論への部分的な批判を行っている。彼らの主張は、成熟した民主国家間の平和は正しいが、民主化途上の国家こそが戦争を行いやすいというものである。この主張が正しければ、「民主化の促進＝平和の促進」という単純

な図式は成り立たないことになる。

　なぜそうなるのかについての彼らの論理は、次のとおりである。まず、民主化により政治参加が拡大し、旧体制の支配層だったエリート集団に加え、異なる利益を持つ多様な政治集団が登場する。しかし、政党や選挙などの民主的制度が未成熟であるため、多様な政治集団の競合する利益を統合することができない。そのため、エリート集団の間において、大衆の支持をめぐる政治競争が激しさを増す。こうした国内の圧力の下で、新旧のエリートたちが、好戦的なナショナリズムを大衆に訴えることになる。ところが、いったんあおられた大衆をコントロールするのは難しくなってしまう。こうして、戦争への坂道を転げ落ちていくことになる。

　以上の考察から導かれる政策上の含意として、マンスフィールドとスナイダーは、次のとおり述べている。「必要なのは、やみくもな民主化促進政策ではなく、旧エリート層の利益を完全に取り上げてしまわぬような穏健な民主化政策であり、彼らの蘊蓄や技術を、新たな民主システムにおける肯定的役割へと転換させるための支援策ではないだろうか」（同，367）。アメリカが日本の占領において日本政府を通じての間接統治方式を選択したのも、こうした知恵の一つであったと考えられよう。

◆注

1)　1990年から2005年までの期間では「非自由（No Free）諸国」の割合が低下し（37%→23%）、「自由（Free）諸国」の割合が上昇した（36%→46%）。ところが、2005年から2018年までの期間では、この傾向が逆転し、「非自由諸国」の割合が26%へ上昇し「自由諸国」の割合が44%へ低下している。

2)　『パクス・デモクラティア』では、古代ギリシアのペロポネソス戦争（第3章）、第二次世界大戦後の時代（第4章）、および前産業社会（第5章）の事例を取り上げて、以上の二つのモデルについての実証的な考察がなされている。その考察の結果、民主国家間の平和は、規範的モデルと構造的モデルの両者によって説明できるが、前者の説明力の方が高いという結論に至る（第6章）。なお、民主的平和論の研究方法については、ジョージ・ベネット（2013）を参照。

**文献案内**

I 自由主義思想とアメリカ
- 松下圭一『ロック「市民政府論」を読む』岩波書店，1987 年．
- ハーツ，ルイス『アメリカ自由主義の伝統──独立革命以来のアメリカ政治思想の一解釈』有賀貞訳，講談社，1994 年［Hartz, Louis. *The Liberal Tradition in America: An Interpretation of American Political Thought since the Revolution.* New York: Harcourt, Brace, 1955］．

II 自由民主主義と日本
- 猪口孝，マイケル・コックス，G・ジョン・アイケンベリー編『アメリカによる民主主義の推進──なぜその理念にこだわるのか』ミネルヴァ書房，2006 年［Cox, Michael, G. John Ikenberry, and Takashi Inoguchi, eds. *American Democracy Promotion: Impulses, Strategies, and Impacts.* Oxford University Press, 2000］．
- 楠綾子『占領から独立へ──1945〜1952』吉川弘文館，2013 年．
- 細谷雄一『自主独立とは何か 前編──敗戦から日本国憲法制定まで』新潮社，2018 年．
- 日本国際政治学会編『国際政治』（「民主化」と国際政治・経済）第 125 号，2000 年 10 月．

III 民主的平和論
- ハンチントン，サミュエル『文明の衝突』鈴木主税訳，集英社，1998 年［Huntington, Samuel P. *The Clash of Civilizations and the Remaking of World Order.* New York: Simon & Schuster, 1996］．
- 三浦瑠麗『シビリアンの戦争──デモクラシーが攻撃的になるとき』岩波書店，2012 年．
- ドイル，マイケル・W「カント、自由主義の遺産、外交」猪口孝編『国際関係リーディングズ』東洋書林，2004 年［Doyle, Michael. Kant, Liberal Legacies, and Foreign Affairs, Part I. *Philosophy and Public Affairs* 12, no. 3 (Summer 1983): 205-235］．

# 第5章　秩序と制度的平和

## はじめに

　国家間における永遠平和のための二つ目の条件としてカント (2006, 175) が挙げたのは、「**国際法は、自由な国家の連合に基礎をおくべきこと**」である（傍点は原文）。カントは、人間性は邪悪ではあるが、諸民族の間の条約により平和状態を創出できると考えている。自由な国家連合は「自国の権利を信頼できる形で基礎づけることができる」ので、**平和連盟**の形成が可能であるという。

> 平和連盟はすべての戦争を永遠に終わらせようとするのである。この平和連盟は、国家権力のような権力を獲得しようとするものではなく、ある国家と、その国家と連盟したそのほかの国家の自由を維持し、保証することを目指すものである。（……）すでに述べたように共和国はその本性から永遠の平和を好む傾向があるので、この国がほかのすべての諸国を連合させる結合の要となるはずである。そしてほかの諸国と手を結び、国際法の理念にしたがって諸国家の自由な状態を保証し、この種の結合を通じて連合が次第に広い範囲に広がるのである。(同, 180-181)

戦争状態から抜け出すには、世界的に統一された共和国が必要であるが、人々はそうした政体を望んでいない。そこで、消極的な理念として「たえず拡大しつづける持続的な連合」が提唱されている (同, 183)。

　なお、カントは、第1追加条項「永遠平和の保証について」で、なぜ「世界王国」が忌避されるのかについて次のとおり説明している。「統治の範囲が広がりすぎると、法はその威力を失ってしまうものであり、魂のない専制政治が生まれ、この専制は善の芽をつみとるだけでなく、結局は無政府状態に陥る」(同, 208)。また、「言語と宗教の違い」が諸国家の分離状態を維

86　第2部　リベラリズムから見た安全保障環境

持するのに役立っていることや、国家間での競争と均衡が平和に資すること
についても述べている。
　本章は、国際秩序という国益に注目しつつ、リベラリズム的世界観の一つ
として制度的平和（制度的リベラリズム）を取り上げる。第Ⅰ節では、日本
の第3の国益とされている「ルールに基づく国際秩序」について考える。
第Ⅱ節では、集団安全保障について論じる。そして、第Ⅲ節では、国際制度
の理論について紹介する。

# Ⅰ　国際秩序

　本節では、国際秩序について、戦勝国による新秩序形成とリベラルな国際
秩序に関するジョン・アイケンベリーの議論を紹介する。最後に、国際秩序
の観点から、日米の国家安全保障戦略を見ていく。

## 1　戦勝国による新秩序形成

　国際秩序は、大きな戦争の後に構築されてきた。三十年戦争（1618～48）
後のウェストファリア条約、スペイン継承戦争（1701～14）の際のユトレ
ヒト条約、ナポレオン戦争（1803～15）後のウィーン条約、および第一次
世界大戦（1914～18）後のヴェルサイユ条約は、それぞれウェストファリ
ア体制、ユトレヒト体制、ウィーン体制、そしてヴェルサイユ体制と呼ばれ
る戦後秩序の基盤となった。現代の国際秩序は、第二次世界大戦（1939～
45）の終結時に構築されたものである。アメリカのサンフランシスコで開
催された1945年春の会議において、国際の平和と安全の維持、経済・社会
分野での国際協力の促進などを目的とする国連を設立するために**国連憲章**が
採択されている。
　**ジョン・アイケンベリー**は、『**アフター・ヴィクトリー――戦後構築の論理
と行動**』（2004／原著2001年）において、戦勝国による新秩序形成について
分析している。

　　国際秩序構築の決定的瞬間は、いつ訪れるのか？　主要な戦争が終結し、戦

勝国が戦後世界の再建に着手するときである。1648年、1713年、1815年、1919年、1945年といった特定の年が、決定的な重要性を持つ転換点として浮かび上がってくる。こうした歴史的分岐点で、新しく登場した強国は、世界政治を形作るための絶好の機会を与えられた。戦後の混乱の中で、強国の指導者たちは国際関係の新たな原則とルールを提示し、それによって国際秩序を作り直すという千載一遇の有利な立場に立った。(同, 3)

　19世紀以降の戦後構築を分析した結果、アイケンベリーは、強国は、自ら制度的拘束（戦略的抑制）を受け入れるようになってきたと主張した。そして、この強国の論理を**制度的抑制戦略**と呼んだ。強国がこの戦略を取るようになってきた理由は二つある。一つは、戦争の結果生じた「パワーの非対称」の状況で、弱小諸国を安心させ、秩序の正統性を高め、ルールの履行費用を抑えるためである。そして、もう一つは、パワーの相対的衰退を見越して、自国にとって望ましい取り決めを固定化するためである。どちらも自国のパワーを温存するのに役立つ。すなわち、制度は、一方で「主導国が弱小・追随諸国よりも強力である初期においては、主導国を拘束する」が、他方で「弱小・追随諸国が次第にパワーを蓄える後期においては、弱小・追随諸国を拘束する」のである（同, 62）。

## 2　リベラルな国際秩序

　ジョン・アイケンベリーの『**リベラル・リヴァイアサン―アメリカの世界秩序の起源、危機、および変容**』(Ikenberry 2011) は、現代の国際秩序を分析するために有益な枠組みを与えてくれる。まず、国際秩序については「国家間の関係を導く確立したルールや取り決め」と定義している（同, 47）。次に、国際秩序を支える論理として、**均衡** (balance)、**命令** (command)、および**同意** (consent) の三つを取り上げている。第1に、均衡型の秩序は、国家主権の原則に基づき国家の自律性を維持することを目的とする、同等な大国間の水平的な関係を規定する。第2に、命令型の秩序は、物質的パワーに基づき支配的国家の利益を目的とする、支配国と被支配国との間の垂直的な関係を規定する。第3に、同意型の秩序は、法の支配を権威の源泉とし、公共財の創出を目的とする、指導国と追随国との間の、時に垂直的な関

88　第2部　リベラリズムから見た安全保障環境

表5-1　秩序の論理

|  | 均衡（balance） | 命令（command） | 同意（consent） |
|---|---|---|---|
| 秩序 | 勢力均衡型 | 階層型 | 立憲型 |
| 権威の源泉 | 国家主権 | 物質的パワー | 法の支配 |
| 道義的目的 | 自律性の維持 | 支配的国家の利益 | 公共財の創出 |
| 国家間関係 | 非階層的<br>同等な諸大国 | 階層的<br>支配国と被支配国 | 時に階層的<br>指導国と追随国 |

出典：Ikenberry（2011, 48）の表を参考にして筆者作成

係を規定する。言い換えれば、それぞれ、**勢力均衡型**、**階層型**、および**立憲型**（constitutionalism）の秩序ということになる（表5-1参照）。

　なお、最後の立憲型秩序は、**リベラルな国際秩序**とも呼ばれている。後者は、「**開放的で、緩やかにルールに基づいた秩序**」という定義が与えられている（同, 18）。「開放的」とは相互の利益を基礎とした貿易や交流のことを指し、「ルール」はガバナンスのメカニズムとして作用するという。

　アイケンベリーによれば、ルールの利用は、支配的な国家にとって三つの点で役立つという（同, 102-109）。まず、合意に基づくルールは、同意による遵守を促進し、覇権的支配の実施費用を低下させる。次に、覇権国は、自制やコミットメントにより、秩序そのものと自国の地位についての正当性を強化することができる。そして最後に、将来の権力的地位への投資となる。なぜならば、制度の安定性がパワーの低下を補ってくれるからである。

　アイケンベリーは、第二次世界大戦後の国際秩序について、米ソ2極という均衡型の全体的秩序の中に、上記の三つの論理全てに依拠している「アメリカ主導のリベラルな覇権秩序」という部分的秩序があったと主張している（同, 161, 222-223）。この戦後秩序は、次の七つの論理に特徴づけられているという（同, 169-193）。つまり、「開かれた市場」、「経済安全保障と社会的取引」、「多国間の制度的協調」、「安全保障上の拘束」、「西側の民主的連帯」、「人権と革新的変化」、そして「アメリカの覇権的なリーダーシップ」の七つである。

　第二次世界大戦後にアメリカとソ連の間で冷戦が展開するようになると、アメリカ主導のリベラルな秩序は西側先進諸国の関係に限られていった。し

かし、冷戦の終結は、リベラルな国際秩序の拡大を容易にした。アイケンベリーは、冷戦後、西側中心のシステムが世界的なシステムへ拡大・発展してきたとみている（同, 232）。

## 3　アメリカと日本の国家安全保障戦略

　第二次世界大戦後、アメリカが追求すべき基本的で長期的な国益には、平和的な国際環境という好ましい世界秩序（国際安全保障利益）が含まれるようになった。そうした秩序には、国際紛争の平和的解決や集団安全保障、それに同盟システムや世界的な勢力均衡が重要となる（Nuechterlein 1985, 8）。レーガン政権の NSS 報告（1987）には、「安定し安全な世界」が国益の一つとして取り上げられている。オバマ大統領が最初に公表した NSS 報告（2010, 17）は、アメリカの国益として安全保障や繁栄、価値とともに列挙していた国際秩序を次のとおり規定していた。

　　　世界的な課題に対処するためのより力強い協調を通じて平和、安全、および機
　　　会を促進する、アメリカのリーダーシップによって進められる国際秩序

その後、オバマ政権の二回目の NSS 報告（2015, 2）は、国益の定義については基本的に 2010 年文書を踏襲したが、国際秩序の前に「ルールに基づく（rules-based）」という修飾語が入った。

　ところが、前章で指摘したとおり、トランプ政権の NSS 報告（2017）は、かなり異なる国益定義を採用している。価値とともに、国際秩序も国益定義におけるキーワードではなくなった。報告書全体でも、国際秩序という用語は 2 回しか登場しない。これは、国際秩序が 29 回登場する 2010 年の文書と大きく異なっている。代わりに、トランプ政権の NSS 報告（同, 4）は、「わが国の軍隊を再建することによる力を通じての平和の維持」を国益の一つとして挙げている。勢力均衡的な発想は垣間見られるが、集団安全保障の用語は見当たらない。

　他方で、アメリカの同盟国である日本も、既存の国際秩序から大きな利益を得てきた。日本の国家安保戦略（2013, 4-5）では、第 3 の国益として

90 第2部 リベラリズムから見た安全保障環境

「普遍的価値やルールに基づく国際秩序を維持・擁護すること」を、また、その国益と関連付けて、国家安全保障の第3の目標「グローバルな安全保障環境を改善し、平和で安定し、繁栄する国際社会を構築すること」を掲げている。なお、国家安保戦略では、法の支配の強化について、特に海洋、宇宙空間、およびサイバー空間（いわゆるグローバル・コモンズ）に関する記述が多い（本書第12章参照）。

## II　集団安全保障

　本節では、集団安全保障について、その概念や、国際連盟と国連の取り組みを説明するとともに、日本政府の考え方について見ていく。

### 1　集団安全保障の理論

　**イニス・クロード**は、『**軍民転換（Swords into Plowshares）**』（Claude 1959, 第12章）において、集団安全保障の概念について以下のとおり述べている。集団安全保障という用語は、同盟体制など「二つ以上の諸国による危機における共同軍事行動の見込みを含む事実上あらゆる種類の手配」という意味で使われることが多い（同, 252）。しかし、その本来の意味は、「いずれの国家によるいずれの国家に対する侵略的かつ不法な武力の行使は、他の全ての国家の共同した武力によって対抗されるであろうとの命題」というものである（同, 251）。「一国家は全国家のために，全国家は一国家のために」ということである。集団安全保障は、防御的同盟を含む勢力均衡に取って代わるものとして考案された。確かに両者は「戦争は圧倒的なパワーの抑止力によって防止され得る」と考える点で類似している。だが、集団安全保障は、以下のとおり複雑な一連の主観的条件と客観的条件を満たす必要があるなど特異な特徴を持っており、勢力均衡における同盟体制とは異なる。

　まず、**主観的条件**とは、集団安全保障の責任の一般的な受容可能性に関するものである。このカテゴリーにおける基本的条件は、「**平和の不可分性（indivisibility）**」すなわち、ある地域における平和の破壊が世界全体の平和の破壊につながるという前提が人々に受け入れられていることである。

主観的条件には、世界共同体への忠誠という関連する規範的条件もある。集団安全保障が機能するためには、自国の特定の国益と人類の一般的な利益を同一視するか、それができなければ後者を前者よりも優先する必要がある。各国は、国際的義務を果たすために武力行使に訴える態勢をとりつつ、（武力を行使しないという意味での）平和主義と、国家政策の手段としての戦争をする権利の両方を放棄しなければならない。また、各国は、どんな侵略に対しても集団的措置を支援する義務を受け入れるとともに、軍事支援を差し控える権利を放棄しなければならない。これらは、軍事政策という重要な領域における主権の放棄を意味する。この点で、集団安全保障体制は、常に国益に基づく勢力均衡体制とは異なる。

　また、集団安全保障では、公平性が担保されていなければならない。侵略的な政策をとる国家ならいずれも集団的措置の対象となる。侵略が行われるまで、友好国や敵対国を事前に認定することはできない。この点でも、集団安全保障体制は、事前に同盟が形成される勢力均衡体制とは異なる。

　次に、**客観的条件**とは、集団安全保障の作用に対する世界的な状況の適合可能性に関するものである。客観的条件は、パワー状況と法的・組織的状況に分けることができる。パワー状況については、国家間でのパワーの拡散、集団安全保障体制の包括的なメンバーシップ、一般的な軍備縮小、および経済制裁に対する脆弱な国家などの条件を満たす必要がある。法的・組織的状況には、侵略の違法化、侵略の鎮圧において諸国が協力する義務、および集団安全保障に関する決定を行う国際組織の存在などがある。

　**モーゲンソー**は、主著『**国際政治**』（1998, 第24章）において、「集団安全保障はその理想的仮説に従って機能しなければならないが、現代世界ではそのようには作用しえない」と結論付けている。集団安全保障が十分に機能しないのは、特に国家的利益を超国家的利益に従属させるという仮説が成り立たないからであるという。領土的現状維持に賛成する諸国と反対する諸国の間で、安全保障についての考え方が異なり、利害対立が発生する。そうなると、勢力均衡のような状況となり、侵略国に対して他国が圧倒的な力を糾合することができなくなる。また、このような状況下では、集団安全保障が世界的な戦争を誘発してしまうという「最大の逆説」を生みかねない（同、

92 第2部 リベラリズムから見た安全保障環境

437)。

## 2 国際連盟と国連における集団安全保障体制

パリで 1919 年に開催された第一次世界大戦後の講和会議において、ウィルソン大統領の**「十四カ条の平和原則」**が講和の枠組みとなった。その第14条は、国際平和機構の創設を求めていた。その要請に応じて、講和会議で署名されたヴェルサイユ条約の第1編に当たる**国際連盟規約**は、「聯盟国は、聯盟各国の領土保全及び現在の政治的独立を尊重し、且つ外部の侵略に対し之を擁護することを約す」(10条)と明記した。

しかし、集団安全保障体制を構築する上で、国際連盟規約には、次の問題点があった(杉原ほか 2012)。第1に、戦争を含む武力行使一般を全面的に禁止したわけではなかった。1928 年の戦争放棄に関する条約(不戦条約、ケロッグ・ブリアン条約)が戦争の違法化を進めたが、宣戦布告などのない事実上の戦争については明確に禁止しなかった。第2に、国際連盟規約には、規約違反の戦争を認定する方法についての明文規定がなかった。1921年の連盟総会における解釈決議では、各加盟国が個別に認定することになった。第3に、軍事的制裁は加盟国の義務とはならなかった。実際に制裁が発動された例はほとんどなかった。その例外は、エチオピアに侵攻したイタリアへの経済制裁であったが、石炭、石油、および鉄鋼などの重要物資は制裁対象から除外された。

第二次世界大戦後に効力が発生した国連憲章は、以上の問題点の克服に努めた。第1に、本書第1章でも説明したとおり、国連とその加盟国の行動原則として、**武力による威嚇と武力の行使の禁止**を明記した。「すべての加盟国は、その国際関係において、武力による威嚇又は武力の行使を、いかなる国の領土保全又は政治的独立に対するものも、また、国際連合の目的と両立しない他のいかなる方法によるものも慎まなければならない」(2条4項)。

第2に、国連憲章違反の戦争を認定する方法について明確化した。第5章「安全保障理事会」(23〜32条)では、「国際の平和及び安全の維持に関する主要な責任」は、**安全保障理事会**(以下「安保理」という)が負うこととされた(24条)。また、第7章「平和に対する脅威、平和の破壊及び侵略

行為に関する行動」（39〜51条）では、安保理の任務に、「平和に対する脅威、平和の破壊又は侵略行為の存在」の決定が含められた（39条）。

　第3に、**軍事的制裁**の義務化も図られた。安保理の任務に、「国際の平和及び安全を維持し又は回復するため」の勧告または非軍事的・軍事的強制措置の決定が含められた（39条）[1]。安保理の決定は、加盟国に対して拘束力を有する（25条）。なお、軍事的措置の決定は、安保理により非軍事的措置が不十分であると認められる場合にのみ可能である。軍事的措置には「国際連合加盟国の空軍、海軍又は陸軍による示威、封鎖その他の行動を含むことができる」（42条）。

　また、国連憲章上、加盟国は、安保理と**特別協定**を締結して軍事的措置のために兵力を提供することになっている（43条）。しかし、「冷戦期における東西の対立のために、また、結成される国連軍の内容・規模等に関する合意の形成が困難であったために特別協定は締結されず、国連憲章が予定した国連軍は存在していない」（杉原ほか 2012, 426）。なお、1950年の北朝鮮の韓国に対する武力攻撃は、ソ連が欠席していた安保理によって平和の破壊と認定された。しかし、朝鮮戦争（1950〜53年）の際に結成された「**朝鮮国連軍**」は、安保理の決定ではなく勧告に基づいていたことや、統一司令部を統制していたのが国連ではなくアメリカであったということから、本来の国連軍とは異なる[2]。

## 3　国連軍への参加に関する日本政府の見解

　自衛隊の発足にあたり、参議院は、1954年6月2日に自衛隊の海外出動を禁止する決議を行っている。その決議には「本院は、自衛隊の創設に際し、現行憲法の条章と、わが国民の熾烈なる平和愛好精神に照し、海外出動はこれを行わないことを、茲に更めて確認する」と書かれている。決議採択の直後に、木村篤太郎保安庁長官は、政府の所信として、自衛隊は「海外派遣というような目的は持っていない」と明言していた（朝雲新聞社編 2019, 687）。

　その後、日本政府は、海外派兵と海外派遣を区別し、後者は違憲ではないと見なすようになった。衆議院・稲葉誠一議員（日本社会党）の質問主意書に対する1980年10月28日の答弁書には、海外派兵について以下のとお

94 第 2 部 リベラリズムから見た安全保障環境

りの見解が述べられている。

> 従来、「いわゆる**海外派兵**とは、一般的にいえば、武力行使の目的をもつて
> 武装した部隊を他国の領土、領海、領空に派遣することである」と定義づけて
> 説明されているが、このような海外派兵は、一般に自衛のための必要最小限度
> を超えるものであつて、憲法上許されないと考えている（……）。
> これに対し、いわゆる**海外派遣**については、従来これを定義づけたことはな
> いが、武力行使の目的をもたないで部隊を他国へ派遣することは、憲法上許さ
> れないわけではないと考えている。しかしながら、法律上、自衛隊の任務、権
> 限として規定されていないものについては、その部隊を他国へ派遣することは
> できないと考えている。（同，685、太字は筆者）

　日本政府は、集団的自衛権（本書第 8 章参照）を限定的に行使できるように
なった今日においても、海外派兵の違憲性に関する見解を維持している（同，
686-687）。
　他方で、自衛隊の国連軍への派遣についても、政府見解は変わってきた。
**池田勇人**首相（自由民主党、任 1960〜64）の政権では、理想的な集団安全保
障体制に自衛隊が参加することに憲法上の問題があるとは見なされていなか
った（同，689）。1961 年 2 月 22 日の衆議院予算委員会において、林修三
法制局長官は「いわゆる国連の警察活動が理想的形態において、つまり国連
の内部の秩序を乱したものを制裁する、あるいはその秩序を維持する」とい
う場合には自衛隊が国連警察軍に参加することは憲法違反とはならないと答
弁している（田中 1997, 213）[3]。
　しかし、**鈴木善幸**首相（自由民主党、任 1980〜82）の政権になると、自衛
隊の国連軍への派遣について、より単純で明快な政府見解が登場する。それ
は、先述の 1980 年 10 月 28 日の答弁書で示された、国連軍の目的・任務
が武力行使を伴うものであるか否かという基準である。

> 　いわゆる「国連軍」は、個々の事例によりその目的・任務が異なるので、そ
> れへの参加の可否を一律に論ずることはできないが、当該「国連軍」の目的・
> 任務が武力行使を伴うものであれば、自衛隊がこれに参加することは憲法上許

されないと考えている。これに対し、当該「国連軍」の目的・任務が武力行使を伴わないものであれば、自衛隊がこれに参加することは憲法上許されないわけではないが、現行自衛隊法上は自衛隊にそのような任務を与えていないので、これに参加することは許されないと考えている。（朝雲新聞社編 2019, 689）

この政府見解は、現在でも維持されている。ただし、冷戦終結後になると、国連軍への参加と協力という区別が強調されるようになる。後者については、本書第9章で詳しく紹介したい。なお、国家安保戦略（2013, 24-25）では、集団安全保障は「国連は、安保理による国際の平和及び安全の維持・回復のための**集団安全保障**制度を中核として設置されたが、同制度は当初の想定どおりには十分に機能してきていない」と認めつつ、「**集団安全保障**機能の強化」が唱えられている。

## Ⅲ　国際制度の理論

本節では、国際制度の理論として安全保障レジームを説明するとともに、国際制度に対する異なる見解を紹介する。なお、制度とはレジームよりも広い概念である。ロバート・コヘインは、自著の中で、制度を（1）国際機関や国境横断的な非政府組織、（2）国際レジーム、および（3）非公式な慣行からなるとしている（Keohane 1989, 3-4）。

### 1　【発展】安全保障レジーム

国際レジーム（regime）に関する基本書の一つは、**スティーブン・クラズナー**が編集した論文集『**国際レジーム**』（Krasner ed. 1983）であろう。これは、国際政治論の著名な雑誌『国際組織（*International Organization*）』の第36巻第2号（1982年春）とほぼ同じ内容となっている。理論的な論文の他、安全保障、貿易、および金融などのレジームに関する論文も掲載されている。

クラズナーは、最初の論文「構造的原因とレジームの結果―媒介変数としてのレジーム」（Krasner 1983, 2）において、レジームの有名な定義を提供している。その定義の訳は以下のとおりである。

> 行為主体の期待が国際関係のある領域において収斂するような明示的あるいは暗黙の**原則・規範・ルール・意思決定手続き**である。原則とは、事実・因果関係・公正についての信念である。規範とは、権利と義務によって定義される行動基準である。ルールとは、行為についての特定の規定あるいは禁止である。意思決定手続きとは、集合的な選択をし、実施するための一般的な慣行である。（コヘイン 1998, 64、太字は筆者）

ルールと意思決定手続きの変化はレジーム内の変化である一方、原則と規範の変化はレジームそのものの変化であると見なされる（原則・規範・ルール・意思決定手続きの違いについては、同，65-66 参照）。

　論文集『**国際レジーム**』において、ロバート・ジャービスは、安全保障レジームに焦点を当てている（Jervis 1983）。ジャービスによれば、この分野においては、**安全保障のジレンマ**（本書第 3 章参照）のため、レジームの必要性は高いが、同時に、形成するのも困難であるという。安全保障問題の特徴は、次の四つである。第 1 に、一国の安全保障の向上が他国の安全保障の低下を招くために相対的パワーの追求がより競争的であること、第 2 に、攻撃的な動機を持つ行動と防御的な動機を持つ行動の見分けがつかないこと、第 3 に、より大きい利害と結びついていること、および第 4 に、他国の監視や自国の安全保障の測定が困難など、不確実性がより高いこと、であるとする。これらの特徴が安全保障のジレンマを高めてしまうのである。

　ジャービスが安全保障レジームの最善の例として挙げるのが、1815 年に始まった**ヨーロッパの協調**（concert）である。通常の権力政治とは異なり、戦争回避と国内危機の統制に共通の利害を見出した大国は、自己利益の認識が拡大・長期化し、自国の政策を決定する際に他国の利益にも配慮していた。このレジームは、(1) 継続して機能するとの期待、(2) 現状変更への強い反対、(3) 相互主義の規範、および (4) 限定的な制度化により、国家行動に影響を与えていたという。なお、1823 年までは、定例的に開催される「会議（congress）体制」という制度が存在し大国間の協調の程度は高かった。その後もクリミア戦争（1853〜56）が起こるまでは、国際危機に対応するための不定期な協議（conference）による外交、大国の承認に基づく領土的変更、国際システムの基本構成国の安全保障や、大国の利益と威信の保

護など、協調外交のルールは基本的に遵守されていた（Elrod 1976）。

## 2 【発展】国際制度に対する異なる見解

レジームは、パワーや利益などの構造的原因（独立変数）によって引き起こされ、また、関連する国家行動や結果（従属変数）を引き起こす、**媒介変数**であるという考え方がある。クラズナーによれば、この考え方について三つの見解が存在しているという（Krasner 1983, 5-10）。

最初の見解は、**ネオリアリズム**に基づくものである。この見解によれば、レジームが存在するとしても、それはパワーの配分を反映しているに過ぎないという。因果関係において、レジームの存在は重要ではないということになる。ネオリアリズムの観点から覇権安定論を唱えた**ロバート・ギルピン**は、その著作『**世界政治における戦争と変化**』（Gilpin 1981）において、国際制度にも注目している。ギルピンによれば、覇権国による国際システムの統制（control）は、①国家間におけるパワーの分布、②国家間における威信の序列、それに③国家間の相互作用に影響を与える権利とルール、という三つの要素から成り立っているという（同, 27-38）。しかし、ギルピンは、「国家間におけるパワーの分布は、すべての国際システムにおける主要な支配形態である」と主張し、特に第1の要因を強調している（同, 29）。すなわち、国際制度は、覇権国による国際システム統制の手段・道具と考えられているのである。

国際制度に関する二つ目の見解は、**ネオリベラル制度主義**（neoliberal institutionalism）[4]に基づくものである。構造的リアリズムの前提から議論を出発させるが、いくつかの条件の下ではレジームが重要であると考える。そうした条件とは、共通利益があるときや、行動調整を通じてより大きな利益が生まれるときであるという。ネオリベラル制度主義の代表的著作となっているのが、**ロバート・コヘイン著**『**覇権後の国際政治経済学**』（1998／原著1984）である。彼はその主著の中で、覇権安定論の命題「国際秩序のルール（国際レジーム）は、覇権によって形成され維持される」を批判し、覇権後の世界であっても、国際レジームに基づく国際協調は可能である、と主張した。制度主義は、制度がいくつかの機能を果たすことにより国際協調を促

98 第2部　リベラリズムから見た安全保障環境

進すると考える。最も重要な機能が、相互に有益な交渉を阻害する不確実性を小さくする「情報の提供」である。国際レジームは、行為主体の行動に対する監視などを通じて、裏切りの可能性を低下させて、協調を促進する。

　国際制度に関する三つ目の見解は、**グロティウス的見解**に基づくものである。レジームはあちこちに存在するとし、市場や勢力均衡もレジームと見なす。また、パターン化された行動とレジームとの間には双方向の因果関係があると考えている。例えば、主にイギリスで活躍した**ヘドリー・ブル**は、主著『**国際社会論―アナーキーカル・ソサイエティ**』（2000, 93／原著第2版1995）において、制度を「共通目標の実現へ向けて具体化された習慣と実行の集まり」と定義して、その概念に「勢力均衡、国際法、外交のしくみ、大国による管理システム、ならびに戦争」を含めている。ブルが戦争を制度と見なしたのは、勢力均衡の維持や、国際法の強制、法変更の促進において戦争が手段として機能していることに着目したからである（同, 第8章）。

◆注
1)　非軍事的措置には、「経済関係及び鉄道、航海、航空、郵便、電信、無線通信その他の運輸通信の手段の全部又は一部の中断並びに外交関係の断絶を含むことができる」（41条）。実際に行われた非軍事的措置は、冷戦期には人権侵害を行う南ローデシア（現ジンバブエ）や南アフリカに対するものなど少数だったが、冷戦終結後に増加するとともに多様化した（杉原ほか 2012）。1990年にクウェートに軍事侵攻したイラクに対する経済制裁や、特定の個人や団体を対象にした資産凍結措置や旅行禁止措置といった、いわゆるスマートサンクションが注目される。
2)　ちなみに、国連憲章47条に基づき、軍事的な問題について安保理に助言および援助を与える軍事参謀委員会は実際に設立されているが、形骸化している。
3)　国連憲章第7章、特に43条（兵力使用に関する特別協定）に基づく国連軍への自衛隊の参加の合憲性については、現時点では、そのような正規の国連軍が存在しない以上、判断しないというのが冷戦終結後における日本政府の立場である（朝雲新聞社編 2019, 690–693）。
4)　より古いリベラル制度主義には、1940年代と50年代初めの機能主義的統合理論、50年代と60年代のネオ機能主義的地域統合理論、および70年代の相互依存理論がある（Grieco 1988, 486）。

**文献案内**

Ⅰ　国際秩序
- ブル，ヘドリー『国際社会論—アナーキカル・ソサイエティ』臼杵英一訳，岩波書店，2000 年［Bull, Hedley. *The Anarchical Society: A Study of Order in World Politics*, 2nd ed. Basingstoke, Hampshire: Macmillan Press, 1995］.
- 細谷雄一『国際秩序—18 世紀ヨーロッパから 21 世紀アジアへ』中央公論新社，2012 年.
- 川崎剛『大戦略論—国際秩序をめぐる戦いと日本』勁草書房，2019 年.
- 日本国際政治学会編『国際政治』（新興国台頭と国際秩序の変遷）第 183 号，2016 年 3 月.
- 国際安全保障学会編『国際安全保障』（国際秩序をめぐる攻防の時代）第 45 巻第 4 号，2018 年 3 月.

Ⅱ　集団安全保障
- 佐藤哲夫『国連安全保障理事会と憲章第 7 章—集団安全保障制度の創造的展開とその課題』有斐閣，2015 年.
- 国際連合広報局『国際連合の基礎知識』第 42 版，八森充翻訳，関西学院大学出版会，2018 年.
- 日本国際政治学会編『国際政治』（歴史のなかの平和的国際機構）第 193 号，2018 年 9 月.

Ⅲ　国際制度の理論
- コヘイン，ロバート『覇権後の国際政治経済学』石黒馨，小林誠訳，晃洋書房，1998 年［Keohane, Robert. *After Hegemony: Cooperation and Discord in the World Political Economy*. Princeton University Press, 1984］.
- 山本吉宣『国際レジームとガバナンス』有斐閣，2008 年.
- 足立研幾『国際政治と規範—国際社会の発展と兵器使用をめぐる規範の変容』有信堂，2015 年.
- 日本国際政治学会編『国際政治』（国際関係の制度化）第 132 号，2003 年 2 月.
- 国際安全保障学会編『国際安全保障』（通常兵器に関する軍備管理レジームの展望）第 37 巻第 4 号，2010 年 3 月.

# 第6章 繁栄と商業的平和

## はじめに

カント (2006, 185) が提示した国家間における永遠平和のための第3の条件は、「**世界市民法は、普遍的な歓待の条件に制限されるべきこと**」である（傍点は原文）。カントによれば、ここで言う「歓待」とは、「外国人が他国の土地に足を踏み入れたというだけの理由で、その国の人から敵として扱われない権利」を意味している。友好的な相互関係を構築するための「訪問の権利」であるという。この権利は、国家間の通商を可能にするものである。カントは、第1追加条項「永遠平和の保証について」において、商業の役割を強調している。

> 自然は、たがいの利己心を通じて、諸民族を結合させているのであり、これなしで世界市民法の概念だけでは、民族の間の暴力と戦争を防止することはできなかっただろう。これが商業の精神であり、これは戦争とは両立できないものであり、遅かれ早かれすべての民族はこの精神に支配されるようになるのである。というのは、国家権力のもとにあるすべての力と手段のうちでもっとも信頼できるのは財力であり、諸国は道徳性という動機によらずとも、この力によって高貴な平和を促進せざるをえなくなるのである。(同, 209–210)

ここで、カントは利己心に基づく商業的平和論を唱えているのである。

本章は、経済的繁栄という国益に注目しつつ、リベラリズム的世界観の一つとして商業的平和（商業的リベラリズム）を取り上げる。第Ⅰ節では、経済的繁栄と安全保障の関係について考察する。次の第Ⅱ節では、第二次世界大戦後における自由貿易体制の構築と日本の外交政策への影響について論じる。そして、第Ⅲ節では、リアリズムからの商業的平和論への批判について紹介する。

## I　経済的繁栄と安全保障

　本節では、経済的繁栄と安全保障の関係について、まず、重商主義とリアリズムの考えと自由放任主義と商業的リベラリズムの考えを対比させて説明する。そして、最後に、次節につなげるために、20世紀前半の国際経済状況を見ておく。

### 1　重商主義とリアリズム

　近代に入ってから、侵略や防衛と繁栄、そして、それらを支える権力と富との関係は、密接なものとして扱われるようになった。16〜18世紀のヨーロッパにおける絶対王政諸国は、官僚制と常備軍を維持する財源となる国富を増やすために経済に積極的な介入を行う**重商主義**と呼ばれる政策を取った。政策の内容は歴史的に変遷してきたが、初期の段階では富として金・銀の蓄積が重視され、その後、輸入抑制と輸出促進、自国の海運業の保護を通じて貿易収支の改善が目指された（木村・岸本・小松編 2017, 276）。

　**ヤコブ・ヴァイナー**によれば、いつの時代の重商主義であっても、国家政策の目標としての権力と富の役割については次のとおりであるという（Viner 1948, 10）。

　　（1）富は、安全保障や侵略のための権力の絶対的必須手段である。（2）権力は、富の取得あるいはその維持の手段として根本的に重要なものである。（3）富と権力はそれぞれ、国家政策の究極の目的である。（4）軍事的安全保障や長期的な繁栄のためにある期間、経済的犠牲が必要になる場合もあるが、これらの目的の間には長期的な調和がある。（訳はコヘイン 1998, 25）

つまり、権力と富の間には少なくとも長期的な補完性があると考えられている。

　同様に、歴史学者**ポール・ケネディ**も、著書『**大国の興亡**』（1993／原著1987）の中で、繁栄の生み出す富と軍事力との間には密接な相互関係があることを指摘している。世界の近現代史から「たいていの場合、軍事力を支

えるには富が必要であり、富を獲得してそれを守るためには軍事力が必要なのだ。しかし、富を築くことをさしおいて、国の財源を軍事計画にばかりあてていれば、国力は長期的にみて衰えることになるだろう」と述べている（同，2）。つまり、国家にとって、繁栄はそれ自体だけでなく、軍事安全保障のためにも必要なのである。

なお、国際政治理論では、**リアリズム**が重商主義の考え方に近い。リアリズムでは、繁栄は、安全保障の補助的な役割として考えられることが多い。リアリストの一人**ジョン・ミアシャイマー**の次の言葉が示唆的である。「経済の繁栄は国家の富の増大につながるので、安全保障面から見ても、極めて重要だ。経済力こそが軍事力の基礎だからである。経済的に豊かな国は必然的に強力な軍備を整えることができ、自国の存続を確保するチャンスも増加する」（ミアシャイマー 2017, 85-85）。いわゆる富国強兵の考え方である。本書第1章で見てきたとおり、リアリストは、国益のうち自国の生存（狭義の安全保障）が最優先であると考える。国家にとって、経済的な繁栄も重要な国益であるが、それと自国の生存という二つの目標が衝突する場合には、常に後者が優先されると考える（同，87）。

## 2 自由放任主義と商業的自由主義

18世紀になると、重商主義に批判的な自由放任主義という考え方が出てきた。この分野の古典としては、イギリスの**アダム・スミス**（1723～90）による『**国富論**』（2000, 2001／原著 1776）を挙げることができる。スミスは、フランスの重農主義者が唱えていた自由放任主義の考えを発展させた古典派経済学の創始者である。個人の自己利益の追求が「**みえない手**」に導かれて、結果として意図せざる公共の利益を推進することになると主張した（スミス 2000，303-304）。スミスは自由貿易論者であった。富を勤労による生産物として再定義して、貿易差額による金銀の蓄積を目指した重商主義の輸入制限策と輸出奨励策を批判している。

ただし、スミスは、自由な経済活動を重要視していたものの、富にだけ関心を持っていたのではなかった。限定的な国家の義務として、国防、司法の運営、公共事業・公共施設の設立と維持を認めていた。特に国防については、

国家の「第1の義務」と位置付けるとともに、「その社会を他の独立諸社会の暴力と侵略から守る義務は、軍事力によってのみ遂行できる」と述べている（スミス 2001, 343）。そして、進歩した製造業と改良された戦争技術を持つ国家にとって、常備軍が不可欠であることを主張している。また、海運業のように国防に必要な国内産業なら保護することが例外的に認められるとも書いている。「国防は富裕よりもはるかに重要であるから、［自国の海運業を保護する］航海条例は、おそらく、イングランドのすべての商業上の規制のなかでももっとも賢明なものである」（スミス 2000, 320）。

　また、カントと同時代を生きたスミスも同様に、商業と製造業が国内の人々を戦争状態から解放したと述べ、商業的平和論を主張していた。

> 商業と製造業は、農村の住民のあいだに、秩序とよき統治を、またそれとともに個人の自由と安全を、しだいにもたらしたのであって、以前には彼らは隣人とはほとんど絶え間のない戦闘状態にあり、領主に対しては奴隷的従属状態にあったのである。このことは、ほとんど注目されてこなかったけれども、商業と製造業がもたらしたすべての効果のなかでも、もっとも重要なものであった。（同, 235）

なお、社会の文明化が平時および戦時における防衛費の上昇をもたらしていることも指摘している（スミス 2001, 372）。防衛費の上昇は、戦争の損益計算を悪化させ、平和を強化するとスミスは示唆している（Doyle 1997, 237）。

　19世紀のイギリスでは、スミスの流れをくむ古典派経済学の自由放任主義が支配的となった。例えば、**デイヴィド・リカード**（1772〜1823）は、国家間の分業と貿易が相互に利益をもたらすことを理論的に説明する**比較優位論**を発表して、自由貿易の正当性を高めた（ギルピン 1990, 183-185）。イギリスは、1850年ごろ、東インド会社の貿易独占権や、貿易を規制していた穀物法と航海法を廃止して自由貿易体制を確立した。その立役者の一人が実業家から政治家になった**リチャード・コブデン**（1804〜65）であった。彼は、産業資本家の立場から「反穀物法同盟」を結成し、自由貿易に向けての運動や経済学のマンチェスター学派の創設を主導した。

また、ヨーロッパにおいて、19世紀は「長い平和」の時代でもあった。コブデンは、世界は貿易を通じて平和になるとも主張していた。当時のイギリスでは、「自由貿易は、商業的繁栄への道として、戦争と攻撃的なマーカンティリズム（重商主義）にとって代わった」と広く信じられていた（ブレィニー 1975, 32-33）。こうして、政治と経済を分離して考える傾向がますます強くなっていった（カー 2011, 225-226）。比較的に平和な時代だと、国家存立の重要性が目立たなくなるものである。ちなみに、国際政治理論としてのリベラリズムは、国家目標として繁栄の追求を強調することが多い（ウェルチ 2016, 41）。

## 3　20世紀前半の国際経済状況
　商業的平和論の考えは、第一次世界人戦の直前になっても衰えることはなかった。イギリスのジャーナリストであった**ノーマン・エンジェル**は、その著作**『大いなる幻想』**（エンセル 1912／原著 1910）において、ヨーロッパでは大国間の相互依存関係のために、戦争が国家の経済的利益を推進することは幻想になったと主張した。

　『大いなる幻想』が出版されてからわずか4年後に、第一次世界大戦が起きた。これはエンジェルの主張の誤りを証明しているとして、リアリズムの観点からは批判されることが多い。例えば、代表的な現代のリアリストである**ケネス・ウォルツ**（2010, 209）は、相互依存が平和を促進するとの考えが誤っていることは、「第一次世界大戦で決定的に示されたはず」であると述べている。他方で、リベラリズムを信奉する研究者は、経済的相互依存が戦争を無益なものにしたと主張していたのであって、不可能にしたと言っていたわけではなかったと、エンジェルを擁護している（Russet and Oneal 2001, 278）。エンジェルは、戦争が人々の「無理解」によって起こり得ると考えていた（カー 2011, 66）。なお第一次世界大戦で『大いなる幻想』の評判が失墜しなかったことは、同著の出版によりエンジェルが1934年にノーベル平和賞を受賞していることからも分かる。

　**リチャード・ローズクランス**（1987, 第7章）は、第一次世界大戦前におけるヨーロッパの相互依存性が過大評価されてきたことを指摘している。第

1に、工業国どうしの相互依存関係は現代よりずっと小さかった。例えば、イギリスの貿易や投資は、その植民地を中心にヨーロッパ大陸外の低開発国との間で行われる割合が高かった。第2に、1913年の対外投資の約9割が経営参加を目的としない間接投資であり、株式の1割以上を保有するような直接投資は少なかった。第3に、当時は、多国籍企業などによって推進される各国経済の相互浸透の程度も低かった。すなわち、第一次世界大戦前のヨーロッパでは平和を促進するような種類の相互依存はそれほど進んでいなかった、というのがローズクランスの主張である。

　1920年代半ばには第一次世界大戦時から景気は回復したが、1930年代には世界経済の分裂が進んだ（木村・岸本・小松編2017）。ニューヨークの証券取引所における1929年10月の株価大暴落に端を発する工業や農業、金融などの分野での恐慌がアメリカで発生し、同国の完全失業者は、1932年の時点で総労働者の4分の1に相当する1,300万人にもなったといわれている。この恐慌は瞬く間に世界的に拡大した。1932年までに世界の貿易量は1929年の3分の1以下にまで縮小してしまった。このため、大国は、自国の通貨を使用する本国や植民地からなる閉鎖的な経済圏（ブロック）を形成し、他の大国からの商品を排除することにより、経済の安定性を高めようとした。世界経済は、イギリスのスターリング（ポンド）＝ブロック、アメリカのドル＝ブロック、フランスのフラン・金＝ブロック、ドイツのマルク＝ブロック、および日本の円ブロックなどにより分裂してしまった。こうした**ブロック経済**は、ブロック間の対立関係を促進し、第二次世界大戦の遠因ともなった。

## II　第二次世界大戦後における商業的平和

　本節では、まず第二次世界大戦後にアメリカが主導して構築した国際経済秩序について説明した上で、現代の商業的平和論の一つである貿易国家論と、その一例として戦後日本を取り上げ、その外交政策を紹介する。

## 1 アメリカと自由貿易体制

ヨーロッパで第二次世界大戦が始まるとすぐに、アメリカは、戦後の国際秩序を構想し始めた。本書第4章で言及した**大西洋憲章**（1941年8月）は、戦後秩序の自由主義的な諸原則を明らかにした。それらには、欠乏や恐怖からの自由とともに、世界経済の開放、それに雇用の安定や社会保障を目指す経済的分野の国際協力といった原則が含まれていた（岩沢編2018, 855）。自由主義的な価値を国際秩序の基本原理としたのは、1930年代の国際経済の分断化や国内政治の不安定化が第二次世界大戦につながったとの反省に基づいていた（アイケンベリー2012, 第6章）。

第二次世界大戦の最中に、アメリカは、自由主義的な国際経済秩序の構築を主導し始めた。1944年7月には、アメリカのニューハンプシャー州にあるブレトンウッズでの会議において、国際通貨基金（IMF）と国際復興開発銀行（IBRD、世界銀行）の設立を含む国際通貨・金融に関する協定が締結された。為替は基本的に固定相場制となった。また、1947年の10月に署名開放された**関税及び貿易に関する一般協定**（GATT）は、互恵性・自由化・無差別の原則に基づき、主に西側諸国間の自由貿易を促進するものであった。こうしたいわゆる**ブレトンウッズ体制**により、自由貿易と国内経済の安定性を同時に追求することになった（Ruggie 1982）。

ただし、1970年代になると、アメリカ経済の弱体化に伴い、ブレトンウッズ体制は動揺した。ブレトンウッズ体制の中核とも言える金ドル本位制は維持できなくなり、主要国通貨の為替は73年までに固定相場制から変動相場制へと移行した。日本や他の先進国との関係において、アメリカの経済・金融力の相対的低下は明らかとなっていた。

他方で、GATTの**多国間貿易交渉（ラウンド）**を通じて、自由貿易体制は強化されていった。ケネディ・ラウンド（1964〜67年）や東京ラウンド（1973〜79年）、ウルグアイ・ラウンド（1986〜94年）は、関税引き下げや非関税障壁の軽減・撤廃などにおいて成功を収めた。また、1995年には、GATTを発展解消して**世界貿易機関**（WTO）が設立された。

第二次世界大戦後、国際貿易はほぼ右肩上がりで増えてきた。世界における財貨・サービスの輸出額が国内総生産に占める割合は、1960年には

12% 弱であったが、その後、上昇傾向が続き、2008 年には 30% 強にまでなった（World Bank 2019）。

　さて、アメリカの国益概念は、以前は経済的繁栄に焦点を当てていたが、冷戦期において実質的に国家安全保障と同義になった（Nuechterlein 1985, 8; Wolfers 1962, 147-148）。そして、経済的繁栄は、国家安全保障上の利益の一つとして位置付けられた。例えば、レーガン政権の NSS 報告（1987, 4）では、国益の定義の中に「健全で成長しているアメリカ経済」と「公正で開かれた国際貿易システムによって結びつけられた、世界中における自由、民主的制度、および自由市場経済の発展」が含められた。以後、アメリカの政権は、似たような国益定義を採用してきた。例えば、オバマ政権の NSS 報告（2010, 17）は、国益定義の中に「繁栄：機会と繁栄を促進する、開かれた国際経済システムにおける強く、革新的で、成長しているアメリカ経済」を含めている。

　ところが、本書第 2 部でこれまで指摘してきたとおり、トランプ政権の NSS 報告（2017）は、これまでとは異なる国益定義をしている。「アメリカの繁栄の促進」は含めているものの、「開かれた国際経済システム」のような文言は見当たらない。実際、トランプ大統領は、就任早々、環太平洋パートナーシップ（TPP）協定から「永久的な離脱」を明記した大統領令に署名している（『読売新聞』2017 年 1 月 24 日（夕刊））。また、開かれた国際経済システムを支える世界貿易機関（WTO）からの脱退さえ検討していると報じられた（『読売新聞』2018 年 7 月 4 日）。

## 2　貿易国家論

　商業的平和論の考え方は、現代にも引き継がれている。冷戦の最盛期においては、国家安全保障とパワーを重視するリアリズムが主流であった。しかし、1960 年代末からの米ソ間のデタント（緊張緩和）という国際状況の下で、経済的相互依存が平和を促進するという、自由主義の流れをくむ相互依存論が盛んに論じられるようになった。この項では、そうした代表作として、**リチャード・ローズクランス**の**『新貿易国家論』**（1987／原著 1986）に注目してみたい。

ローズクランスは、伝統的な「武力政治の世界」と新しい「貿易の世界」という二つの純粋な国際関係のあり方（理念型）を提唱している（同, 第2章）。第二次世界大戦の終結までは、覇権の追求や独立の維持のために戦争を主要な国家手段とする「**武力政治的・領土主義的国家**」しか存在していない武力政治の世界であった。近代ヨーロッパでは、領土の拡張が各国の目標であった。西暦1500年の時点で同地域にはおよそ500の国家があったが、その後、数多くの消滅・分割・併合の過程を経て、1900年における国家の数は約25まで減少してしまった（同, 23-24）。

1945年以降の低関税の時代になって、国民福祉および資源配分を向上させるために国内の経済発展と国際貿易を主要な国家手段とする「**貿易国家**」が登場して、貿易の世界に近い状況が現れてきた。

> 貿易国家とは、機能的差異に基づく平等を受け入れる、相互依存的な国家である。その目指すところは、国内の経済発展と国際貿易を通じて国民福祉および資源配分を向上させることであり、他国の同様の努力となんら対立するところはない。（同, 39-40）

また、貿易の世界では、「戦争は貿易をとだえさせ、貿易を成り立たせる相互依存関係を破壊するものとして、忌避される」（同, 36）。国家が政策手段として戦争ではなく貿易を選ぶということは、平和の道を選択するということも意味している。つまり、貿易国家は平和国家でもあるということになる。

ローズクランスによれば、国家が国益増進のためにどちらの手段を選択するかを決定する際は、戦争遂行の費用と利益および貿易の費用と利益の比較が大きな役割を果たすという。武力行使の費用便益計算では、新たな領土を獲得する容易さと、獲得した領土を支配する容易さを考慮する必要がある。それらの変数は、軍事技術やナショナリズムなどの要因によって影響を受ける。例えば、核兵器の登場は戦争の費用を高めている。他方で、貿易の費用便益計算に影響を与える要因には、貿易規制の程度や経済状態、現在の相互依存度が含まれる。例えば、世界市場の発展は貿易の利益を高める。さらに、「国家がどう行動するかは、最終的にはその信奉する理論と、過去にくぐり

110 第2部 リベラリズムから見た安全保障環境

抜けてきた国家的体験によって決定される」とともに、そうした理論や体験は社会的学習で引き継がれていくという（同, 58）。

## 3 「貿易国家」日本と吉田ドクトリン

第二次世界大戦後に「商業の精神」に最も支配されるようになった国家の一つに日本がある。ローズクランスは、その『新貿易国家論』において「貿易国家」の代表例として日本に言及している。

> 海洋主義と貿易の世界に属する国々は、自給自足が幻想であることを認識している。貿易が比較的自由で開放的でありさえすれば、経済を発展させ生活の必需物資を手に入れるのに新しく領土を獲得する必要はない、と考えている。この世界を代表する国々は日本とヨーロッパ諸国（なかでも西ドイツ）である。今日の西ドイツと日本は、1930年代に武力で獲得しようとした原材料と石油を、国際貿易で手に入れ、平和のうちに繁栄している。（同, 26）

日本が20世紀半ばに武力政治的・領土主義的国家から貿易国家へと転換したのは、第二次世界大戦での徹底した敗北という過去の体験が大きかったと、ローズクランスは示唆している。

日本が貿易国家として国益を追求していくという方針は、後に「**吉田ドクトリン**」と呼ばれるようになる。それは、**日米安保**、**軽武装**、および**経済中心**という三つの基本原則からなっている。つまり、「(1) アメリカとの同盟関係を基本とし、それによって安全を保障する。(2) したがって、自国の防衛力は低く抑える。(3) そして得られた余力を経済活動にあて、通商国家として活路を求める」という三原則である（高坂 1989, 299）。国家の繁栄を最優先に考え、軍事力よりも国際経済関係の方を重要視する考え方を高坂正堯は「商人的国際政治観」と呼んでいる（高坂 1968, 68）。吉田茂のこの選択は、その後の日本外交において定着していくことになる。なお、この選択が可能であったのは、アメリカ主導の自由主義的国際秩序の中で、アメリカ軍を中心とする同盟体制とアメリカ市場を含む自由貿易体制の利益を日本が享受していたからにほかならない。日米安保体制のおかげで、日本の防衛政策は、経済的に効率的な防御と抑止を重視する戦略と低い防衛費を維持す

ることができたのである。

　軽装備路線をとった政府は、防衛費を低く抑えてきた。国民総生産（GNP）に占める防衛関係費の割合は、1952年度には2.78%であったものの、その後、経済成長とともに低下していき、1967年度以降は1%を切るようになった。**三木武夫**首相（自由民主党、任1974〜76）の政権は、1976年に、初めての**防衛計画の大綱**（本書第7章を参照）を閣議決定する際に、当面、防衛予算をGNP（国民総生産）の1%を超えないことをめどとすることも閣議決定した。1987年に中曾根政権が防衛関係費のGNP比1%枠を閣議決定で廃止したものの（田中1997）、その年度から3年間、1.004%、1.013%、1.006%と微増しただけで、その後また1%未満となっている。1994年度からはGDP（国内総生産）のデータを使い比率が若干高くなったが、それでも1%を超えることはない。

　日本の国家安保戦略（2013）は、二つ目の国益として経済的繁栄の実現を掲げるとともに、それが日本の平和と安全に寄与することにも言及している。また、経済的繁栄の実現のためには、自由貿易体制の強化が重要であることも指摘している。

　　　また、経済発展を通じて我が国と我が国国民の更なる繁栄を実現し、我が国の平和と安全をより強固なものとすることである。そのためには、海洋国家として、特にアジア太平洋地域において、自由な交易と競争を通じて経済発展を実現する自由貿易体制を強化し、安定性及び透明性が高く、見通しがつきやすい国際環境を実現していくことが不可欠である。（同, 4）

　また、「IV　我が国がとるべき国家安全保障上の戦略的アプローチ」の一つである「5　地球規模課題解決のための普遍的価値を通じた協力の強化」において、「(4) 自由貿易体制の維持・強化」について詳述している（同, 28）。

## III 商業的平和論への批判

　本節では、リベラリズムの商業的平和論への批判として、リアリズムの観点に基づく反対の主張と因果関係への疑念を取り上げる。

### 1 【発展】相互依存関係と紛争

　経済的な相互依存が戦争の可能性を低下させるとのリベラリズム的な考えに対して、リアリズムの立場から反論したのが、ネオリアリズムの創始者**ケネス・ウォルツ**である。彼の反論は、主著**『国際政治の理論』**（ウォルツ 2010）の第7章で明確に述べられている。

　ウォルツにとって、接触の緊密化を意味する相互依存の進展は、むしろ紛争の可能性を高めるものである。

> もっとも厳しい内戦やもっともむごたらしい国際紛争は、密接な関係のある高度に類似した人びとが居住している場所で起こってきた。当事者が何らかのかたちで関係していない限り、戦争が始まることはありえない。規制のない相互依存関係にある国家が対立を経験するのは必至であり、時には暴力にもいたるであろう。中央による管理が発達するよりも早く相互依存が深化するならば、相互依存は戦争の勃発を早めることになる。(同, 183)

ウォルツは、相互依存の効果においてリベラリズムの人々と正反対のことを言っているのである。

　ウォルツによるもう一つの批判は、相互依存の定義に関することである。経済学者は相互依存を市場における価格変動への敏感性として捉えていた。敏感性としての相互依存とは、「地球上のいかなる場所で起こっている事態の影響も、さまざまな遠隔地で急速に表れるということ」である（同, 185）。他方で、ウォルツは、政治学的には脆弱性としての相互依存に着目すべきであると主張した[1]。他国への依存が高まれば、その依存関係が断ち切られたときの自国の脆弱性も高まる。そこで、無政府状態の国際政治システムにおいて自国の安全保障を追求する国家は、自給自足や支配領域の拡大を目指すという。実際、太平洋戦争前の日本のような脆弱性の高い国家が、石油など

の死活的な資源の自給自足を目指して攻撃的な軍事政策を追求することが歴史上にはよくあった、という指摘が別のリアリストであるミアシャイマーによってなされている（Mearsheimer 1990, 43n65）。

なお、相互依存と平和の関係についてまったく異なる結論をとる、リアリズムとリベラリズムを架橋する理論がある。それは、**デール・コープランド**が提唱した**貿易期待理論**（theory of trade expectations）である。この理論は、高いレベルの相互依存が戦争につながるか平和につながるかは、将来の貿易への期待の程度によると主張するものである。つまり、将来の貿易について楽観的なときは、リベラリズムが強調する貿易の利益に焦点が当たり、戦争への制約が強まる（平和となる）。他方で、将来の貿易について悲観的なときは、リアリズムが強調する貿易断絶の潜在的な費用に焦点が当たり、戦争がより合理的な選択肢となる（Copeland 1996）。後者の例としては、第二次世界大戦前の日本が挙げられている。

## 2 【発展】因果関係の問題

相互依存が平和を促進するという議論に対し、それは原因と結果が逆ではないのかという反論もなされている。19 世紀は、ドイツやイタリアの統一をめぐる比較的短い戦争がいくつかあったが、一般的には平和の時代だと見なされている。このことについて、オーストラリアの歴史学者ジェフリー・ブレイニイーは、主著『戦争と平和の条件』（1975, 44／原著 1973）の中で、「19 世紀における平和の諸原因としてもてはやされた変化の大部分はおそらくより多く平和の結果であった。思想や民衆や商品が国境をこえて流出しやすかったことは非常に多く平和の一つの結果であった」と論じている。

また、自由貿易と平和との関係については、どちらかがもう片方を発生させるという因果関係ではなく、双方が第三の他の要因によって引き起こされているという**疑似相関**の可能性もある。例えば、リアリズムに依拠する**覇権安定論**は、卓越したパワーと指導力を持つ覇権国が自国のパワーを利用して自由貿易体制と国際社会の平和の双方を促進していると考えている。ネオリアリズムの観点から覇権安定論を唱えた**ロバート・ギルピン**は、その著作『**世界政治における戦争と変化**』（Gilpin 1981, 145）において、次のとおり述

べている。

> イギリスによる平和（Pax Britannica）とアメリカによる平和（Pax Americana）
> は、ローマによる平和（Pax Romana）と同様に、相対的な平和と安全の国際
> システムを確保した。イギリスとアメリカは、自由主義的な国際経済秩序のル
> ールを制定し執行した。イギリスとアメリカの政策は、自由貿易と資本移動の
> 自由を促進した。これらの大国は主要通貨を供給し、国際通貨システムを管理
> した。

覇権国が自由貿易体制と国際社会の平和を促進するのは、そうすることが自
国の利益になるからである。しかも自由貿易体制や国際社会の平和は、覇権
国のみならず他の諸国にとっても利益となる**公共財**（public goods）[2] である
ことから、覇権国による支配の正当性を高めることにもなるのである（本書
第5章参照）。

◆注
1) 同様に、ロバート・コヘインとジョセフ・ナイは、共著『パワーと相互依存』（2012
／原著第3版2001）において、脆弱性の議論を発展させて、非対称的な相互依存関係
がパワーの源泉であることを論じた。相手が自分に依存する以上に、自分が相手に依存
している場合、相手が自分に対してパワーを行使しやすくなるという。
2) ギルピンは、公共財を「各個人がそのような財を消費することで、他の個人による
その財の消費が減ることはないという意味で、全ての人が共通して享受する」ものと定
義している（Gilpin 1981, 16n）。

**文献案内**

Ⅰ　経済的繁栄と安全保障
- ギルピン，ロバート『世界システムの政治経済学―国際関係の新段階』佐藤誠三郎，竹内透監修，大蔵省世界システム研究会訳，東洋経済新報社，1990 年［Gilpin, Robert. *The Political Economy of International Relations*. Princeton University Press, 1987］．
- キンドルバーガー，チャールズ・P『大不況下の世界　1929-1939』改訂増補版，石崎昭彦，木村一朗訳，岩波書店，2009 年［Kindleberger, Charles P. *The World in Depression 1929 to 1939*, rev. and enl. ed. University of California Press, 1986］．
- 国際安全保障学会編『国際安全保障』（経済と安全保障）第 38 巻第 2 号，2010 年 9 月．

Ⅱ　第二次世界大戦後における商業的平和
- 村山裕三『経済安全保障を考える―海洋国家日本の選択』NHK 出版，2003 年．
- 中島信吾『戦後日本の防衛政策―「吉田路線」をめぐる政治・外交・軍事』慶應義塾大学出版会，2006 年．
- 楠綾子『吉田茂と安全保障政策の形成―日米の構想とその相互作用，1943～1952 年』ミネルヴァ書房，2009 年．
- 渡邊頼純『GATT・WTO 体制と日本―国際貿易の政治的構造』増補 2 版．北樹出版，2012 年．
- 日本国際政治学会編『国際政治』（吉田路線の再検証）第 151 号，2008 年 3 月．

Ⅲ　商業的平和論への批判
- レーニン『帝国主義論』角田安正訳，光文社，2006 年．
- 鷲尾友春『日米間の産業軋轢と通商交渉の歴史―6 つのケースで読み解く―商品・産業摩擦から構造協議，そして広域経済圏域内の共通ルール設定競争へ』関西学院大学出版会，2014 年．

第 3 部

# 戦略的アプローチ

## イントロダクション

　本書の第1部と第2部においては、国益と安全保障環境を見てきた。この第3部では、現実の安全保障環境の中で理想的な国益を維持・促進するための戦略的アプローチに焦点を当てる。そもそも戦略とは、「戦域、国家、または多国間レベルの目標を達成するため、同期・統合された方法で国力の手段を運用するための賢明な考え、または一連の考え」と定義されているものである（OCJCS 2019, 204）。

　日本の安全保障上の戦略的アプローチは、大別すれば自助努力、同盟協力、および国際社会との協力という三つの要素から成り立っている。こうした考え方は、冷戦時代から存在し、例えば、**総合安全保障研究グループ**が1980年7月に提出した報告書『**総合安全保障戦略**』（本書序章参照）で確認することができる。この報告書によれば、安全保障政策は、「脅威そのものをなくするための、国際環境を全体的に好ましいものにする努力、脅威に対処する自助努力、及び、その中間として、理念や利益を同じくする国々と連帯して安全を守り、国際環境を部分的に好ましいものにする努力、の三つのレベルから構成される」としている（内閣官房編 1980, 7）。

　国家安保戦略（2013）は、第Ⅳ章「我が国がとるべき国家安全保障上の戦略的アプローチ」において、外交政策と防衛政策を中心とした六つの柱を立てている。

- （1）　我が国の能力・役割の強化・拡大
- （2）　日米同盟の強化
- （3）　国際社会の平和と安定のためのパートナーとの外交・安全保障協力の強化
- （4）　国際社会の平和と安定のための国際的努力への積極的寄与
- （5）　地球規模課題解決のための普遍的価値を通じた協力の強化
- （6）　国家安全保障を支える国内基盤の強化と内外における理解促進

上記の最初と最後の柱は自助努力に、二つ目の柱は同盟協力に、そして他の柱は国際社会との協力に該当するであろう。この第3部では、日本の防衛政策に焦点を当てて、自助努力、同盟協力、および国際社会との協力について説明していくことにする。

# 第7章　自国の防衛体制

## はじめに

　戦争とは何か。その本質について深い洞察を提供している本として有名なのが、プロイセン王国の職業軍人であった**カール・フォン・クラウゼヴィッツ**（1780〜1831）の主著『**戦争論**』（2001a, b／原著 1832）である。彼は、この本の中で戦争を次のとおり定義している。

> 　つまり戦争とは、敵をしてわれらの意志に屈服せしめるための暴力行為のことである。
> 　暴力は、敵の暴力に対抗するために、さまざまな技術や学問を通して発明されたものによって武装する。もっとも暴力は、国際法上の道義という名目の下に自己制約を伴わないわけではないが、それはほとんど取るに足らないものであって、暴力の行使を阻止する重大な障害となりはしない。これを要するに物理的暴力（……）はあくまでも手段であって、敵にわれわれの意志を押しつけることが目的なのであるということである。この目的に確実に到達するためにこそ、われわれは敵の抵抗力を打ち砕かなければならないのである。そしてこのことが概念上軍事行動の本来的目標となる。（クラウゼヴィッツ 2001a, 35、傍点は原文）

ここで主張されているのは、軍事的目標（敵の抵抗力を打ち砕くこと）や軍事的手段（物理的暴力）は、政治的目的（敵にわれわれの意志を押しつけること）に奉仕するものであるということである。

　20 世紀後半以降、大国間戦争は起きにくくなっている（本書第 11 章参照）。科学技術の進歩により兵器の破壊力が格段に増して、戦争の潜在的なコストは高まるばかりである。また、戦争の違法化も進んだ。本書の第 1 章や第 5 章で見てきたとおり、国連憲章は、国際関係における武力による威嚇や武力の行使（宣戦布告など戦意の表明を伴う戦争を含む）を禁止している（2 条 4

項)。

　しかし、コスト意識や国際法のみではこの地上から戦争を消し去ることはできない。そこで、自助努力として自衛体制の構築が必要になってくる。国連憲章でも、安全保障理事会を中心に行う集団安全保障（42条）と自衛権（51条）の場合には、例外的に武力行使を認めている。アメリカや中国の軍事力は強化されているのが現状である。E・H・カーの言うとおり、現代でも「戦争は国際政治の背後に潜んでいる」のである（2011, 216）。ここで時代を超えて想起されるのは、日本帝国海軍の連合艦隊司令長官であった**山本五十六**が好んで記したという中国の古典『**司馬法**』（原著前4世紀）の警句である。

　　国大なりといえども　戦を好めば必ず亡び
　　天下安しといえども　戦を忘るれば必ず危うし　（NHK取材班・渡邊2015,
　　108）

　本章は、戦略的アプローチの一つとして自国の防衛体制に注目する。以下、第Ⅰ節では国際政治における軍事力について説明し、第Ⅱ節では日本の防衛体制を取り上げる。そして、第Ⅲ節では防衛政策を理解するのに役立つ抑止の概念と理論について紹介する。

## Ⅰ　国際政治における軍事力

　本節では、国際政治における軍事力（または防衛力）の特性と役割について論じる。

### 1　軍事力の特性

　軍事力は国際政治において必要なものであると同時に危険なものでもある。

　　外交戦略に責任を有する者たちは、生存の道を見出し、適切な手段で外交政策の目的を実現するために、外交の揺籃期から葛藤してきた。国際紛争や競争に

対して合理的説得による平和的手段のみで対処しようとしても、いつも成功するわけではなく、軍事力による威嚇や行使が特定の指導者に理解できる唯一の言語でもあるという結論に達した者がほとんどである。こうした状況の下では、軍事力は政策の必要な手段となる。だが他方で、軍事力による威嚇や行使はしばしば非効率なだけでなく、国家間の紛争を激化させ、さもなければ避けられたかもしれない戦争の引き金にすらなることに、ほとんどの者は気づいてきた。
（ローレン・クレイグ・ジョージ 2009, 313）

　この軍事力の「必要性と危険性との間の根本的なジレンマ」は、国際政治上の大きなテーマであり続けてきた（同）。国際政治の分析において軍事力に焦点を当てるリアリストも、軍事力の必要性を説く一方、その危険性から軍事力の行使には慎重になる傾向がある。ちなみに、アメリカでは、ハンス・モーゲンソーやケネス・ウォルツをはじめとする多くのリアリストがベトナム戦争やイラク戦争に対してアメリカの国益にならないとして反対してきている（Rosato and Schuessler 2011）。

　**ウォルツ**は、主著『**国際政治の理論**』（2010／原著1979）の中で、国際政治における軍事力の意義と限界について語っている。まず、軍事力の脅威が国際政治において肯定的な面を持っていることを次のとおり指摘している（同，第6章）。国際システムは、それを構成する諸国家がそれぞれ軍事力を保有している自助システムである。そうした無政府状態（本書第1章参照）では、軍事力が行使される可能性はいつでもある。そのため、「謀略は制限され、要求は抑制され、紛争解決への動機が生まれる」。労使間交渉においてストライキが果たす役割のように、国際政治の背後に潜んでいる軍事力には、国際紛争の「沈静効果」があるのである（同，150）。

　次に、軍事力はもはや時代遅れという意見について、ウォルツは二つの誤解があると主張している（同，第8章）。一つ目は、軍事力の使用・不使用からその**有用性**を評価する間違いである。

　　国の状況によっては、軍事力は他国の攻撃を思いとどまらせるとき、すなわち、戦場で全く使われる必要がないときにもっとも有用であるというほうが、ずっと理にかなっていることもある。軍事的に最強の国が現状維持国であるとき、

軍事力の不使用はその強さの表れである。そうした国にとって、軍事力がもっとも有用であり国益をもっとも満たすのは、それが実際の戦争行為のなかで用いられる必要がないときである。1914年を最後の年とする1世紀間、イギリス海軍はすべての挑戦者を脅すに十分なほど強力であったが、そのあいだイギリスは世界の辺鄙な場所で時おり帝国主義的冒険を行ったにすぎなかった。全面戦争を戦うために軍事力が用いられたのは、イギリスのパワーが弱まってからであった。軍事力は、使用されたことにより、その有用性が確実に下がったのである。(同, 245)


ウォルツと同様、多くのリアリストは、軍事力の存在や威嚇の方が実際の行使よりも現状維持国の国益にかなっていると考えている (Edelstein 2010)。

　ウォルツの指摘する軍事力をめぐる二つ目の誤解は、軍事力を**政治的な支配**と同一視してしまうことである。軍事力は征服を得意とするが、政治支配はあまり得意ではない。「対外的に使用される軍隊は、領土の上に支配を確立［＝征服］するための手段であって、領土内で支配を行使するための手段ではない」(同, 249)。これは軍事力の限界である。近年の例を挙げれば、2003年に開始されたイラク戦争において、最初の大規模戦闘で圧倒的な強さを見せたアメリカ軍がその後の占領では治安維持に苦戦したことが想起されるであろう。


## 2　軍事力の役割

　**ロバート・アート**は、「**軍事力は何のために？**」という論文 (Art 1980)の中で、武力には二つの使い方があり、一つは敵に対して武力を実際に使うという**物理的行使**、もう一つは武力の明白な威嚇または暗黙の威嚇を意味する**平和的行使**であると述べている。そして、武力（軍事力）の四つの目的として防衛、抑止、強要、および示威を取り上げて以下のとおり説明している。

　第1の**防衛**とは、他国からの攻撃の撃退と攻撃による自国の被害の減少という二つのことを意味している。主な対象は敵国の軍隊であり、二次的な対象が敵国の産業である。防衛のためには、武力の行使も威嚇もあり得る。防衛準備は、敵国に対して攻撃が成功しないと説得できれば**諫止**（かんし）(dissua-sion）となるが、敵国からは攻撃的にも見える。なお、先に攻撃しても、防

衛と見なされることがある。時・日・週といった単位の差し迫った脅威への**先制攻撃**や、月・年といった単位の勢力均衡の変化による不可避の脅威への**予防攻撃**の場合である。

第2の目的、**抑止**（deterrence）とは、受け入れがたい懲罰または報復の威嚇により、して欲しくない行動を敵がすることを防止（諫止）することである。こちらの諫止は、武力の威嚇によるものであり、報復の威嚇が実行に移されれば、抑止は失敗と見なされる。報復攻撃（第2撃）の準備は、敵国からは先制攻撃（第1撃）の準備にも見える。対象の優先順位は、一般市民、産業、そして軍隊という順になる。

第3の目的である**強要**（compellence）とは、すでに着手している行動を敵にやめさせること、またはまだ着手していない行動を敵に始めさせることである。強要のためには、武力の行使も威嚇もあり得る。前者の例としては、南ベトナム解放民族戦線を支援するのを北ベトナムにやめさせようとした、ベトナム戦争におけるアメリカによる北爆がある。後者の例としては、イギリスに政治的な譲歩をさせようとした、第一次世界大戦前におけるドイツによる戦艦建造がある。対象は、優先順位なく、一般市民、産業、および軍隊の全てとなる。抑止の成功は何も起こらないことであるのに対し、強要は成功すれば相手の行動の変化が現れるので認識しやすい。他方で、強要が抑止よりも実現困難なのは、相手の圧力に屈して行動を変化させたことが分かり屈辱的と感じさせるからである。強要は、防衛的理由から正当化し得る。

第4の目的となる**示威**（swaggering）とは、軍事演習などにおける自国の軍事力の誇示や最新鋭の兵器の購入・生産による威信の強化のことである。これは常に武力による威嚇という形をとり、他国からすれば脅威となり得るが、特定の対象に向けられるものではない。他国から見て自国の威信が高まれば、自国の防衛、抑止、および強要の能力や外交力が高まることもある。威信は、そのようにさまざまな目的に役立つことや、自尊心などの感情的な側面を有していることから、国際関係に遍在し、かつ、捉えどころがない。

以上が、アートによる軍事力の役割に関する分析であるが、防衛と抑止の区分には別の仕方があることに留意する必要がある。それは、抑止概念に、アートの言う懲罰または報復の威嚇による「抑止」（**懲罰的抑止**）のみならず、

124　第３部　戦略的アプローチ

「防衛」準備による諫止（**拒否的抑止**）も含めることである。そのため防衛概念は、以上の広義の抑止が失敗した場合の対処（武力の行使）に限定される。冷戦時代には、核兵器による懲罰的抑止に焦点が当てられていたため、アートと同じ概念整理が広く使われていた。現代では、通常兵器による拒否的抑止の重要性が増して、広義の抑止概念（懲罰＋拒否）が使われることが多くなっている（本章第Ⅲ節参照）。


## Ⅱ　日本の防衛体制

　本節では、日本の防衛体制について、平和国家としての基本方針、防衛政策の体系、および防衛力の役割といったテーマを取り上げる。


### 1　平和国家としての基本方針

　戦後の日本は、「**平和国家**」という国家アイデンティティを堅持してきた。平和国家という自己認識は、第二次世界大戦における惨禍への反省と「平和主義の理想を掲げる日本国憲法」に基づいている（1978・82〜2019 年版防衛白書）。国家安保戦略（2013）は、「平和国家」という用語を 5 回繰り返し使っている。例えば、そこには「我が国は、戦後一貫して平和国家としての道を歩んできた。専守防衛に徹し、他国に脅威を与えるような軍事大国とはならず、非核三原則を守るとの基本方針を堅持してきた。」とのくだりがある。これらの平和国家としての基本方針は、序章で紹介した「国防の基本方針」とともに、冷戦期に策定されたものであるが、冷戦が終結してから 30 年以上が経過した現在でも堅持されている。非核三原則については第 10 章で取り上げるので、ここでは専守防衛、「軍事大国とならないこと」、および文民統制の確保という三つの基本方針を簡単に補足しておく。

　第 1 の**専守防衛**は、初めての 1970 年版防衛白書の中で正式に使われ始めた用語である。そこでは、「専守防衛は，憲法を守り，国土防衛に徹するという考え方である」と記述されている。最近の防衛白書では次のように説明されている。「専守防衛とは、相手から武力攻撃を受けたときにはじめて防衛力を行使し、その態様も自衛のための必要最小限にとどめ、また、保持す

る防衛力も自衛のための必要最小限のものに限るなど、憲法の精神に則った受動的な防衛戦略の姿勢をいう」（2019 年版防衛白書，202）。これは、1981 年に参議院予算委員会における大村襄治防衛庁長官の答弁の中で表明された定義である。

　第 2 の**「軍事大国とならないこと」**という原則は、**福田赳夫**首相（自民党、任 1976〜78）が 1977 年にマニラで表明した東南アジア外交三原則（福田ドクトリン）の一つでもあったように、冷戦期から継続されてきたものである。中曾根康弘政権は、1987 年 1 月に閣議決定した文書「今後の防衛力整備について」において、防衛費の国民総生産（GNP）比 1％ 枠を廃止する代わりに「他国に脅威を与えるような軍事大国とならないとの基本理念」を明確にした（1987 年版防衛白書，資料 39）。防衛白書の本文の中で「軍事大国とならない」という表現が登場するのは、上記の閣議決定に言及した 1989 年版である。この冷戦終結の頃は、ソ連の脅威が低下する一方で、日本の躍進する経済力がアメリカにとって脅威と感じられていた時期でもあった。

　第 3 の**文民統制**（civilian control）**の確保**は、国家安全保障戦略には言及がないものの、防衛白書では専守防衛、軍事大国とならないこと、および非核三原則とともに、基本政策の一つとして取り上げられている。まず、文民統制は、「民主主義国家における軍事に対する政治の優先、又は軍事力に対する民主主義的な政治による統制」と定義されている。この基本政策の背景には、明治憲法下において、統帥権（最高指揮権）が内閣から独立し、軍部大臣現役武官制がとられ、議会・内閣による軍の統制が不十分だったことへの反省がある。このため、日本国憲法は、国の防衛に関する事務を含む全ての「行政権は、内閣に属する」（65 条）、「内閣総理大臣その他の国務大臣は、文民でなければならない」（66 条 2 項）と定めている。また、自衛隊法では、「内閣総理大臣は、内閣を代表して自衛隊の最高の指揮監督権を有する」（7 条）一方、防衛大臣は「自衛隊の隊務を統括する」（8 条）こととされた。そして、内閣には、日本の安全保障に関する重要事項を審議するために国家安全保障会議が設置されている。さらに、国民を代表する国会が自衛隊を法律・予算の面から統制し、防衛出動などの承認を行うことになっている。

126　第3部　戦略的アプローチ

## 2　防衛政策の体系

　日本の防衛政策は、国家安保戦略の下、防衛計画の大綱、中期防衛力整備計画、および年度予算と体系化されている。以上の政府文書は年度予算を除き、2013年以降、国家安全保障会議と閣議で決定されることになっている。

　まず、「**防衛計画の大綱**」（本書では「**防衛大綱**」または「**大綱**」という）である。それは、「防衛のあり方と保有すべき防衛力の水準を規定」（2017年版防衛白書、下線は原文）したものである。日本政府は、1976（昭和51）年に初めての防衛大綱を策定した。この51大綱は、「内外諸情勢が大きく変化しない限り、今後のわが国における防衛力の整備、維持及び運用［防衛のあり方］の基本的方針となり、自衛隊の管理、運営の準拠となるもの」であった（1977年版防衛白書，47）。

　その後、これまで5回、1995（平成07）年、2004（平成16）年、10（平成22）年、13（平成25）年、および18（平成30）年に策定されている。冷戦終結後の07大綱、16大綱、そして22大綱は、「我が国の安全保障の基本方針」も含むようになった。さらに、16大綱と22大綱では、「安全保障の目標」も明記された。これらの内容が国家安保戦略（2013）に発展的に引き継がれた。25大綱と30大綱については、国家安保戦略を踏まえて策定されている。また、同戦略と同じく「おおむね10年程度の期間を念頭に置いている」。

　冷戦期に採択された51大綱で注目すべきは、**基盤的防衛力構想**を採用したことである。その概要は次のとおりである。

> わが国が保有する防衛力については、①防衛上必要な各種の機能を備え、②後方支援体制を含めてその組織および配備において均衡のとれた態勢をとることを主眼とし、③これをもって平時において十分な警戒態勢をとりうるとともに、④限定的かつ小規模な侵略までの事態に有効に対処することができ、⑤さらに情勢の変化が生じ、新たな防衛力の態勢が必要とされるに至ったときには、円滑にこれに移行できるよう配慮されたものとする。（2019年版防衛白書，210）

「防衛力の存在」を重視する基盤的防衛力構想は、冷戦終結後も「基本的に踏襲」（07大綱）[1]、「有効な部分は継承」（16大綱）するとされた。しかし、

2010 年代になると「防衛力の運用」を重視する**動的防衛力**（22 大綱、本章第Ⅲ節参照）や、それを発展させた陸海空の自衛隊の統合運用を強化する**統合機動防衛力**（25 大綱）、**多次元統合防衛力**（30 大綱、本書第 12 章参照）という新しい概念が採用されるようになった。

次に、「防衛大綱で示された防衛力の目標水準の達成」を目的として 1985 年以降策定されているのが、「**中期防衛力整備計画**」（以下「**中期防**」という）である。それは、「5 年間の経費の総額（の限度）と主要装備の整備数量を明示」（2017 年版防衛白書，下線は原文のまま）している [2]。

最後の**年度予算**は、「中期防を事業として具体化したものであり、情勢などを踏まえて、年度毎に必要な経費を計上するものである」。なお、防衛関係費は、1997 年度に 4 兆 9,414 億円でピークに達した後、横ばい傾向に転じた。そして、2003 年度からは、政府の財政悪化もあり、10 年連続して対前年度比でマイナスとなった。それが、2013 年度から増加傾向に転じている（2003 年版・2017 年版防衛白書）。

### コラム 7-1　アメリカの防衛政策の体系

　アメリカの防衛政策は、国防省で策定されている。NSS 報告の下位に位置付けられる戦略文書として、国防長官が公表する「**国家防衛戦略**」（**NDS**: National Defense Strategy）や、統合参謀本部議長が示す「**国家軍事戦略**」（**NMS**: National Military Strategy）がある。これらの戦略文書は、国力の諸要素のうち、国防省が担当する軍事力に焦点を当てている。さらに、国防長官は、1997 年以降、「**4 年ごとの国防計画の見直し**（**QDR**: Quadrennial Defense Review）**報告**」という文書も公表している。こちらは、「次の 20 年を見据えた防衛計画を確立するために、国家防衛戦略、兵力構成、兵力近代化計画、インフラ、予算計画、および国防計画と政策に関するその他の要素の包括的検討を行う」ものである（福田 2011, 32）[3]。

## 3　防衛力の役割

　本項では、日本政府が自衛隊の軍事力、すなわち防衛力の役割をどのように見てきたかについて、防衛大綱における記述の変遷から説明したい。まず、51 大綱は、第 1 章「目的及び趣旨」において、防衛力を保持する目的とし

て「侵略の未然防止」と「侵略対処」を強調している。

　　　わが国が憲法上許される範囲内で防衛力を保有することは，一つには国民の平和と独立を守る気概の具体的な表明であるとともに，直接的には，日米安全保障体制と相まって，わが国に対する侵略を未然に防止し，万一，侵略が行われた場合にはこれを排除することを目的とするものであるが，一方，わが国がそのような態勢を堅持していることが，わが国周辺の国際政治の安定の維持に貢献することともなっているものである。

　また、上記の引用文には、防衛力の保持が、侵略の未然防止と対処に加え「わが国周辺の国際政治の安定の維持」にも貢献しているとある。さらに、「その防衛力をもって災害救援等を通じて国内の民生安定に寄与し得るよう配慮すべきものであると考えられる」とあり、災害救援等についても言及している。なお、抑止という用語は、「核相互抑止」と「核抑止力」として使われており、アートの1980年論文と同様、防衛と抑止が区別されている[4]。
　次に、07大綱は、防衛力の役割として次の三つを明確に位置付けた。
　(1) 我が国の防衛
　(2) 大規模災害等各種の事態への対応
　(3) より安定した安全保障環境の構築への貢献
「大規模災害等各種の事態への対応」では、大規模な自然災害、テロリズム、「我が国周辺地域において我が国の平和と安全に重要な影響を与えるような事態」（周辺事態、本書第8章参照）への言及がある。こうした言及は、1994年の朝鮮半島核危機、1995年の阪神・淡路大震災や地下鉄サリン事件の発生を踏まえてのものである。そして、「より安定した安全保障環境の構築への貢献」は、国際平和協力活動・国際緊急援助活動、安全保障対話・防衛交流、軍備管理・軍縮分野における国際協力（本書第9章参照）に分けて記述されている。
　そして、16大綱では、防衛力の役割に関する三本柱は、次のとおり整理された。
　(1) 新たな脅威や多様な事態への実効的な対応
　(2) 本格的な侵略事態への備え

（3）国際的な安全保障環境の改善のための主体的・積極的な取組

本格的な侵略事態の優先度が相対的に低下したことが注目される。また、新たな脅威や多様な事態としては、弾道ミサイル攻撃、ゲリラや特殊部隊による攻撃等、島嶼部に対する侵略、周辺海空域の領空侵犯・武装工作船等、および大規模・特殊災害等の項目が列挙された。なお、この大綱から、抑止という用語が核という用語抜きで使われ始めた。

さらに、22大綱における防衛力の役割は次の三つとなった。

（1）実効的な抑止及び対処

（2）アジア太平洋地域の安全保障環境の一層の安定化

（3）グローバルな安全保障環境の改善

この大綱において、抑止という用語は明確に拒否的抑止という意味でも使われ始めた。16大綱では第2の柱であった本格的な侵略事態への備えは、第1の柱に吸収されさらに優先度は下がった。抑止および対処の対象となる事態としては、サイバー攻撃や複合事態（連続してまたは同時に起こる複数の事態）が追加された。16大綱の第3の柱であった国際的な安全保障環境は、アジア太平洋地域とグローバルなものに分けられた。

基本的に、22大綱における防衛力の役割への見方が、国家安保戦略の「国家安全保障の目標」、25大綱の「防衛力の役割」、30大綱の「防衛の目標」へと引き継がれている。つまり、拒否的抑止、対処としての防衛、および国際的な安全保障環境の改善は、自衛隊という防衛力の役割として日本政府が今日において認識しているものである。


## Ⅲ　抑止の概念と理論

本節では、抑止理論への入門として、抑止と防衛の概念について整理するとともに、限定的な紛争の抑止に関する理論について説明する。

### 1　【発展】抑止と防衛

**グレン・スナイダー**の著作『**抑止と防衛──国家安全保障の理論に向けて**』（Snyder 1961）は、簡潔な抽象的前提から演繹された理論を構築して、本書

10章で取り上げる核抑止の理論とともに**抑止理論の「第2の波」**（1950年末〜60年代初め）となり戦略論の黄金期をもたらした（Jervis 1979）[5]。

スナイダーは、この著作において抑止と防衛の概念を次のとおり規定している（同，3-4；シュナイダー 1973 参照）。まず、**抑止**とは「費用とリスクが予想される利得を上回る見通しを提起することにより、敵が軍事的行為をとることを思いとどまらせること」をいう。軍事力の抑止的価値は、**敵の軍事的行動の可能性を低下させる効果**にある。次に、**防衛**とは「抑止失敗の場合自国が被ると予想される費用とリスクを低下させること」をいう。軍事力の防衛的価値は、**領土を守る拒否能力**と**戦争の損害を緩和する能力**の二つにある。つまり、抑止は主に平時に敵の意図に働きかけることであるのに対して、防衛は戦時に敵の損害・剥奪能力を低下させることである。

ちなみに、日本の国家安保戦略（2013）も国家安全保障の目標について抑止と防衛の区別を同様に行っている。「第1の目標は、我が国の平和と安全を維持し、その存立を全うするために、必要な抑止力を強化し、我が国に直接脅威が及ぶことを防止するとともに、万が一脅威が及ぶ場合には、これを排除し、かつ被害を最小化することである」（同，4）。

スナイダーは、抑止の論理として、抑止される側（抑止対象国）のリスク計算に着目する。抑止対象国は、意図する冒険的試みのありそうな費用と利得を計算する際、次の四つの要因を考慮するという。すなわち、（1）戦争目的の評価、（2）抑止する側（抑止国）による対処の結果、自国が被りそうな費用、（3）抑止国による対処の蓋然性、および（4）各対処につき目的を達成する蓋然性、である。

本章第I節の最後において言及したとおり、スナイダーは、抑止概念について懲罰的なものと拒否的なものとに区別した。**懲罰的抑止**（deterrence by punishment）は、主に戦略核兵器などによる懲罰により、抑止対象国が被ると予期し得る代価を上昇させて、同国が軍事的行為をとることを思いとどまらせることである。抑止国の懲罰能力は、抑止対象国における上記の第2要因に影響を与える。

他方で、**拒否的抑止**（deterrence by denial）とは、抑止対象国に領土的利得を拒否する能力を抑止国が示すことにより、抑止対象国の利得（領土目的

達成）の公算を低下させて、抑止対象国が軍事的行為をとることを思いとどまらせることである。抑止国の拒否能力は、抑止対象国における上記の第4要因に影響を与えるのである。

スナイダーによれば、抑止国が拒否能力を十分に持っている場合は、拒否的抑止における威嚇の信憑性は比較的高い。それは、抑止国にとって、拒否的抑止は懲罰的抑止に比べて低費用であり、かつ抑止失敗の場合の侵略拒否に効果的であるからである。懲罰的抑止では、抑止対象国による抑止国の意図の評価が重要になるのに対して、拒否的抑止では、抑止対象国は抑止国の能力で評価することになる。このため、拒否的抑止の威嚇の方が抑止対象国にとってずっと計算しやすいことになる。しかし、抑止国が拒否能力を十分に持っていない場合は、拒否的抑止における威嚇の信憑性は低くなる。それは、抑止対象国の利得の公算を低下させることが期待できない一方、十分な拒否能力を整備するには多額の資金を必要とするからである。

## 2 【発展】限定的な紛争の抑止

アレクサンダー・ジョージとリチャード・スモークの共著『アメリカ外交政策における抑止』（George and Smoke 1974）は、抽象的で演繹的な「第2の波」の抑止理論の問題点を指摘した上で、具体的な歴史上の事例から帰納された理論の構築を目指した「第3の波」（1970年代）の中核をなす著作である（Jervis 1979）。

ジョージとスモークは、この著作において、それまであまり研究されてこなかった限定的な紛争の抑止（より正確には抑止の失敗）に焦点を当てた。ここでは彼らの提唱する着手（initiation）理論（George and Smoke 1974, 第17章）を紹介したい。ここで言う着手理論とは、抑止対象国が抑止に反する行動に着手しそうな条件について説明するものである。それは、抑止国の行動が原因となって抑止対象国の行動結果に影響を与えるという因果関係の部分的な理論となっている。

ジョージとスモークは、多くの抑止の結果に影響する条件を指摘しているが、特に重視しているのが次の二つである。

・第1条件：**抑止国のコミットメント**についての抑止対象国の見方

・第2条件：リスクの**計算可能性・制御可能性**についての抑止対象国の
　　　　　見方

　次にジョージとスモークが行っているのは、抑止失敗のパターンを三つの類型に整理することである（同，第18章）。これらの類型は、上記**二つの条件**の異なる組み合わせから、抑止対象国が計算するリスクのタイプが決まり、それが着手（抑止失敗）のタイプに影響を与えるという考えに基づいている。

　抑止失敗の第1のパターンは、**既成事実化**（fait accompli）という。この類型では、抑止対象国が（1）抑止国のコミットメントはない、（2）選択肢のリスクは計算可能、制御可能と認識している条件の下で、早急に片を付けようと強力に試みるのが最善策と計算すると考えられている。歴史上の具体例は、1950年の北朝鮮の韓国への侵攻である。

　抑止失敗の第2のパターンは、**限定的詮索**（limited probe）という。この類型では、抑止対象国が（1）抑止国のコミットメントは不確実、（2）選択肢のリスクは計算可能、制御可能と認識している条件の下で、制御された限定的な武力行使により抑止国のコミットメントの程度を明確化させるのが最善策と計算すると考えられている。詮索は限定的であり、可逆的または拡大可能なものである。歴史上の具体例は、アメリカがコミットメントを明確にする前の1953-54年の第1次台湾海峡危機と1958年の第2次台湾海峡危機である。

　抑止失敗の第3のパターンは、**制御された圧力**（controlled pressure）という。この類型では、抑止対象国が（1）抑止国のコミットメントは確実だが柔軟、（2）選択肢のリスクは計算可能、制御可能と認識している条件の下で、注意深く圧力をかけるのが最善策と計算すると考えられている。制御された圧力の目的は、抑止国に、コミットメントの実施が困難で受け入れがたいリスクを伴うと納得させることと、抑止国のコミットメントを弱めさせることである。制御された圧力の戦術としては、係争地の封鎖、外交的威嚇と対抗的抑止、係争地における抑止国の権利の段階的制限（サラミ戦術）がある。歴史上の具体例は、アメリカがコミットメントを明確にした後の第1次と第2次台湾海峡危機である。なお、抑止戦略というのは、非軍事的な選択肢に対しては望ましい目標を達成することはずっと困難になる。

第 7 章　自国の防衛体制　133

コラム 7-2　日本の動的抑止力

　現代においても蓋然性が低下していない既成事実化や限定的詮索に対する拒否的抑止力を高めるために、2010 年の 22 大綱は**動的抑止力**の概念を採用している。

　防衛力を単に保持することではなく、平素から情報収集・警戒監視・偵察活動を含む適時・適切な運用を行い、我が国の意思と高い防衛能力を明示しておくことが、我が国周辺の安定に寄与するとともに、抑止力の信頼性を高める重要な要素となってきている。このため、装備の運用水準を高め、その活動量を増大させることによって、より大きな能力を発揮することが求められており、このような防衛力の運用に着眼した動的な抑止力を重視していく必要がある。

　22 大綱は、以上のような考え方に基づき**動的防衛力**の構築を防衛計画の中核に据えている。

◆注
1)　直接侵略事態におけるアメリカとの協力についての記述が変化している。51 大綱にあった「限定的かつ小規模な侵略については，原則として独力で排除する」との表記はなくなった。
2)　防衛大綱と中期防については策定直後の防衛白書を参照。1995（平成 7）年以降の文書については、防衛省のウェブサイト（https://www.mod.go.jp/j/approach/agenda/guideline/）からも入手可能。
3)　アメリカの国家防衛戦略（NDS）・国家軍事戦略（NMS）の一部は、ウェブサイト「国家安全保障戦略アーカイブ」（http://nssarchive.us/）から入手可能である。また、4 年ごとの国防計画の見直し（QDR）については、アメリカ国防省のウェブサイト（https://dod.defense.gov/News/Special-Reports/QDR/）から入手できる。
4)　坂田道太防衛庁長官の私的諮問機関として 1975 年に設けられた「防衛を考える会」における討議について事務局がまとめた報告書には、次のとおりの記載がある。「“抑止力”という概念は、核兵器が中心になっている軍事力で、相手に恐怖を与えることによって、行動を思い留まらせる力を意味している。わが国は、この“抑止力”を日米安保体制に依存している」（防衛を考える会事務局編 1975, 42）。
5)　第 1 の波は、広島と長崎への原子爆弾の投下で始まった核時代の最初の数年に出現した。この時期の代表作であるバーナード・ブローディ編『絶対兵器（Absolute Weapon)』（Brodie ed. 1946）は、核兵器が示唆することに関する優れた洞察を示し、将来の研究にとっての基礎を築いた。

**文献案内**

I　国際政治における軍事力
- ローレン，ポール・ゴードン，ゴードン・A・クレイグ，アレキサンダー・L・ジョージ『軍事力と現代外交―現代における外交的課題』木村修三ほか訳，有斐閣，2009年［Lauren, Paul Gordon, Gordon A. Craig, and Alexander L. George. *Force and Statecraft: Diplomatic Challenges of Our Time*, 4th ed. Oxford University Press, 2007］．
- 防衛学会編『新防衛論集』（軍事力の今日的意義）第24巻第3号，1996年12月．
- 国際安全保障学会編『国際安全保障』（先制・予防攻撃について）第31巻第4号，2004年3月．

II　日本の防衛体制
- 防衛省（庁）編『日本の防衛―防衛白書』各年．
- 田中明彦『安全保障―戦後50年の模索』読売新聞社，1997年．
- 信田智人『冷戦後の日本外交―安全保障政策の国内政治過程』ミネルヴァ書房，2006年．
- 柴山太『日本再軍備への道―1945〜1954年』ミネルヴァ書房，2010年．
- 佐道明広『自衛隊史論―政・官・軍・民の60年』吉川弘文館，2015年．
- 松村昌廣『米国覇権の凋落と日本の国防』芦書房，2015年．
- 河野康子，渡邉昭夫編『安全保障政策と戦後日本1972〜1994―記憶と記録の中の日米安保』千倉書房，2016年．
- 田村重信編『日本の防衛政策』第2版，内外出版，2016年．
- 国際安全保障学会編『国際安全保障』（統合運用をめぐる諸問題）第34巻第4号，2007年3月；（「防衛計画の大綱」の多角的研究）第44巻第3号，2016年12月．

III　抑止の概念と理論
- 柳澤協二ほか『抑止力を問う―元政府高官と防衛スペシャリスト達の対話』かもがわ出版，2010年．
- 植木千可子『平和のための戦争論―集団的自衛権は何をもたらすのか？』筑摩書房，2015年．

# 第8章　同盟の形成と管理

## はじめに

　本書第3章で、古代ギリシアのペロポネーソス戦争を分析した古典、トゥキディデス著『戦史』を紹介した。この戦争は、紀元前5世紀に、アテーナイ（アテネ）を中心とするデロス同盟と、ラケダイモーン（スパルタ）を中心とするペロポネーソス同盟との間で起きた。

　ペロポネーソス戦争の最初の引き金は、ペロポネーソス同盟に属するコリントス軍とデロス同盟に新たに加わったケルキューラ軍が戦った海戦に、アテーナイ軍が巻き込まれたことであった（同，第46-第55章）。トゥキディデスの分析によれば、そもそもアテーナイが前433年にケルキューラと防衛同盟を結んだのは、勢力均衡のためであった（同，第31-第45章）。ギリシアの北西に位置する島（コルフ島）のケルキューラは、海軍を増強していたコリントスに対して脅威を感じた。そこで、それまでの非同盟政策を放棄して、同盟関係を求めてアテーナイに使節を送った。そのケルキューラ使節がアテーナイの民議会で強調したのは、アテーナイの利益、特に勢力均衡の論理に基づくものであった。

　　ギリシアには、海軍の名に値するものはただ三つ、諸君ら、われら、コリントス人、各々の所有するもの以外には無い。若し諸君が、その二つが合体するのを黙過し、コリントス人がまずわれらを先に併合することになれば、諸君はケルキューラとペロポネーソスの合同海軍を同時に敵にまわして海戦をいどまねばならぬ。だがわれらの要請をいれれば、われわれの船隊の数だけ味方は優勢となり、これをひきいて敵と勝敗を決することができる。（同，第36章）

アテーナイも、こうした勢力均衡上の利益とケルキューラの戦略的位置の観点から、同国との同盟を決定した。

136　第３部　戦略的アプローチ

　本章は、戦略的アプローチの一つとして同盟を取り上げる。以下、第Ⅰ節では、同盟の概念について議論する。第Ⅱ節では、日米同盟について考察する。そして、第Ⅲ節では、同盟に関する理論について紹介する。


# Ⅰ　同盟の概念

　本節では、同盟の概念の紹介として、同盟の定義、勢力均衡の手段としての同盟、および同盟政策のトレードオフについて取り上げる。

## 1　同盟の定義

　同盟の定義には、少なくとも広義、狭義、およびその中間の三つがある。まず、広義の定義は、「二カ国以上の主権国家間の安全保障協力の公式または非公式な約束」というものである（Walt 1997, 157）。この定義では、協力の内容は軍事面に限定されない。次に、軍事面に限定される、中間的な定義は、「二国以上の主権国家の間における相互の軍事援助の約束」である（Wolfers 1968, 268）。この定義は、集団安全保障も含む。最後に、狭義の定義は、「**特定の状況において外部のアクターに対して相互の軍事支援をする約束**」である（Walt 1997, 157）。本書では、第５章で取り上げた集団安全保障と区別するために、基本的に狭義の定義を採用する。

　第二次世界大戦後に締結された同盟条約には、例えば**北大西洋条約**（1949 年調印）や**アメリカ合衆国と大韓民国との間の相互防衛条約**（1953 年調印、以下「**米韓相互防衛条約**」という）がある。北大西洋条約は「ヨーロッパ又は北アメリカにおける一又は二以上の締約国に対する武力攻撃」（5 条）、米韓相互防衛条約は「いずれかの締約国に対する太平洋地域における武力攻撃」（3 条）が発生した場合の相互防衛を約束している。なお、両条約とも、前文において**集団的防衛**（collective defense）という用語も使っている。

　ここで、**アーノルド・ウォルファーズ**が『**対立と協調―国際政治に関するエッセイ**』（Wolfers 1962, 181-189）において行っている集団的防衛と集団安全保障の区別を紹介する。まず、両者とも、孤立とは反対の協調（collaboration）、すなわち通常は将来の軍事的支援の相互的な約束（同盟の中間的な

第 8 章　同盟の形成と管理　137

表 8-1　集団的防衛と集団安全保障

|  | 対象 | 地理的限定 | 関連項目 |
|---|---|---|---|
| 集団的防衛 | 特定の脅威国 | あり | 同盟、集団的自衛 |
| 集団安全保障 | 侵略行為をした全国家同盟国・友好国を含む | なし | 国際連盟・国連 |

出典：Wolfers（1962, 181-189）を参考にして筆者作成

定義）に該当する。よって、被攻撃者は自国の防衛力が他国の力により補完されることを期待するという類似性がある。

　しかし、集団的防衛と集団安全保障は、概念上、意図と行動様式の双方で異なる。集団的防衛では、特定の脅威国を対象とするとともに、共同で対処することになる地域を限定しておく。他方で、集団安全保障では、侵略行為をした全国家（同盟国・友好国を含む）が対象となり、対象地域の地理的限定もない。

　西側諸国にとっては、集団的防衛と集団安全保障が調和するとの考えが強かった。第 1 に、法的側面から言えば、集団安全保障に関する国連憲章第 7 章の中で、集団的防衛を正当化する「**集団的自衛**（collective self-defense）の固有の権利」（51 条）が規定されている。第 2 に、語義的側面から言えば、集団的（collective）という共通の単語を使っている。第 3 に、歴史面から言えば、国際連盟や国連で集団安全保障を導入した時期（1919〜56 年）においては、非民主国家が集団安全保障の対象となったことから、西側の民主主義国家から見れば、偶然にも集団的防衛の対象と変わらなかった[1]。以上が、集団的防衛と集団安全保障との関係に関するウォルファーズの議論である。それに基づき両者の違いをまとめたものが表 8-1 である。

## 2　勢力均衡の手段

　本書第 2 章では、**ハンス・モーゲンソー**が『**国際政治**』（1998／原著第 5 改訂版 1978）の第 12 章において論じている勢力均衡の諸方法を紹介した。その方法の一つである同盟に関するモーゲンソーの議論の概要は、以下のとおりである。

　同盟は、勢力均衡の「必然的機能」である。同盟政策には、味方側の強化

と敵側の弱体化の方法がある。同盟政策は、（集団安全保障が依拠している）法や道義という**原則**ではなく、自国にとって得か損かという**便宜**（私利）の論理に基づいて実施される。同盟諸国を結びつけているものは、利益の共有である。国益を基礎とする勢力均衡は、道義的・法的義務の尊重に基づく集団安全保障とは異なるのである。

しかし、利益を共有しているだけでは、条約に基づく公式な同盟は生まれない。第二次世界大戦の開始まで、アメリカとイギリスは、同盟を締結しなかった。その理由としては、ヨーロッパの勢力均衡の保持という両国の共通利益が自明であったことと、共通の脅威となる、勢力均衡を脅かす国家を事前に設定することができなかったことを指摘できる。

同盟が必要になってくるのは、(1) 敵の存在が明確であり、かつ (2) 協力の目的や政策、それに地理的領域において共通の利益が不明確である場合である。同盟条約は、応援義務発生事由の規定などにより、目的や政策、それに地理的領域を限定し、共通の利益を明確化するものである。

イデオロギー的な同盟も存在するが、必ず共通の利益に基づいている。同盟の核心は、勢力均衡の維持という共通の利益である。そのため、「物質的利益に関係のない、純粋にイデオロギー的な同盟は死産せざるを得ない」。ここでイデオロギーとは、「共通の文化、政治制度、および理想」または「哲学的・政治的・道義的な信念」という意味である（同, 197, 106）。

イデオロギーは、同盟を強めることもあれば、弱めることもある。

> イデオロギー的な要素が現実的な利益の共有に付け加えられるとき、その要素は、道義的確信および情動的な選好を同盟の支持の方向へと糾合することによってその同盟を強化する。イデオロギー的要素はまた、同盟を弱めることができる。それは、同盟が明確にするとされていた共通利益の性質および限界を曖昧にすることによって、さらには、政策と行動の協調程度からいって必ず失望に終わるような期待を増大させることによって、である。(同, 197)

イデオロギー的要素は、同盟にとって両刃の剣となる可能性がある。

勢力均衡が生み出す同盟の形態は、大きく分けて二つある。一つは、優勢な国家による世界支配を阻止するため他国が同盟を形成している場合である。

例えば、17世紀後半においてルイ14世のフランスに対抗してイギリスとオランダが中心になって形成した同盟や、18世紀の終わりから19世紀の初めにかけてナポレオン率いるフランスへの対抗を目的とした同盟、第二次世界大戦時にドイツや日本に対抗した連合国、そして冷戦期にソ連に対抗した西側同盟がある。

　もう一つの同盟の形態は、二つの同盟間での対抗である。すなわち、「そのうちの片方あるいは双方が、帝国主義的目標を追求したり、相手側の連合の帝国主義的野望に対して自陣営のメンバーの独立をまもる」という形態である（同，202）。勢力均衡の黄金時代であった18世紀には、1713年の**ユトレヒト条約**（本書第2章参照）に基づく勢力均衡を維持するために、同盟国の組み合わせがしばしば変わった。同盟再編の柔軟性は、同盟が道義ではなく利益を考慮していたために可能であった。19世紀以降、勢力均衡はヨーロッパ（トルコを含む）の体制からグローバルな体制へと次第に拡大していった。そのプロセスの一つの到達点が第一次世界大戦であった。ヨーロッパが主戦場ではあったが、そこから遠く離れた国々である日本やアメリカも参戦している。

## 3　同盟政策のトレードオフ

　同盟政策には、少なくとも三つの困難な選択がある。一つ目は、新しい脅威に直面した国家は、目標としての安全保障を追加的に高める手段として**軍備と同盟**のどちらを優先するかという選択である。

　**ジェームズ・モロー**は、自らの論文（Morrow 1993）において、軍備か同盟かの選択は、特にそれぞれの国内の政治的費用と国外の安全保障上の利益との比較によって決まると主張している。彼の議論の概要は、次のとおりである。一方で、軍備増強については、増税や徴兵により政府への政治的な支持を低下させるという国内費用がかかる。軍備増強のため軍事に資源を投入する利益が大きくなるのは、特に技術変化が速く、動員が容易な場合である。他方で、同盟形成・強化については、同盟国間の対立する利害の調整という国内費用がかかる。同盟から得られる利益が大きくなるのは、利害対立が少ないため同盟の信憑性が高い場合と、同盟国が強大かつ地理的に重要な場所

に位置する場合である。以上の費用と利益を考慮して、脅威に対して最も効率的な対応となる政策が選ばれる。

モローは、軍備と同盟の別の違いも指摘している。自国の軍備増強は、能力の向上に時間がかかるという短所と、自国の能力なので有事には当てにできるという長所を持つ。対照的に、同盟の形成や強化は、能力の即時の向上が期待できるという長所と、同盟国の意図に依存するので有事には当てにできないという短所を持つという。

二つ目の困難な選択は、目標として**安全保障と自律性**（autonomy）をそれぞれどの程度に追求するかというものである。安全保障と自律性は、トレードオフ、すなわち一方を追求すれば他方を犠牲にせざるを得ない関係にある。

モローは、別の論文（Morrow 1991）において、同盟の利益を安全保障（共通の脅威の抑止・打破）に限定している勢力均衡理論などの**能力集成**（aggregation）**モデル**は不十分であるとして、**自律性と安全保障のトレードオフ・モデル**を提唱している。このモデルでは、非対称的な同盟は、自律性と安全保障の利益を国家に提供できると考える。より強力な同盟国は自律性の利益（他国の政策の支配、他国での基地の利用）を、より弱小な同盟国は安全保障の利益を享受する。国家は、自国の利益を増進する利益と、同盟国の利益を増進する費用の比較により同盟の価値を評価するとしている。1815 年から 1965 年までの 164 の同盟の統計分析に基づいて、モローは、自律性と安全保障のトレードオフ・モデルの方が、同盟国がいずれも自律性を犠牲にして安全保障を追求している対称的な同盟という特殊なケースのみを扱う能力集成モデルよりも説明力が高いと主張している。

同盟政策における三つ目の困難な選択は、二つ目と関連するが、どの程度に同盟に関与（コミット）するかというものである。この選択が困難なのは、**同盟のジレンマ**、すなわち、見捨てられの恐怖と巻き込まれの恐怖の間で、一方の恐怖の緩和が他方の恐怖の深刻化をもたらすからである（Snyder 1997）。一方で、**見捨てられ**（abandonment）とは、同盟の廃止、軍事援助の約束の事前取り消しや不履行、同盟国への外交上の支持回避などを指す。これは代替的なパートナーが存在する多極構造において、顕著となる。見捨

てられるのを回避するためには、同盟への関与の強化が必要である。他方で、**巻き込まれ**（entrapment）とは、自国が共有しない同盟国の利益をめぐっての戦争に巻き込まれることである。敵対国への予期しない攻撃、敵対国が攻撃するように仕向ける挑発、危機に直面した交渉における頑固な態度などによって発生する。巻き込まれのリスクは、自国と同盟国との利益の共有度などによって影響を受ける。巻き込まれるのを回避するには、同盟への関与を弱める必要がある。


## II　日米同盟

　本節では、日米同盟について、日米安保条約、日米安保体制の同盟化、および 1990 年代後半以降の展開を見ていく。

### 1　日米安保条約

　日本は、1951 年 9 月に**サンフランシスコ講和会議**で、連合国のうちアメリカをはじめとする自由主義陣営の諸国のみと平和条約を結んで、翌年 4 月に主権を回復して独立することとなった。また、同日に、**日本国とアメリカ合衆国との間の安全保障条約**（以下「旧安保条約」という）が締結された。この条約により、「日本国の安全」と「極東における国際の平和と安全の維持に寄与」するために、アメリカ軍の日本駐留が維持されることになった（条文は多田 1982 参照）。アメリカにとって、この条約は、極東の国際秩序を維持するのに資するものであった。しかし、日本側では、旧安保条約は、アメリカの日本防衛義務について不明確であったことや、日本の内乱にアメリカ軍が出動できるとする規定（いわゆる**内乱条項**）を含んでいたことなど、多くの問題を抱えていると認識されていた。そこで安保改定がなされ、1960 年に新たに締結されたのが現行の**日本国とアメリカ合衆国との間の相互協力及び安全保障条約**（以下「日米安保条約」という）である。

　日米安保条約では内乱条項が削除されたが、それ以外の特徴について、ここでモーゲンソー（1998）による同盟の分類から考えてみよう。第 1 に、条約上、両国間で**利益の一致**が見られる。日米安保条約は、前文において

142　第３部　戦略的アプローチ

「両国が極東における国際の平和及び安全の維持に共通の関心を有すること
を考慮し」としている（多田 1982)[2]。ただし、実質的には、日本の利益は
極東より狭い「日本国の安全」に、アメリカの利益はより広い「太平洋にお
ける国際の平和と安全」に力点があった（前田・飯島編 2003, 91-92; 坂元
2000, 248-249)。その点では、**補完的**であったとも言える。

　また、日米安保条約は、旧安保条約とは異なり共通の価値観に言及してお
り、**イデオロギー的**でもある。まず、その前文には「民主主義の諸原則、個
人の自由及び法の支配を擁護すること」が書き込まれた。国連憲章にはない、
民主主義という用語があることが注目される。次に、第２条は、「締約国は、
その自由な諸制度を強化することにより、これらの制度の基礎をなす原則の
理解を促進することにより、並びに安定及び福祉の条件を助長することによ
つて、平和的かつ友好的な国際関係の一層の発展に貢献する」との一文を含
んでいる。つまり、民主的平和論のような考えが日米安保条約にすでに織り
込まれていたのである。

　第２に、日米安保条約は、利得の配分において**相互的**な体裁を取ってい
る（異論については例えば室山 1992, 201-202)。それは「非対称な相互性」、
すなわち「アメリカへの基地提供とアメリカからの安全保障を交換する『物
と人との協力』をその本旨としていた」（坂元 2000, i, 267)[3]。

　日米安保条約は、**第５条**において**日本に対する武力攻撃の場合の共同防
衛**を、**第６条**において**日本によるアメリカ軍への基地の許与**を規定してい
る。

> 　第五条　各締約国は、日本国の施政の下にある領域における、いずれか一方に
> 　　対する武力攻撃が、自国の平和及び安全を危うくするものであることを認め、
> 　　自国の憲法上の規定及び手続に従つて共通の危険に対処するように行動する
> 　　ことを宣言する。
> 　第六条　日本国の安全に寄与し、並びに極東における国際の平和及び安全の維
> 　　持に寄与するため、アメリカ合衆国は、その陸軍、空軍及び海軍が日本国に
> 　　おいて施設及び区域を使用することを許される。

　ただし、相互防衛の地理的範囲が日本の領域（領土・領空・領海、米軍基地

第 8 章 同盟の形成と管理 143

を含む）内に限定されている。すなわち、日米両国の領域を相互に防衛し合うという約束にはなっていない（コラム 8-1 参照）。このように特殊な相互防衛の規定になっているのは、憲法 9 条の政府見解により、日本には「海外派兵」（本書第 1 章参照）が認められていないからである（多田 1982）。他方で、日米安保条約は、前文と第 2 条において政治的・経済的協力についても規定しており、**全般的**なものとなっている。以上のことから、条約の正式名称は、相互防衛条約ではなく、「相互協力及び安全保障条約」となっている。

### コラム 8-1　集団的自衛権の行使についての旧政府見解

　日米安保条約は、その前文において「両国が国際連合憲章に定める個別的又は集団的白衛の固有の権利を有していることを確認し」ている。他方で、同条約には、北大西洋条約や米韓相互防衛条約には明記されている「集団的防衛」という字句が見当たらない。

　日本政府は、1970 年ごろから、集団的自衛権について「国際法上保有、憲法上行使不可」という憲法解釈を取ってきた（佐瀬 2012, 75）。日本政府は、集団的自衛権を「自国と密接な関係にある外国に対する武力攻撃を、自国が直接攻撃されていないにもかかわらず、実力をもって阻止する権利」と定義するとともに、後述するとおり 2014 年 6 月まで、以下の憲法 9 条に関する見解を公表してきた。

　　わが国は、主権国家である以上、国際法上、当然に集団的自衛権を有しているが、これを行使して、わが国が直接攻撃されていないにもかかわらず他国に加えられた武力攻撃を実力で阻止することは、憲法 9 条のもとで許容される実力の行使の範囲を超えるものであり、許されないと考えている。
　　（2013 年版防衛白書, 101）

なお、日本政府は、日本の領域内におけるアメリカ軍への武力攻撃の場合、それはすなわち日本の領土、領海、領空への攻撃でもあるから、日本は、個別的自衛権の発動によって、共同対処できると解釈してきた（前田・飯島編 2003, 100-103）。

## 2　日米安保体制の同盟化

　今日、日本政府は、日米同盟について「一般的には、日米安保体制を基盤

として、日米両国がその基本的価値及び利益をともにする国として、安全保障面をはじめ、政治及び経済の各分野で緊密に協調・協力していく関係を意味する」という広義の定義を採用している（2019年版防衛白書，199）。しかし、日米安保条約が1960年に制定されてから長い間、日米同盟という言葉は公式には使われていなかった。その理由として、そう呼べる実態が存在しなかったことが考えられる。当時の日米安保体制（arrangements）には、日米安保条約の他、日米地位協定などの関連取り決めがあったが、防衛協力に関する政府間の取り決めはなかったのである。

　実態的な日米同盟が整備されたのは、米中接近やベトナム戦争の終結を経た1970年代後半のことである。1975年8月における三木首相と**ジェラルド・フォード**大統領（共和党、任1974〜77）の首脳会談（ワシントン）での合意（共同新聞発表）を受けて、日米両政府は、翌年7月に安全保障協議委員会の下部機構として局長・次官補レベルの防衛協力小委員会を新たに設置した。そこで協議を重ねた結果、「**日米防衛協力のための指針**」（以下「ガイドライン」という）が1978年11月に日米安全保障協議委員会で了承された。

　**1978年ガイドライン**は、三部構成である。それぞれの見出しは、侵略を未然に防止するための態勢、日本に対する武力攻撃（第5条事態）に際しての対処行動等、および日本以外の極東における事態（第6条事態）で日本の安全に重要な影響を与える場合の日米間の協力、となっている。

　同ガイドラインの特徴は、第5条事態に関する記述が多く、第6条事態に関する記述がほとんどないことである。日本に対する武力攻撃が発生した場合、「日本は、原則として、限定的かつ小規模な侵略を独力で排除する。侵略の規模、態様等により独力で排除することが困難な場合には、米国の協力をまつて、これを排除する」と規定された。また、作戦構想の基本については、「自衛隊は主として日本の領域及びその周辺海空域において防勢作戦を行い、米軍は自衛隊の行う作戦を支援する。米軍は、また、自衛隊の能力の及ばない機能を補完するための作戦を実施する」こととなった。自衛隊は盾、アメリカ軍は矛という役割分担である。

　日米防衛協力に関する合意ができてようやく、日米関係に「同盟」という用語が使われるようになった。日本の首相としては公式の場で初めてアメリ

カを「同盟国」と呼んだのは、1979 年 5 月のホワイトハウスでの歓迎会で答辞を述べた大平首相であった（田中 1997, 284）。その半年後、11 月にテヘランでアメリカ大使館占拠事件が発生し、そして、翌月にソ連がアフガニスタンに侵攻した。国際環境に対する両国の認識が大きく変わる中、1981年 5 月の「鈴木・レーガン共同声明」（ワシントン）は、「日米両国間の同盟関係」という表現を首脳レベルの共同文書で初めて使用した（細谷ほか編1999, 1014）。

　冷戦の終結後、日本が直接に武力攻撃を受けない場合の日米防衛協力の範囲が拡大してきた。日本への直接的脅威が低下すると、アメリカ政府は、自国が直接攻撃されない事態での軍事的貢献を日本に求めるようになった（室山 1997, 134）。他方、日本政府も、1990 年代前半の湾岸戦争や朝鮮半島危機を通じて非軍事的貢献の限界を明確に認識して、日本有事以外においても軍事的支援の役割を限定的ながら受容してきた。両国間で、極東よりも広い範囲の「**アジア太平洋地域**」が強調されるようになった。こうした日米安保体制の再定義を象徴するのが、**橋本龍太郎**首相（自由民主党、任 1996～98）と**ビル・クリントン**大統領（民主党、任 1993～2001）の間で 1996 年 4 月に東京において発出された「**日米安全保障共同宣言（21 世紀に向けての同盟）**」である。この共同文書では、「同盟」の語がタイトルを含めて 9 回使われている。

## 3　1990 年代後半以降の展開

　日米安全保障共同宣言での合意を受けて、日米両政府が防衛協力小委員会を中心に検討した結果、新たなガイドラインが 1997 年 9 月に日米安全保障協議委員会で了承された。これにより、日本の周辺事態（第 6 条事態）での両国の軍事的な役割と任務の分担などが初めて合意された。旧ガイドラインでは、「侵略の規模，態様等により独力で排除することが困難な場合に」自衛隊がアメリカ軍の軍事支援を受けることに力点が置かれていた。ところが**1997 年ガイドライン**では、アメリカ軍の活動に対する日本の支援が、従来の日本国内の施設の使用だけでなく、自衛隊による後方地域支援（補給、輸送、整備、衛生など兵站）まで拡大された。日本は、日本有事に至らない周

146　第3部　戦略的アプローチ

辺事態で軍事的な支援を提供することになったのである。同ガイドライン実施の法的整備として、日本は、1999年に周辺事態安全確保法と自衛隊法一部改正法を、そして翌年には船舶検査活動法を制定した。

さらに、2000年代の協議においては、共通戦略目標の確認、日米の役割・任務・能力の検討、および兵力態勢の再編に関する新たな合意に至っている（2009年版防衛白書）。

2014年になって、日本政府は、**集団的自衛権**は憲法上行使できないという、長い間堅持してきた立場を部分的に修正した。同年7月1日の閣議決定**「国の存立を全うし、国民を守るための切れ目のない安全保障法制の整備について」**により、安全保障環境の根本的な変容を理由として、従来の武力行使の三要件に「我が国と密接な関係にある他国に対する武力攻撃が発生し、これにより我が国の存立が脅かされ、国民の生命、自由及び幸福追求の権利が根底から覆される明白な危険がある場合」（以下**「存立危機事態」**という）を追加した（内閣官房2014、本書第1章参照）。存立危機事態における武力の行使は、「我が国と密接な関係にある他国に対する武力攻撃」を契機とする以上「国際法上は、集団的自衛権が根拠となる」が、「憲法上は、あくまでも我が国の存立を全うし、国民を守るため、すなわち、我が国を防衛するためのやむを得ない自衛の措置として初めて許容されるものである」。すなわち、憲法上認められるようになったのは、集団的自衛権の限定的な行使のみである。2015年の**平和安全法制**（本書第9章参照）の整備において、存立危機事態についての規定を導入するため、自衛隊法や有事法制の事態対処法などが改正された。

2013年の**国家安保戦略**を受けて、2015年4月には、三つ目となるガイドラインが日米安全保障協議委員会で了承された。**2015年ガイドライン**の第1の特徴は、第III章「強化された同盟内の調整」において、**同盟調整メカニズム**（ACM）を導入したことである。それは「平時から緊急事態までのあらゆる段階において自衛隊及び米軍により実施される活動に関連した政策面及び運用面の調整を強化する」とともに、「適時の情報共有並びに共通の情勢認識の構築及び維持に寄与する」ものである。

第2の特徴は、第IV章「日本の平和及び安全の切れ目のない確保」にお

いて、「日本に対する武力攻撃を伴わない時の状況を含め、平時から緊急事態までのいかなる段階においても、**切れ目のない形**で、日本の平和及び安全を確保するための措置」について記述していることである。特に注目されるのは、上記の閣議決定を受けて、「日本以外の国に対する武力攻撃への対処行動」というセクションが追加された点である。存立危機事態において、日米両国が協力して行う作戦の例として、アセット（装備品等）の防護、捜索・救難、海上作戦、弾道ミサイル攻撃に対処するための作戦、および後方支援が挙げられた。

　第3の特徴としては、第Ⅵ章「宇宙及びサイバー空間に関する協力」を設け、**宇宙とサイバー空間**を重視していることである（本書第12章参照）。

## Ⅲ　同盟の理論

　本節では、同盟に関する主要な理論として、ネオリアリズムの同盟理論とネオリベラル制度論について説明する。

### 1　【発展】ネオリアリズムの同盟理論

　リアリズムは、同盟の形成を勢力均衡の観点から捉えている。本章第Ⅰ節で取り上げたモーゲンソー著『国際政治』に代表される古典的リアリズムだけではなく、**ケネス・ウォルツ著『国際政治の理論』**（2010／原著1979）に代表されるネオリアリズムも、同様である。ウォルツは、バランシング行動を**対内的努力**（自国能力の強化）と**対外的努力**（他国能力の追加）の二つに分類している（本書第2章参照）。本章と関連する対外的努力では、「国家は2つの連合のうちの弱いほうに加わることを好む」傾向がある（同，167）。天秤を水平にするには、軽い方の皿に分銅を追加しなければならないのと同じである。国際システムのアナーキー構造の下では、国家は、最強国や優勢な陣営にくみすること（便乗または**バンドワゴニング**）はしない。なぜならば、そうすることで、最強国や優勢な陣営をますます強大化させ、自国への将来の脅威を大きくしてしまうからである。他方で、国内システムのハイラーキー構造の下では、自助は必要なく、勝ち馬に乗っても後で「安全が危険にさら

されることがないので、バンドワゴニングが賢明な行動」となる（同，166）。

ウォルツは、多極システムと2極システムのそれぞれにおける同盟の特徴を以下のとおり挙げている。

多極システムにおける同等の国家間の同盟は、同盟関係の柔軟性から生じる、二つの特徴を持っている。第1に、そうした同盟は、安全保障の強化という点において、当てにならない。潜在的に同盟を組める相手が複数存在しているため、同盟の相手国が離反する可能性が高い。「共通の脅威の認識」により同盟が形成されても、同盟国間の「共通の利益は通常、他国に対する恐れという消極的なものである。積極的利益が問題になると，分裂が訪れる」（同，220）。戦時の同盟であっても、構成国は、同盟関係が短命であることを見越して、戦後の相対的な力関係が有利となるように利己的に行動する。そのため、危険への対処の責任を国家は他国に押しつけようとすることもある（いわゆる「**責任転嫁**（buck-passing)」)。

第2に、多極システムにおける同等の国家間の同盟は、政策の自律性を弱めるという特徴を持つ。

> 同盟関係の柔軟性は、口説こうとしている相手の国が別の求愛者のほうを好む可能性があること、そして現在の同盟相手が離反していく可能性があることを意味している。このため、同盟の柔軟性は、政策の選択肢を狭くする。国家戦略は潜在的な同盟相手を喜ばせるか、現在の同盟相手を満足させるものでなければならないからである。（同，218)

同盟の柔軟性が、戦略と政策決定の硬直性を生み出している。

他方で、超大国である二つの国が対峙している2極システムでは、勢力の不均衡は対内的努力によってのみ正すことができる。対外的努力が重要になってくるのは、多極システムのみである。同等でない国家間の同盟が形成されることがあっても、一方で、超大国以外の国家による軍事上の貢献は大きくはない。例えば、北大西洋条約機構（NATO）を「かつてのような同盟ではなく保証の条約と呼ぶ」ことも可能である（同，240）。だが、他方で、超大国である同盟の主導国は、弱小国の離反を恐れないので、弱小国に譲歩

する必要もない。2極システムでは、同盟の主導国は、同盟国に依存しない分だけ、自国の計算と利害に基づき自由に政策を形成することができる[4]。例として、アメリカがイギリスとフランスを統制できた、1956年のスエズ危機が言及されている。

勢力均衡理論の修正版として、**スティーブン・ウォルト**の提唱した**脅威均衡**（balance of threat）**理論**（Walt 1985）がある。同盟形成を促進する脅威の源泉について、勢力均衡理論では、パワーまたは物質的能力の観点のみから考えられている。他方で、脅威均衡理論では、(1) 総合国力（人口、産業・軍事力、技術力）、(2) 地理的近接性、(3) 攻撃的能力、(4) 攻撃的意図という複数の要因が、脅威のレベルに影響を与えると見なされている。特に最後の攻撃的意図については、国家指導者の認識が重視されている。

## 2 【発展】ネオリベラル制度論の同盟理論

リアリズムは、同盟の結束をもたらしているものが共通の脅威である以上、共通の脅威が消滅すれば同盟は解体されると見ている。例えば、ウォルツは、冷戦後の論文（Waltz 1993）で、ソ連の崩壊とワルシャワ条約機構（WTO）の解体により、NATO は数年しかもたないであろうと予測していた。ネオリアリズムによる冷戦後の NATO 短命論は、その後、ネオリベラル制度論（本書第5章参照）の立場から批判された。

例えば、**ロバート・マッカーラ**は、制度論により冷戦後の NATO の持続性をよく説明できると主張している（McCalla 1996）。マッカーラは、制度論を同盟に適用して、NATO をレジームとして捉えている。制度論の中心的な主張は、レジームが、当初の目的より長く続く利益をメンバーにもたらすということである。また、レジームは新規に構築するよりは既存のものを維持する方が安上がりであると考える。以上のことから、冷戦が終結して共通の脅威が消滅しても、加盟国間における幅広い多層的で多面的な関係を有する NATO は、伝統的な軍事同盟とは異なり、冷戦後の新たな安全保障問題への対処にも役立つため存続しているという見解を示している。ただし、マッカーラの議論は、NATO の誕生や冷戦期における持続を説明できるネオリアリズムを否定するものではなく、補完するものである。

150　第３部　戦略的アプローチ

　セレスト・ウォランダーは、制度化された同盟の全てが冷戦終結後も持続しているわけではないことに注目し、資産の特定性という概念からNATOの持続性を説明している（Wallander 2000）。**資産の特定性**（asset specificity）とは、制度の資産（規範・ルール・手続き）が特定の関係、場所および目的のために作られている程度のことである。例えば、西太平洋の海軍基地は、空母よりも特定の資産であると言える。安全保障上の目的から**特定資産**を分けると、意図的な脅威に対する防衛と抑止に関するものと、不安定と不信（安全保障のジレンマ）の問題に対する保証、調停、および紛争予防に関するものがある。他方で、**一般資産**は、透明性や情報提供、協議・決定・実施のための手続きに関連するものである。

　冷戦後の環境へNATOが適応できたのは、一般資産や、不安定や不信に対処する特定資産を持っていたからである、というのがウォランダーの主張である。冷戦期から引き継いだ一般資産としては、加盟国の政府代表が参加する北大西洋理事会（NAC）と文民スタッフ、協議の実践や手続き、ヨーロッパ連合軍最高司令部（SHAPE）、相互運用性、兵站・増援・防空、および共通の経済インフラがある。また、冷戦期から引き継いだ不安定・不信に対処するための特定資産としては、政治・軍事的統合、司令部・部隊の多国籍性、超国家的防衛政策、および民主的文民統制がある。他方で、外的脅威に対処するための特定資産については、冷戦終結後に、その相対的重要度は低下したという。


◆注
1)　1956年のスエズ危機では、民主主義国であるイギリス、フランス、およびイスラエルがエジプトに侵攻した。国連安全保障理事会では、アメリカは、同盟国であるイギリスおよびフランスと対立した。
2)　安保改定の国会審議で「**極東**」の範囲が大きな争点となり、1960年2月26日に衆議院安全保障条約等特別委員会で、**岸信介**首相（自由民主党、任1957～60）は政府の統一解釈を表明した。その統一解釈において、極東の区域については、「大体において、フィリピン以北並びに日本及びその周辺の地域であって、韓国及び中華民国の支配下にある地域もこれに含まれている」と大まかな範囲が示された。他方で、アメリカ側の意向も踏まえ、極東の平和と安全に寄与するため出動するアメリカ軍の行動範囲は、「必ずしも前記の区域に局限されるわけではない」ことも強調された。以上のことから、

「太平洋か極東かという違いは、基本的には日米両国の議会と世論にどう映るかという、いわば見栄えの問題であった」ことが分かる（坂元 2000, 251）。
3) 日米安保条約は、モローの用語を使えば自律性と安全保障の交換から成り立っていると言える。モローによれば、非対称的な同盟は、歴史上、より一般的であり、また持続的でもあるという（Morrow 1991）。
4) なお、ウォルツが注目しなかった**単極システム**では、唯一の超大国にとって、同じレベルの大国との競争がなく、同盟国からの支援の必要性がさらに低下することから、行動の自由が拡大し、単独行動の傾向が現れると考えられる（Walt 2009, 94）。他方で、同盟国にとっては、自由度を増した超大国に対する影響力が低下するとともに、「見捨てられ」と「巻き込まれ」の同盟ジレンマが深刻になると想定される（同，98-99）。

 **文献案内**

Ⅰ　同盟の概念
- 船橋洋一編『同盟の比較研究―冷戦後秩序を求めて』日本評論社，2001 年．
- 金子譲『NATO 北大西洋条約機構の研究―米欧安全保障関係の軌跡』彩流社，2008 年．
- 国際安全保障学会編『国際安全保障』（在外米軍の再編）第 33 巻第 3 号，2005 年 12 月；（在外米軍基地の価値と機能再考）第 42 巻第 3 号，2014 年 12 月；（同盟関係の現在）第 44 巻第 1 号，2016 年 6 月；（基地研究の先登）第 47 巻第 3 号，2019 年 12 月．

Ⅱ　日米同盟
- 五百旗頭真編『日米関係史』有斐閣，2008 年．
- 竹内俊隆編『日米同盟論―歴史・機能・周辺諸国の視点』ミネルヴァ書房，2011 年．
- 池宮城陽子『沖縄米軍基地と日米安保―基地固定化の起源 1545-1953』東京大学出版会，2018 年．
- 武田康裕『日米同盟のコスト―自主防衛と自律の追求』亜紀書房，2019 年．
- 板山真弓『日米同盟における共同防衛体制の形成―条約締結から「日米防衛協力のための指針」策定まで』ミネルヴァ書房，2020 年．
- 日本国際政治学会編『国際政治』（日米安保体制―持続と変容）第 115 号，1997 年 5 月；（国際政治のなかの沖縄）第 120 号，1999 年 2 月．

Ⅲ　同盟の理論
- 吉田真吾『日米同盟の制度化―発展と深化の歴史過程』名古屋大学出版会，2012 年．
- 宮岡勲「軍事技術の同盟国への拡散―英国と日本による米軍の統合情報システムの模倣」『国際政治』第 179 号，2015 年 2 月，69-82 頁．

# 第9章　安全保障協力

## はじめに

　18世紀に主にフランスで活躍した哲学者、ジャン＝ジャック・ルソー（1712〜78）の著書『**人間不平等起源論**』（2008／原著1755）は、人間は集団の利益のために協力することを約束しても個人の利益を優先して仲間を裏切ることがあることを、原始社会における**鹿狩りの例え**で説明している。

> 　人間たちは知らず知らずのうちに、相互の約束と、こうした約束を守ることの利点について、ごく曖昧な考え方を身につけていった。ただしそれも約束を守ることによってえられる利点が、明確で目の前にある場合に限られた。まだ彼らは将来を予見することができず、遠い未来のことに心を配ることはなかったのであり、明日のことすら念頭になかったからである。
> 　一頭の鹿を共同で狩りだす作業を考えてほしい。そのためには各人が持ち場を守る必要があることは、誰もが理解していた。しかし誰かの近くを野兎が駆け抜けたとしよう。するとその人は持ち場のことなど気にせずに、野兎を追いかけるに違いない。そして兎を捕らえてしまえば、仲間が獲物を取り損ねたとしても気にもかけないのである。（同, 129-130）

この場合、鹿一頭の分け前の方が兎一羽より大きくても、狩人間に信頼関係がない場合は狩人が兎を追うのは合理的である。なぜならば、自分が鹿狩りに協力して兎を捕らえなければ、他の誰かが兎を追いかけ、鹿を捕らえることができなくなり、自分は兎も鹿もありつけなくなるという最悪の事態に直面するからである。つまり、他者への信頼の欠如が、協力を難しくしているのである。

　鹿狩りの例えの論理は、国家間の関係にも当てはまる。例えば、国際協力による軍縮は鹿の共同捕獲であり、相手への不信感に基づく自国の軍拡は兎の捕獲である。自国にとって軍縮がいくら望ましくても、他国を信頼してい

154　第3部　戦略的アプローチ

ない場合は、自国も軍拡をせずにはいられないということになる。

　本章は、戦略的アプローチの一つとして、本書ですでに取り上げた集団安全保障（第5章）や同盟（第8章）以外の安全保障協力に注目する。以下、第I節では国際社会における安全保障協力の形態について、第II節では日本の国際平和協力活動の発展について、そして、第III節では国際協調の理論について説明する。


# I　安全保障協力の形態

　本節では、国際社会における安全保障協力の形態として、まず平和維持活動の説明を行い、次に多様化した平和活動を見ていく。


## 1　平和維持活動

　冷戦期には、国連の安全保障理事会（安保理）で拒否権を持つアメリカとソ連の対立により、集団安全保障体制は麻痺状態に陥った。国際の平和と安全のため、その代わりに発展してきたのが、**国連平和維持活動**（PKO: peacekeeping operations）であった。なお、その実施部隊である**国連平和維持軍**（**PKF**: peacekeeping force）は、その長年の功績により1988年にノーベル平和賞を受賞している。

　国連の平和維持活動局とフィールド支援局は、「国連PKOの立案・実施担当者の指針」として「現時点での国連平和維持ドクトリンの枠組みで最上位に位置する」『**国連平和維持活動—原則と指針**』（国際連合 2008, 6）という内部文書を作成している。在日の国連広報センターのウェブサイトで公表されている日本語版の第1部「国連平和維持活動の軌跡」から、国連PKOの重要なポイントを紹介する。

　冷戦期におけるPKOは**従来型**と呼ばれている。初めての国連PKOは、安保理の決定により1948年に創設された国連休戦監視機構（UNTSO: UN Truce Supervision Organization）による中東戦争の停戦監視であった。国連憲章の規定に基づくものではなく、当時の状況から考案されたものであった。従来型PKOの任務は、主に国家間の紛争における「停戦または非武装地帯

に関する当事者の公約順守について監視、報告し、違反の申し立てを調査することであった。この任務の遂行により、「各当事者に対し、他方の当事者が停戦を利用して軍事的優位に立とうとすることはないという安心感を与え」、政治的解決に向けたプロセスを促進するための環境を整備することを目的としていた（同, 15）。

国連 PKO の基本原則は、当事者の同意、公平性、および自衛と任務防衛以外の武力不行使の三つである。第 1 に、国連 PKO の展開には、**主たる紛争当事者の同意**が必要である。安保理は、国連憲章第 7 章（平和に対する脅威、平和の破壊および侵略行為に関する行動）に基づき、主な紛争当事者の合意なしに強制行動を決定することもできる。それは、次節で説明する**平和執行**（peace enforcement）活動に該当する。

第 2 に、主たる紛争当事者に対して、**公平性**（impartiality）を維持しなければならない。ここでの公平性とは、特定の紛争当事者を優遇したり差別したりしないことである。この原則は、全ての当事者から距離を置くという意味での**中立性**（neutrality）とは異なる。

第 3 に、**自衛とマンデート（任務）防衛以外の武力不行使**である。国連 PKO が武力を行使できるのは、当初から自衛の場合のみとされてきた。エジプト・イスラエル両軍の間に展開された第 2 次国連緊急軍（UNEF II）に関する 1973 年の事務総長報告に基づき、「自衛という概念には、PKO が安保理から与えられたマンデートによる責務を果たすことを強硬な手段で阻止しようとする試みへの抵抗も含まれるようになった」（同, 21）。

冷戦終結後は、当時増加傾向にあった内戦直後に展開される、新世代の**複合型 PKO** が登場した。このタイプの PKO の中心的機能は、以下のとおりである。

(1) 法の支配と人権を全面的に尊重しつつ、国家の治安維持能力を強化しながら、安全で安定した環境を整備すること

(2) 対話と和解を促進し、正当で実効的なガバナンス機構の確立を支援することにより、政治的プロセスを進展させやすくすること

(3) 国連その他の国際的な主体が国別レベルで、一貫性と調整のとれた形でそれぞれの活動を追求できるようにするための枠組みを提供するこ

156　第３部　戦略的アプローチ

と（同，16）

なお、現在の複合型 PKO では、内戦状況により多数の避難民が発生することから、「身体的暴力の脅威が差し迫った**民間人を保護するマンデート**」が与えられることが多い（同，16）。また、不安定な紛争状態で派遣される PKO について、安保理は、国連憲章第 7 章を援用するようになっている。

## 2　多様化した平和活動

　国連やその他の国際主体が実施している国際の平和と安全のための活動（**平和活動**）には、平和維持の他、いろいろなものがある。『国連平和維持活動—原則と指針』は、それぞれの活動を次のとおり定義している（同，13、太字は原文）。

　まず、紛争が発生する前の活動として、紛争予防がある。

　　**紛争予防**（conflict prevention）とは、構造的または外交的な手段を用いて、国家間または国内の緊張や対立が武力紛争へと発展しないようにすることを指す。理想的には、体系的な早期警報や情報収集、紛争の根源となっている諸要因の慎重な分析を、その土台とすべきである。紛争予防活動の具体例としては、事務総長による「あっせん」、予防的展開、信頼醸成措置などがあげられる。

　次に、紛争が発生した後の活動としては、外交努力を中心とする平和創造と、強制措置を中心とする平和執行がある。

　　**平和創造**（peacemaking）は原則的に、進行中の紛争に取り組む措置を指すが、敵対する当事者を交渉による合意へと導くための外交努力を伴うのが普通である。国連事務総長は安保理あるいは総会の要請に応じ、または自発的に「あっせん」を行って紛争の解決を図ることができる。平和創造は特使、政府、国家グループ、地域機関または国連自体が担当することもある。また、非公式な非政府団体や著名人が独自の和平仲介に乗り出すこともある。
　　**平和執行**（peace enforcement）とは、安保理の承認を受け、武力行使を含む幅広い強制措置を適用することを指す。このような措置は、安保理が平和への脅威、平和の破壊または侵略行為が存在すると判断する事態において、国際の平和と安全を回復することを目的に承認される。安保理は適宜、地域機関に

平和執行措置を委託することができる。

　最後に、主に停戦後に実施される平和維持と平和構築がある。

　　**平和維持**（peacekeeping）とは、いかに不安定であろうとも、戦闘が停止した平和な状態を維持し、和平仲介者が取り付けた合意の履行を助けるための手法を指す。平和維持は長年を経て、国家間の紛争終結後に停戦と兵力の引き離しを監視するという主として軍事的なモデルから進化を遂げ、軍事、警察、文民の多様な要素が連携して、持続可能な平和に向けた基礎の構築を支援するという複雑なモデルを取り入れるようになった。
　　**平和構築**（peacebuilding）とは、国内のあらゆるレベルで紛争管理能力を強化することにより、紛争の発生や再発のリスクを低め、持続可能な平和と開発に向けた基礎を築くための幅広い措置を指す。平和構築は持続可能な平和に必要な条件を整備するという、複雑で息の長いプロセスである。したがって、武力紛争の根深い構造的な原因について、包括的な対策を講じることが主眼となる。平和構築の具体的措置では、社会と国家が機能するために必要な中心的課題に取り組むとともに、国家がその中心的機能を実効的かつ合法的に果たせる能力の向上を目指す。

　紛争予防を除き、平和創造、平和執行、平和維持、および平和構築の間で活動に重なりがある。主に停戦後に行われる平和維持と平和構築については、特にその傾向が強い。**複合型 PKO** は、安保理からのマンデートにより、以下の平和構築活動に貢献することが求められることがある（同，17）。
　○戦闘員の武装解除・動員解除・社会復帰（DDR）
　○地雷対策
　○治安部門改革（SSR）その他の法の支配関連活動
　○人権の保護と促進
　○選挙支援
　○国家権力の回復と拡張への支援

158 第３部　戦略的アプローチ

## II　日本の国際平和協力活動

　本節では、日本の国際平和協力活動の発展について、冷戦終結の頃、1990 年代、および 2000 年代以降の 3 期に分けて説明する。

### 1　非軍事的な国際貢献（冷戦終結の頃）

　1985 年のプラザ合意による円高以降、ドルで表示される日本の経済力が拡大したこともあり、より多くの国際貢献を求める期待が「経済大国」日本にかかってきた。これに対し、**竹下登**首相（自由民主党、任 1987〜89）は、外国訪問の際に、平和のための協力強化、政府開発援助（ODA）の拡充、および国際文化交流の強化を三つの柱とする**国際協力構想**を公表して、「世界に貢献する日本」をアピールした（1988 年版外交青書, 30–32）。平和のための協力強化について、竹下首相は、1988 年 5 月のロンドン市長主催の昼食会におけるスピーチの中で、次のとおり述べている。

> 我が国は平和を国是としており，憲法上も，軍事面の協力を行いえないことはご承知のところであります。しかし，我が国が世界の平和について拱手傍観すべきでないことは申すまでもありません。私は，我が国としては，政治的及び道義的見地から，なしうる限りの協力を行うべきであると考えており，紛争解決のための外交努力への積極的参加，要員の派遣，資金協力等を含む，新たな「平和のための協力」の構想を確立し，国際平和の維持強化への貢献を高めてまいります。（同, 348、下線は筆者）

このスピーチは、今後、日本が国際平和への非軍事的貢献を強化していくとの宣言であった。その後、1988 年 6 月には、国連アフガニスタン・パキスタン仲介ミッション（UNGOMAP）に外務省員 1 名を派遣した。これが日本政府による国連 PKO への初めての要員派遣となった（同, 31）。

　冷戦が終結するや否や、国連による国際の平和と安全の維持のための活動への日本の協力の在り方が問われる事態が発生した。1991 年に中東で起きた**湾岸戦争**である。

　日本は、アメリカから、湾岸戦争への資金協力のみならず軍事的な人的貢

献も求められた。具体的には、掃海艇や給油艦、そしてアメリカ空母ミッドウェーの護衛のための護衛艦の派遣、それに輸送や医療などの多国籍軍への後方支援である。これらの人的貢献への要請に対し、日本政府は、国連決議に基づく PKO や多国籍軍の活動への軍事的な協力を可能にするため、1990年10月に**国連平和協力法案**を閣議決定して、国会に提出した。

　この法案のポイントは、平和協力隊を編成し海外に派遣して平和協力業務に従事させることであった（田中 1997）。平和協力隊は、ボランティアや、自衛隊、海上保安庁などの各省庁からの出向者によって構成されることになっていた。また、平和協力業務としては、停戦監視、行政的助言・指導、選挙監視・管理、輸送・通信、医療活動、救援活動、復旧活動などが列挙されていた。

　国会での審議では、国連平和協力法案の合憲性が問題となった（外岡・本田・三浦 2001）。**中山太郎**外務大臣が 10 月 26 日に衆議院の国連特別委員会で答弁した政府統一見解は、概略次のとおりであった。(1) いわゆる「国連軍」の司令官の指揮下に入りその一員として行動するという意味での「参加」は憲法上許されない。(2)「協力」とは「参加」よりも意味の広い用語で、「参加」に該当しない、組織の外からの支援という形態での「協力」もあり得る。(3) 武力を行使する国連軍に対する協力であっても、その武力行使と一体化しなければ、憲法上許される（朝雲新聞社編 2019, 691-692）。しかし、政府側が武力行使との一体化に関する基準を明確に示せないなど、政府側の準備不足や世論の反対もあり、国会での議論は紛糾し、同法案は 1カ月も経たずに廃案となった。

　湾岸戦争では、日本は、サウジアラビアとクウェートに次ぐ総計 130 億ドルもの財政支援をしたにもかかわらず、外交的には負のイメージしか残せなかった。象徴的なのは、戦後、クウェート政府がアメリカの新聞や雑誌に掲載した感謝の意を表明する広告において、同国の解放に貢献した国家のリストに日本が入っていなかったことであった。このエピソードは、有事における「小切手外交」の限界とともに「人的貢献」の必要性を主張する際によく語られてきたものである。

160 第3部 戦略的アプローチ

## 2 自衛隊による活動の始まり（1990年代）

　冷戦期、自衛隊の本来的な任務は、国土防衛と国内における公共の秩序維持（災害派遣を含む）に限定されていた。それが、湾岸戦争を契機に「人的貢献」の必要性が叫ばれ、自衛隊も、その後少しずつ、国際的な安全保障環境を改善するために国際社会が協力して行う活動（**国際平和協力活動**）に取り組むようになっていく。まずは、1991年の湾岸戦争の直後に海上自衛隊の艦船がペルシャ湾で機雷を掃海したのが、自衛隊初めての海外実任務となった。そして、翌年には、自衛隊による国際平和協力業務と国際緊急援助活動が法的に可能となった。

　**国際緊急援助活動**は、海外の大規模な自然災害に対する協力活動である。1987年の**国際緊急援助隊の派遣に関する法律**（国際緊急援助隊法）を1992年6月に一部改正（19日公布、29日施行）して、自衛隊も従事できるようにした。自衛隊初の国際緊急援助活動は、ホンデュラス共和国におけるハリケーン災害に対する医療部隊と航空輸送部隊の派遣（1998年11月〜12月）である。

　**国際平和協力業務**は、1992年の**国際連合平和維持活動等に対する協力に関する法律**（国際平和協力法、6月19日公布、8月10日施行）に基づく活動である。その協力対象には、国連PKOの他、人道的な国際救援活動や国際的な選挙監視活動が含まれる。国連PKOに対する協力に関しては、「国連平和維持隊への参加に当たっての基本方針（**参加5原則**）」が規定されている。

(1) 紛争当事者の間で**停戦合意**が成立していること。

(2) 当該平和維持隊が活動する地域の属する国及び紛争当事者が当該平和維持隊の活動及び当該平和維持隊への**我が国の参加に同意**していること。

(3) 当該平和維持隊が特定の紛争当事者に偏ることなく、**中立的な立場を厳守**すること。

(4) 上記の原則のいずれかが満たされない状況が生じた場合には、我が国から参加した**部隊は撤収**することができること。

(5) **武器の使用**は、要員の生命等の防護のために**必要な最小限**のものに限られること[1]。(2019年版防衛白書，261、太字は筆者)

また、国際平和協力法では、当面、自衛隊の部隊は、**平和維持隊（PKF)** の本体業務、すなわち武装解除の監視、緩衝地帯などにおける駐留・巡回、検問、放棄された武器の処分などには従事しないこととされた（いわゆる**PKF 本体業務の凍結**）。自衛隊の活動は、後方支援業務（本体業務を支援する医療、輸送、通信、建設など）に限定されたのである。なお、本章第Ⅰ節で言及されているとおり、通常、PKF (peacekeeping force) は平和維持軍と呼ばれているが、日本政府は軍事色を薄めるためか平和維持隊と呼んでいる。

自衛隊初の国際平和協力業務は、国連 PKO については国連カンボジア暫定機構（UNTAC）に対する停戦監視要員と施設部隊の派遣（1992 年 9 月～翌年 9 月）、人道的な国際救援活動についてはルワンダへの難民救援隊と空輸派遣隊の派遣（1994 年 9 月～12 月）であった。

その後、数次にわたる派遣の経験を踏まえ、国際平和協力法は何度か改正された。1998 年の改正により、上官の命令による武器の使用が可能となった。また、2001 年の改正では、自己の管理下の者と武器等の防護のための武器使用も認めて国際基準に近づけるとともに、PKF 本体業務の凍結を解除した。

## 3 自衛隊による活動の拡大（2000 年代～）

新しい世紀になって、日本の国際平和協力活動に、**国際テロ対応のための活動**が付け加わった。アメリカで 2001 年 9 月 11 日に発生した同時多発テロ事件を契機に、アメリカとイギリスは、翌月にアフガニスタンで軍事作戦を開始した。その 3 週間後には、小泉政権は、自衛隊による諸外国の軍隊への協力支援活動、捜索救助活動、および被災民救援活動を柱とする**テロ対策特別措置法**（限時法）[2] を成立させた。諸外国の軍隊による武力行使との一体化を避けるために、1999 年の**周辺事態安全確保法**（本書第 8 章参照）における**後方地域**の考え方を引き継ぎ、自衛隊の活動地域を日本の領域と**非戦闘地域**、すなわち「現に戦闘行為が行われておらず、かつ、そこで実施される活動の期間を通じて戦闘行為が行われることがないと認められる」公海とその上空および外国の領域（その外国の同意がある場合のみ）とした [3]。この法律に基づき、インド洋において海上阻止活動に参加しているアメリカなど

の外国の艦艇に対して、2001 年 12 月初旬には海上自衛隊が燃料と水の補給を開始した。また、同じ頃、航空自衛隊も、国内外で輸送支援を始めたのであった。

　すぐに、日本の国際平和協力活動に**イラク国家再建に向けた取り組みへの協力**も追加された。2003 年 3 月にアメリカとイギリスが今度は国際的に賛否の分かれたイラク戦争を開始した時も、小泉首相はすぐに支持の立場を明確にした。ジョージ・W・ブッシュ大統領が同年 5 月 1 日にイラクにおける主要な戦闘の終結を宣言すると、国連の安保理は、イラク復興支援に関する**決議第 1483 号**を採択した。小泉政権は、7 月に**イラク人道復興支援特別措置法**（限時法）を成立させて、12 月には自衛隊のイラク派遣を決定した[4]。この法律でも自衛隊の活動地域は日本の領域と非戦闘地域に限定された。

　以上のとおり、日本の平和主義は、軍事面での協力を回避する消極的なものから、武力行使や戦闘には直接従事しないがそれ以外の軍事面での協力により平和の維持・強化に貢献する積極的なものに変わりつつあった。こうした傾向を象徴するかのように、自衛隊法の一部改正により、2007 年 1 月には国際平和協力活動は自衛隊の「付随的な業務」から「本来任務」へと位置付けが変更された（いわゆる**本来任務化**）。この流れが、国家安保戦略(2013) の基本理念「**国際協調主義に基づく積極的平和主義**」に至っている。

　そして、2015 年には、**平和安全法制**が整備された。その二本柱の一つである**国際平和支援法**は、国際平和共同対処事態において、自衛隊が**諸外国の軍隊等に対する協力支援活動等**が行えるようにした。ここで**国際平和共同対処事態**とは、「国際社会の平和や安全を脅かす事態であって、その脅威を除去するために国際社会が国連憲章の目的に従って共同して対処する活動のうち、日本が国際社会の一員として主体的かつ積極的に寄与する必要があるもの」と定義されている。国際平和支援法は、限時法であるテロ対策特別措置法やイラク人道復興支援特別措置法（安全確保支援活動の部分）などを恒久法・一般法として整備したものである。いわゆる「武力の行使との一体化」論が修正されて、単に「現に戦闘行為が行われている現場」では実施しないということになった。すなわち、「そこで実施される活動の期間を通じて戦闘行為が行われることがないと認められる地域」という限定はなくなったの

である。

　また、平和安全法制のもう一つの柱である**平和安全法制整備法**により、自衛隊法などの他の法律とともに、**国際平和協力法**も一部改正された。国連PKO については、受け入れ同意が安定的に維持されていることが確認されている場合、いわゆる**安全確保業務**や**駆け付け警護** 5) も実施できるようになった。これらの業務の実施に当たり、自己保存型と武器等防護を超える武器使用が可能となった。また、この改正により、イラク人道復興支援特別措置法のような限時法を立法しなくても、国連が統括しない人道復興支援や安全確保などの活動（**国際連携平和安全活動**）にも参加することができるようになった。

## III　国際協調の理論

　本節では、国際協調の理論への入門として、ネオリアリズム理論の国際協調に対する見解を紹介した上で、初歩的なゲーム理論を紹介する。

### 1　【発展】ネオリアリズムと国際協調

　代表的なネオリアリストである**ケネス・ウォルツ**は、『**国際政治の理論**』(2010) の中で、国際的な無政府状態、すなわち自助システムは、次の二つの観点から自国の安全保障を最優先する諸国家の間での協調を制限すると主張している。第 1 に、相手の将来の意図と行動が不確実な状況において、相手にとってより有利になるかもしれない協調はリスクが高い。国家間の協調によって共通の利益が得られるとしても、他国が相対的により大きな利益（**相対的利得**）を得る場合には、他国がより強大化し、将来における自国の安全保障への危険が高まる。第 2 に、協調行為を通じて他国依存を強めていくことにもリスクがある。非対称的な他国依存は**脆弱性**を生む。他国に依存すればするほど、その関係を一方的に断ち切られることを恐れることになる。そこで、国家は、特定の国家への過度の依存を避ける傾向がある。このため、国家間での分業は難しく、自給や自助を目指すことになる（本書第 6 章参照）。

　他方で、ウォルツは、大国間の競争が低下する場合には、**絶対的利得**が重

要となることを認めている。大国間の競争が低下するのは、(1) 相互核抑止（第2撃核戦力）などで大国間の勢力均衡が安定していることと、(2) 少数の超大国とその他の国との間に国家能力で大きな差があること（2極構造）、という二つの条件を満たす場合であるという。1970年代のアメリカのような「恵まれた立場にある国は、たとえ他国が極端に多くの利益を得たとしても、率先して公共努力を行ったり、それに協力することもあるのである」と述べている（同, 259）。

## 2 【発展】ゲーム理論と利得構造

**ケネス・オイ**は、論文「無政府状態の下での協調の説明─仮説と戦略」(Oye 1985) の中で、無政府状態の下での協調は、(1) どのような状況のときに可能か、(2) 状況を変えて協調を促進するのに、国家はどのような戦略を取るか、という二つの問いに取り組んでいる。オイは、これらのテーマについて、無政府状態の下で国家間協調が発生する三つの状況的要因に分けて概説している。

一つ目の状況的要因は、**利得構造**である（Jervis 1978 も参照）。利得構造 (payoff structure) とは、ゲーム理論で使われる用語である。2国間関係の協調 (C: cooperation) と裏切り (D: defection) を考えると、**相互協調** (CC) と**相互裏切り** (DD) の選好と、**一方的裏切り** (DC) と**一方的協調** (CD) の選好の組み合わせを意味する（括弧内のアルファベット2文字は、左側が自国の行動を、右側が相手国の行動を示す）。意識的な政策調整である**協調**が必要になるのは、相互協調の方が相互裏切りよりも望ましく（CC＞DD）、かつ、一方的裏切りの方が一方的協調よりも望ましい（DC＞CD）場合、すなわち相互協調は望ましいが自然にはなされない状況である。例としては、軍拡競争を挙げることができる。**行き詰まり**（DD＞CC）や**調和**（CD＞DC）の場合、協調は必要ない。

CC＞DD と DC＞CD の組み合わせから三つのゲームが考えられている。一つ目の「**囚人のジレンマ**」ゲームは、次の状況を指している。2人の囚人には重大な罪の疑いがあるが、当局は軽い罪で有罪判決にできる証拠しか持っていない。どちらの囚人も相手を裏切らなければ、両者とも軽い処罰、禁

固2年（CC）となる。しかし、もし1人の囚人が裏切りもう1人が黙秘となると、裏切り者は自由放免（DC）になり、黙秘していた者は非常に重い処罰、禁固10年（CD）となる。両者が裏切る場合は、どちらも中程度の処罰、禁固5年（DD）となる。

　以上のことから、各囚人の優先順位（利得構造）は、「自由放免（DC）＞軽い処罰（CC）＞中程度の処罰（DD）＞重い処罰（CD）」である。左半分（DC＞CC）は相手が協調する場合でも自分は裏切りを選ぶことを、右半分（DD＞CD）は相手が裏切る場合、自分も裏切りを選ぶことを示している。すなわち、相手の出方にかかわらず裏切りとなり、相手も同じ論理で裏切りを選ぶことから、結果は相互裏切り（DD）となる。それは、ここから一方的に動くと損をする状態（DD＞CD）、すなわち**ナッシュ均衡**となっている。しかし、相手を犠牲にすることなく状況を改善できる余地のない状態、すなわち**パレート最適**とはなっていない（CC＞DD）。裏切りという個人的な合理的行為が全体としては相互裏切りという次善の結果をもたらしている。

　「**鹿狩り**」ゲーム（本章冒頭参照）では、囚人のジレンマよりも協調は起こりやすい。その利得構造は、「2人の狩人で協調して鹿1頭を捕まえる（CC）＞鹿を諦めて兎1羽を追いかけて捕まえる（DC）＞鹿を諦めて兎1羽を追いかけるがもう1人が兎1羽を捕まえる可能性がある（DD）＞鹿も兎も捕まえられない（CD）」である。この利得構造では、囚人のジレンマにおける左半分の選好の順位が逆、CC（鹿）＞DC（兎）になっている。相手が協調するだろうと期待する場合は協調を選ぶ。

　「**チキン（臆病者）**」ゲームでも、囚人のジレンマよりも協調は起こりやすい。このゲームは、2人の運転手が反対方向から道路を走ってきてどちらが先にハンドルを切るか度胸試しをするという設定に基づいている。このゲームの利得構造は、「相手のみがハンドルを切る（DC）＞両者ともハンドルを切る（CC）＞自分のみがハンドルを切る（CD）＞両者ともハンドルを切らない（DD）」である。この利得構造では、囚人のジレンマにおける右半分の選好の順位が逆、CD（臆病者のレッテル）＞DD（正面衝突）になっている。相手が協調しないと予期する場合は協調を選ぶ。

　利得構造を変更する戦略には、一方的に行うものや、2国間で行うもの、

166　第３部　戦略的アプローチ

および多国間で行うものがある。一方的戦略は、自らの一方的裏切り（DC）で搾取することの利益や、自らの一方的協調（CD）で搾取されることの費用を削減する。例としては、同盟国への自国の兵士の配置や、防御的兵器の調達などである。２国間での戦略は、相手国の理解や考え方を変えるようにすることである。例えば、1970年代初めの第１次戦略兵器制限交渉（SALT: Strategic Arms Limitation Talks）において、アメリカの交渉者は、ソ連の交渉者に相互確証破壊（本書第７章参照）の論理について教えようとした。多国間での戦略は、国際レジームによって規範の内面化や利益認識の変化を図ることである。

## 3　【発展】将来の影とプレーヤーの数

　本項では、引き続きオイの論文に基づき、無政府状態の下で国際協調が発生する、残りの二つの状況的要因、すなわち将来の影とプレーヤーの数を取り上げる。

　二つ目の状況的要因は、**将来の影**（shadow of the future）である（アクセルロッド 1998）。将来の影が長くなる場合、すなわち繰り返しのゲームの場合、プレーヤーはより協調的になる（歴史的事例としてのヨーロッパ協調については Jervis 1985 参照）。将来得られる利得も考慮するようになり、暗黙の了解が相互協調を可能にする。特に鹿狩りの場合、協力者としての評判を保ちたい誘因が生まれる。ただし、チキンの場合は、臆病者との評判は避けたい誘因が生まれ、より非協力的になる可能性もある。

　繰り返しのゲームにおいては、**相互性**（reciprocity）の戦略が協調を促進する（Keohane 1986）。ここで相互性とは、「今回相手が協調なら、次回こちらも協調する。今回相手が裏切るなら、次回こちらも裏切ることにする」という意味での条件付き協調またはしっぺ返し（tit-for-tat）のことである。プレーヤーは、現在の行動と将来に期待できる利益を結びつけることによって、相手の利得計算を長期的なものにする。ただし、相互性の戦略が効果的であるためには、協調と裏切りの**識別**（recognition）が可能であることと、集団の**統制**（control）により派閥・組織・官僚的な機能不全なく相手の行動に見合った対応ができることが必要になる。前者の識別の問題については、

国際レジームにおいて、適切な行動に関する規範の成文化や、軍備管理協定の査察制度などの監視規定によって改善することができる。さらに、武器削減や軍撤退などのプロセスの**分割**（decomposition）や、通貨の平価切り下げと貿易といった異なる**イシュー間のリンケージ**により、将来の影を延長させることもできる。

　三つ目の状況的要因は、**プレーヤーの数**である（オルソン1996）。プレーヤーの数が増えれば協調が困難になる。その理由としては三つある。第1に、共通利益を推進していくための**取引や情報のコスト**（複雑性）が上昇し、相互協調（CC）と相互裏切り（DD）の差が縮小する。第2に、プレーヤーの異質性が高まり、将来よりも今を重視する者や合理性の最低限の基準さえも満たさない者が含まれる可能性が上昇する。第3に、**裏切り者への制裁**の可能性が低下する。制裁にはコストがかかるため、ただ乗りの問題が生じるからである。

　多数のプレーヤーがいる場合に協調を促進する戦略の一つは、**制度化**である。まず、国際レジームの慣習は、取引費用と情報費用を低下させる経験則を提供する。例えば、冷戦期の対共産圏輸出統制委員会（CoCom: Coordinating Committee to Communist Area［for Export Control］）が作成した禁輸品目リストは、どのような輸出品が裏切りに該当するのかの比較的明らかな定義を提供していた。次に、国際レジームの集団的執行制度は、裏切りの可能性を低下させるとともに、規範の違反への処罰を可能にする。

　二つ目の戦略は、**プレーヤーの分割**である。世界的に協調できない場合に、地域または2国間の協調を試みるということである。ただし、この戦略には、協調からの利益が縮小することや、排除された第三国に費用を課すことなど問題もある。例えば、1930年代のブロック経済（本書第6章参照）の状況を考えてみるとよいだろう。


◆注
1)　正当防衛や緊急避難に該当する場合のみ人への危害が許容される。
2)　テロ対策特別措置法は、自衛隊がこれらの活動を実施することを2年間の期間限定（延長可）で可能にする法律であった。2007年11月に期限が切れ失効した後は、

2008年1月に施行した**補給支援特別措置法**により補給活動のみを2年間実施した。
3) テロ対策特別措置法を迅速に立法できたのは、諸外国の軍隊への協力支援活動と捜索救助活動について1999年の周辺事態安全確保法が下敷きになったことが大きい（久江 2002, 93）。また、被災民救援活動については、1992年の国際平和協力法で規定済みであった。
4) 陸上自衛隊は、主にイラク南部のムサンナー県で人道復興支援活動に2006年7月まで従事した。また、航空自衛隊は、安全確保支援活動として国連や多国籍軍に対して空輸支援を2008年12月まで行った。
5) いわゆる**安全確保業務**とは「防護を必要とする住民、被災民等の生命、身体及び財産に対する危害の防止及び抑止その他特定の区域の保安のための監視、駐留、巡回、検問及び警護」を、また、いわゆる**駆け付け警護**とは「活動関係者の生命又は身体に対する不測の侵害又は危難が生じ、又は生ずるおそれがある場合に、緊急の要請に対応して行う当該活動関係者の生命及び身体の保護」をいう（2019年版防衛白書, 217-218）。

## 文献案内

I 安全保障協力の形態
- ◆ 石塚勝美『ケースで学ぶ国連平和維持活動—PKO の困難と挑戦の歴史』創成社, 2017年.
- ◆ 上杉勇司, 藤重博美編『国際平和協力入門—国際社会への貢献と日本の課題』ミネルヴァ書房, 2018年.
- ◆ 国際安全保障学会編『国際安全保障』(平和構築と軍事組織) 第34巻第1号, 2006年6月.
- ◆ 日本国際政治学会編『国際政治』(紛争後の国家建設) 第174号, 2013年9月.

II 日本の国際平和協力活動
- ◆ 本多倫彬『平和構築の模索—「自衛隊 PKO 派遣」の挑戦と帰結』内外出版, 2017年.
- ◆ 藤重博美『冷戦後における自衛隊の役割とその変容—規範の相克と止揚, そして「積極主義」への転回』内外出版, 2018年.
- ◆ 国際安全保障学会編『国際安全保障』(自衛隊の国際協力活動) 第36巻第1号, 2008年6月；(国際平和協力活動における自衛隊の運用と教訓) 第38巻第4号, 2011年3月；(平和安全法制を検証する) 第47巻第2号, 2019年9月.

III 国際協調の理論
- ◆ アクセルロッド, R『つきあい方の科学—バクテリアから国際関係まで』松田裕之訳, ミネルヴァ書房, 1998年 [Axelrod, Robert. *The Evolution of Cooperation*. New York: Basic Books, 1984].
- ◆ 鈴木基史, 岡田章編『国際紛争と協調のゲーム』有斐閣, 2013年.

第 *4* 部

## 現代の安全保障課題

## イントロダクション

　伝統的な戦争のイメージは、近代、特に19世紀のヨーロッパにおける経験に基づいている。そうしたイメージをつかむには、**クラウゼヴィッツ**の主著『**戦争論**』（2001a, b）を読むとよい。ここでは、その著書から、伝統的な戦争の特徴を三つ指摘したい。

　一つ目の特徴は、**戦争は政治の一手段である**ということである。クラウゼヴィッツは、「戦争とは他の手段をもってする政治の継続にほかならない」という有名な一文を残している（2001a, 63）。敵にわれわれの意志を押しつけるという政治的目的が先にあって、それに合わせて、敵の抵抗力を打ち砕くという軍事的目標と、物理的暴力という軍事的手段が選択されるのである。そこには合理性が想定されている。

　二つ目の特徴は、一つ目の特徴と関連しているが、**国家間戦争**であるということである。クラウゼヴィッツは、戦争の共通の特質として、政府、軍隊、および国民の主体間の密接な相互作用に着目して、「三位一体」という概念を提示している（同, 67）。確かに1648年のウェストファリア条約以降、戦争の主要な形態は国家間戦争であった。

　そして、伝統的な戦争の三つ目の特徴は、**陸上戦闘が中心**であるということである。クラウゼヴィッツは、陸軍軍人であったこともあり、ナポレオン戦争におけるトラファルガー沖の海戦（1805）にはほとんど着目していない。

　本書の第4部では、以上のような特徴を持つ伝統的な戦争が、現代ではどのように変化してきているのか、またどの程度変化してきているのかを見ていく。第10章から第12章にかけて、核兵器の出現、グローバル化、およびグローバル・コモンズ（国際公域）というテーマを取り上げる。

# 第10章　核兵器の戦略と管理

## はじめに

　第二次世界大戦の末期であった1945年の夏に、アメリカは人類で初めて核実験に成功し、続けて2発の**原子爆弾**（原爆）を日本に投下した。両爆弾による犠牲者は、同年だけで21万人以上といわれている（『日本経済新聞』2016年5月28日）。アメリカが原爆を独占していた時期は4年間しか続かなかった。ソ連が1949年8月に原爆実験に成功したからである。そこで、アメリカはさらに強力な兵器である**水素爆弾**（水爆）の開発に取り組み、1952年11月には初の水爆実験を成功させた。しかし1955年にはソ連の水爆実験が続くことになる。

　すさまじい破壊力を有する核兵器の出現は、戦争の本質というものを変えてしまったのだろうか。クラウゼヴィッツは、戦争が政治の一手段であることを主張している。

　　　戦争とともに政治的視点が完全に消滅するといったようなことは、戦争が敵意にのみ由来する生死の闘争である場合にしか考えられることではない。だが、ありのままの戦争を見れば、それは、すでに述べたごとく、政治そのもの表現にほかならないことがわかるであろう。政治が戦争を生み出す以上、政治的視点が軍事的視点に従属するなどということは矛盾も甚だしい。政治は頭脳であり、戦争は単なるその手段であって、その逆ではない。したがって、軍事的視点が政治的視点に従属する場合しか考え得ようがないのである。（クラウゼヴィッツ 2001b, 526）

戦争はそれが政治的目的を果たす場合にのみ意味があるというクラウゼヴィッツの主張は、核戦争についても当てはまる。政治的な帰結を考えない核戦争の勝利は意味がないのである。

172　第4部　現代の安全保障課題

　しかし、核兵器は、戦争の本質は変えていなくても、戦争の様相や頻度は変えてしまったようである。冷戦末期において、リアリストである**ロバート・ジャービス**は、相互の国家の脆弱性により、軍事力と国政術（state-craft）との関係が一新されたことを**核革命**と呼んだ（Jervis 1989）。核革命により、超大国のアメリカとソ連の間の軍事衝突が抑制されたと、彼は主張している。実際、第二次世界大戦後は、大国間での戦争は発生していない。

　本章は、現代の安全保障課題の一つとして戦略核兵器の戦略と管理を取り上げる。ここで**戦略**（strategic）**核兵器**とは、敵の本土に対して直接攻撃を行うことができるものをいう。以下、第Ⅰ節では、アメリカの核戦略についてその土台が固まった冷戦期前半を中心に説明する。第Ⅱ節では、核兵器の軍備管理（軍縮・不拡散を含む）の制度について述べる。そして、第Ⅲ節では、核抑止の理論について、こちらも冷戦期前半を中心に紹介する。

# Ⅰ　アメリカ核戦略の土台

　本節では、アメリカの核戦略の土台として、冷戦期前半に発展してきた大量報復戦略、柔軟反応戦略、および確証破壊戦略を取り上げる。

## 1　大量報復戦略

　**ドワイト・アイゼンハワー**大統領（共和党、任1953～61）の政権は、過去の政策を総点検した結果、1954年に**大量報復**（massive retaliation）**戦略**あるいは**ニュールック戦略**と呼ばれる基本戦略を公表した。**ジョン・ダレス**国務長官は、同年1月12日に外交問題評議会において行った演説において、「大量報復力」という抑止力を強化することを宣言した。

　　　われわれは同盟国との集団安全保障［筆者注：集団的防衛のこと］を必要としている。われわれの目的は、これらの関係をより有効に、またより安くすることにある。これは、より多くを抑止力に期待し、局地防衛力に対する依存度を下げることによって実現できる。（……）
　　　局地防衛はつねに重要であろう。しかし、それだけで共産主義世界の強大な地上兵力を封じ込めうるだけの局地防衛力はない。局地防衛は、大量報復力と

いうさらに強力な抑止力によって補強されなければならない。(ダレス 1973, 123-124)

ここで言う局地防衛力は**通常**(conventional：非核)**戦力**を、また、抑止力や大量報復力は核戦力を指していた。そして、抑止とは、懲罰的抑止のことであった。**懲罰的抑止**(deterrence by punishment)とは、核兵器による報復という懲罰の脅しにより、攻撃側が被ると予期し得る代価を上昇させて、攻撃側が軍事的行為をとることを思いとどまらせることである(Snyder 1961、本書第7章参照)。

　大量報復戦略には数多くの批判があった。中でも「最も強力で重大な打撃」となったのが、**ウィリアム・カウフマン**の論文「**抑止の諸条件**」(1973／原著 1956)であった(Kaplan 1983, 186)。この論文における最も重要な批判は、大量報復による威嚇には**信憑性**(credibility)の問題があり、全てのタイプの紛争を抑止することはできないということであった。当時、ソ連も核兵器を運搬する戦略空軍を強化しつつあり、「われわれは大量報復の脅迫を果たすためには、われわれも同じくらいの被害を蒙る覚悟ができていなければならないという」状況が出現していた。そのため、大量報復は、そのような覚悟に見合わない紛争に対しては「抑止として効果的でなく信憑性もない」。つまり、朝鮮半島やインドシナなどの「西側ブロック周辺地域に対する通常戦争、同地域における浸透ないしは内戦」のような紛争は抑止できない。そして、抑止するためには「大規模な通常兵力」が必要というのである(カウフマン 1973, 192, 197-199)。

　大量報復の信憑性は、戦略ミサイル時代の到来とともにさらに低下した。ソ連が 1957 年 10 月に人類初の人工衛星スプートニク 1 号の打ち上げに成功した。これにより、敵の本土に対して核弾頭を打ち込むことができる戦略的な**大陸間弾道ミサイル**(ICBM: intercontinental ballistic missile)の開発においてソ連に後れを取っているのではないかという不安が高まり、**ミサイル・ギャップ**があるとの認識がアメリカ国内で広まった。西ヨーロッパへのソ連軍の侵攻に対し大量報復をしたら、アメリカの都市も核攻撃を受ける危険性が現実味を増してきたのである。

174 第4部 現代の安全保障課題

　それでも、アイゼンハワー政権末期の1960年12月には、大量報復戦略に基づく**単一統合作戦計画**（SIOP: Single Integrated Operational Plan）が策定されている。同計画によれば、西ヨーロッパへのソ連の実際のまたは差し迫った侵攻があれば、それが核攻撃を含まなくても、ソ連、東ヨーロッパ、および中国に対して全面的な核攻撃を行うということになっていた。その**国家戦略目標リスト**（NSTL: National Strategic Target List）は、「**対兵力**（counter-force）」と呼ばれる敵の核戦力に対する攻撃目標と、「**対価値**（counter-value）」と呼ばれる敵の都市・工業地帯に対する攻撃目標を組み合わせたものであった（Kaplan 1983, 263-272; Ball 1980, 119, 190）。

## 2　柔軟反応戦略

　次の**ジョン・F・ケネディ**大統領（民主党、任1961〜63）の政権は、大量報復戦略の批判から形成された**柔軟反応**（flexible response）**戦略**を採用した（Freedman 2003, 218）。柔軟反応（柔軟対応力）とは「敵の脅威あるいは攻撃に、適切で、現在の状況に応じた行動でもって、有効な反撃をする軍隊の能力」を意味する（アメリカ国防総省編 1983, 137）。反撃手段には、戦略核戦力のみならず、戦術核戦力や通常戦力も含まれる。新しい戦略の形成を主導したのは、**ロバート・マクナマラ**国防長官（任1961〜68）であった。柔軟反応戦略は、1962年1月に採択されたSIOPの1963年度版に取り入れられた（Kaplan 1983, 272-279; Ball 1980, 190-191）。

　マクナマラが柔軟反応戦略を公表したのは、アナーバーにあるミシガン大学で1962年6月に行った卒業演説においてであった（McNamara 1962）。柔軟反応戦略に関連して、同演説には注目すべき点が二つある。一つ目は、核攻撃への反撃であってもまずは都市よりも軍事目標を優先する、対兵力戦略の一種である**都市回避**（city-avoidance）**戦略**である。マクナマラは、アナーバー演説において次のとおり述べている。

　　西側にたいする大規模攻撃から生まれる核戦争にあっては、第一義的軍事目標を、一般市民でなく、敵の軍事力の破壊に置くべきである。
　　西側兵力の力とその性質からみて、大量奇襲攻撃に直面した場合でも、充分

な攻撃力を予備にとって置き、どうしてもやらねばならぬときは、これで敵の社会を破壊することが可能である。いいかえれば、われわれは潜在的な敵にたいし、われわれの都市を攻撃することを手控えさせたための最も強力な刺激剤を与えているのである。(カウフマン 1968, 147)

　都市回避を原則とした背景としては、新たに導入された偵察衛星の写真により、実はソ連の ICBM の配備がアメリカに比べ圧倒的に遅れていることが明らかになるとともに、軍事目標の場所を特定化できるようになったことを指摘できる (Kaplan 1983, 290; Ball 1986, 65–66)。ちなみに、アメリカでは、アイゼンハワー政権末期に、**長距離(戦略)爆撃機**に加えて、ICBM と**潜水艦発射弾道ミサイル**(**SLBM**: Submarine-Launched Ballistic Missile)の実戦配備が始まり、**戦略核戦力の三本柱**(**Triad**)が揃っていた (Ball 1980, 47)。

　アナーバー演説において注目すべき二つ目の点は、NATO 通常戦力の強化方針である。マクナマラは、「NATO の資源内で達成できる非核力の改善は西ヨーロッパにたいする——直接の全面的攻撃にならぬ程度の——どのような侵略行動も抑制することができるだろう」と強調している (カウフマン 1968, 145)。

　しかし、半年も経たないうちに、マクナマラは、都市回避戦略から距離を置くようになった (Ball 1986)。第 1 に、アメリカ国内では、アメリカが保有する報復のための対兵力攻撃能力は先制攻撃能力と区別がつかないと批判された。NATO は、核兵器の攻撃を受けない限り核兵器を使用しないという**先行不使用**(**NFU**: No First Use)を宣言することを拒否していた。第 2 に、ソ連は、アメリカに対する有効な対兵力攻撃能力(すなわち命中精度の高い ICBM)を持っておらず、都市回避戦略を受け入れるはずもなかった。第 3 に、西ヨーロッパの同盟国からの反応も好ましいものではなかった。モスクワなどの都市攻撃を回避することは、ソ連のヨーロッパ侵攻に対する抑止力を弱めると受け止められた。そして、最後に、特に空軍が戦力増強のために同戦略を利用するのをやめさせようとした。以上のことから、マクナマラは、対兵力攻撃、ミサイル防衛、および民間防衛によってアメリカの都市や産業

176 第4部 現代の安全保障課題

施設を守る**損害限定**（damage limitation）**戦略**にシフトしていった（Freedman 2003, 222-231; Ball 1986, 67-68）。

## 3 確証破壊戦略

リンドン・ジョンソン大統領（民主党、任 1963〜69）の政権の下でも引き続き国防長官であったマクナマラは、1965 年 2 月に議会へ提出した『国防報告』において、損害限定戦略に加えて、**確証破壊**（assured destruction）**戦略**を取り上げた（McNamara 1965）。その後、ソ連の戦略核戦力の増強とともに損害限定戦略は強調されなくなり、1967 年までには確証破壊戦略のみに焦点が当てられるようになった（Ball 1980, 211; Ball 1986, 69）。マクナマラ長官が議会に送った最後の『国防報告』（1968 年 2 月）によれば、確証破壊（訳文では「確定破壊」）能力とは、「常にかつ、あらゆる予想しうる状況において——奇襲攻撃を吸収した後においてさえ——いかなる単独の侵略国または侵略諸国に対しても、想像を絶する程度の損害を課す能力」と定義されている。それは、敵国からの奇襲による**先制攻撃**（**第 1 撃** first strike）によって壊滅されずに生き残り、相手に確実に**報復攻撃**（**第 2 撃** second strike）を行って耐えがたい損害を与え得る能力のことである。そして、ソ連に対して有効な抑止力の水準として「五分の一から四分の一の敵の人口と、二分の一の工業能力を破壊する能力」を挙げている（マクナマラ 1968, 124, 127）。

ただし、確証破壊戦略は、戦略核兵器に関する**宣言**（declaratory）**政策**であり**戦力態勢**（force posture）**政策**であったことに留意する必要がある。原則非公開の**実行**（action）**政策**としては、柔軟反応戦略に基づく SIOP の 1963 年度版に大きな変更が加えられることはなかった（Ball 1986, 70）[1]。

1970 年代の半ばには、宣言政策上において柔軟反応戦略への回帰が見られた（Freedman 2003, 317; Ball 1986, 204-205）。**リチャード・ニクソン大統領**（共和党、任 1969〜74）の政権が核戦略を見直した結果、**国家安全保障決定覚書 242 号**（NSDM-242）「**核兵器使用計画に関する政策**」（NSC 1974）がとりまとめられた。これは、非戦闘員や人口密集地を攻撃対象からはずすことから**限定核オプション**（Limited Nuclear Option）**戦略**または当時の国

防長官の名前を冠した**シュレジンジャー・ドクトリン**とも呼ばれている。また、柔軟反応戦略の基本的な考え方は、**ジミー・カーター**大統領（民主党、任1977～81）の**大統領指令59号**（PD/NSC-59）「**核兵器使用政策**」（NSC 1980）にも引き継がれた。こちらは、ソ連の核攻撃の目標に合わせ、アメリカもさまざまな目標を設定しておくことから、**相殺戦略**（Countervailing Strategy）と呼ばれた。

　さて、冷戦期から続いていたアメリカの核政策が大きく変化したのは、ジョージ・W・ブッシュ政権の時であった。2001年12月に国防省から議会に提出された**核態勢見直し**（NPR: Nuclear Posture Review）報告書では、以下の攻撃、防衛、および防衛基盤からなる核の**新三本柱**（New Triad）が提唱されている。

　　○攻撃的打撃システム（核・非核の両方）
　　○防衛（積極と消極の両方）[2]
　　○新たな脅威に対応するために時宜に適した新しい機能を提供する、活性
　　　化された防衛基盤（USDoD 2002）

当時、冷戦時代にほぼ同等の核戦力を有していたソ連は消滅していたが、代わりに、いわゆる「ならずもの国家（rogue state）」やテロ集団による大量破壊兵器使用の脅威が高まっていた。新三本柱における防衛の重視は、攻撃的能力のみによる懲罰的抑止だけでは不十分であり、ミサイル防衛などにより敵からの攻撃の効果を否定または限定する**拒否的抑止**（deterrence by denial）も必要であるとの判断に基づいている（本書第7章参照）。新三本柱という名称はW・ブッシュ政権限りで消えてしまったが、その論理はその後の政権に引き継がれている（USDoD 2018）[3]。

## II　核兵器の軍備管理

　本節では、核兵器の**軍備管理**（arms control）について、米ソ二国間の制度と多国間の制度を分けて紹介する。また、最後に、前節も踏まえて、核兵器に対する日本の取り組みを説明する。

## 1 米ソ間の軍備管理

冷戦期前半においては、戦車等の通常戦力で勝るソ連中心の東側陣営に対して、アメリカ中心の西側陣営は核戦力の優位で対抗していた。それが1960年代の末に、ソ連は、戦略核戦力においてアメリカと「同等の地位(parity＝パリティ)」を達成した。1968年の『国防報告』において、マクナマラ国防長官(1968, 123)は、アメリカとソ連が**相互確証破壊**(MAD: mutual assured destruction)の関係にあることを事実上認め、相互確証破壊に基づく抑止が**戦略的安定性**(strategic stability)を生み出しているという認識を有していた。

アメリカのニクソン政権は、軍拡競争やベトナム戦争で経済が疲弊していたため、核戦力の均衡を制度化して維持することに利益を見出した。そこで、米ソ間において、**第1次戦略兵器制限交渉**(SALT I: Strategic Arms Limitation Talks 1)が進められ、戦略攻撃兵器に関する暫定協定(5年間有効)と、戦略防衛兵器である**弾道弾迎撃ミサイル**(ABM: antiballistic missile)**制限条約**(無期限有効)が1972年5月に調印された。

SALT I 暫定協定と ABM 制限条約は、米ソ間の軍備管理のための合意である。相互確証破壊の状況を維持することにより、戦略的安定性を高めることを狙いとしていた。その目的のために、SALT I は、攻撃的な核弾頭運搬手段である ICBM と SLBM の発射基および弾道ミサイル潜水艦を当時の数量で凍結して、戦略核兵器の量的な同等性を維持することを目指した。また、ABM 制限条約は、戦略弾道ミサイルを迎撃する自国の ABM を首都と ICBM 基地の2カ所(各100発射基・100迎撃ミサイル以下)に限定することを相互に約束して、双方の防御態勢を意図的に手薄にしようとした(1974年の議定書により各国1カ所、モスクワとノース・ダコタのみに制限)。

冷戦の終結は、米ソ間における戦略核兵器の**軍縮**(disarmament)を促進した。1982年に開始されていた**第1次戦略核兵器削減交渉**(START I: Strategic Arms Reduction Talks 1)は、1991年7月になって条約(15年間有効)への署名が行われた(94年12月発効)。この条約では、条約の発効後7年以降は、配備運搬手段の総数を1,600基・機以下に、配備弾頭の総数を6,000発以下に維持することなどが決められた。

第 10 章　核兵器の戦略と管理　179

　前節において言及した W・ブッシュ政権が打ち出した新三本柱の概念は、米ロ間の軍備管理・軍縮にも影響を与えている。まず、戦略防衛の重視により、冷戦期の相互確証破壊（MAD）体制からの脱却を図り、ミサイル防衛実戦配備のため、2001 年 12 月に ABM 条約からの脱退をロシアに通知した。これにより、同条約は規定により半年後に失効している。次に、ミサイル防衛や通常戦力（精密誘導弾など）の重視により、戦略核戦力への依存をさらに低下させた。2002 年 5 月には、両政府は、**戦略攻撃能力削減条約（モスクワ条約）**に調印した。この条約により、2012 年までに各国の戦略核弾頭の総数が 1,700 発ないし 2,200 発以下に削減していくことを約束した。

　オバマ政権は、2009 年 12 月に失効していた START I 条約を後継する新START 条約に 2010 年 4 月に署名した（2011 年 2 月発効）。新 START 条約では、条約の発効後 7 年以降は、配備運搬手段の総数を 700 基・機以下に、配備弾頭の総数を 1,550 発以下に維持することなどが決められた。なお、この条約の有効期間は 10 年とされ（5 年以下の延長可）、延長がなければ2021 年に失効することになる。

## 2　多国間の軍備管理

　1962 年 10 月にキューバ危機を経験したアメリカ（ケネディ政権）とソ連、それに最初の核実験を 1952 年に行ったイギリスは、1963 年 8 月、**部分的核実験禁止条約**（PTBT: Partial Test Ban Treaty、無期限有効）に調印し、同年 10 月の発効までに 108 カ国が続いた（日本 63 年署名・64 年批准）。この条約は、大気圏、宇宙空間、および水中における核実験を禁止するものであったが、地下核実験は例外とした。すでに 1960 年に初の核実験を行っていたフランスと 1964 年に初の核実験を行うことになる中国は、地下核実験の技術がなかったこともあり、調印をしなかった。

　アメリカ（ジョンソン政権）とソ連は、**核兵器不拡散条約**（NPT: Nuclear Non-Proliferation Treaty）の締結に向けて多国間交渉を推進した。この条約は、1968 年 7 月に署名開放され、1970 年 3 月に発効した（日本 70 年 2 月署名・76 年批准）。本条約の趣旨は、1966 年までに核爆発を行った国、すなわちアメリカ、ソ連、イギリス、フランス、および中国を「**核兵器国**」と指

180 第4部 現代の安全保障課題

定して（9条3）、それ以外の**非核兵器国**への核兵器の拡散（**水平的拡散**）を防止することにある（1条、2条）。そのため、非核兵器国には**国際原子力機関**（**IAEA**: International Atomic Energy Agency）の保障措置（safeguard）受諾義務（3条）も課した。他方で、締約国には、原子力の平和的利用などの権利（4条）を認めるとともに、核兵器国の核兵器が増えること（**垂直的拡散**）を防止するため、核軍備競争の停止や核軍縮条約などについて「誠実に交渉を行う」義務（6条）を負わせた。なお、1995年5月の締約国会議において、同条約の無期限延長が決定されている。

　冷戦終結後に、NPT締約国が増加した[4]。2015年2月の時点で締約国は191カ国・地域に達し、非締約国はインド、パキスタン、イスラエル、および南スーダンのみとなっている（外務省2015）。南スーダンを除く非締約国と北朝鮮は、条約上核兵器国に指定されていないが、現在、核兵器を保有していると考えられている（セーガン、ウォルツ2017）。

　冷戦後においても、核兵器に関する多国間条約が採択されてきた。1996年採択の**包括的核実験禁止条約**（**CTBT**: Comprehensive Nuclear Test Ban Treaty）は、地下を含むあらゆる空間での核兵器の実験による爆発、その他の核爆発を禁止する条約である（日本96年署名・97年批准）。現状（2019年6月現在）では、署名国184カ国・批准国168カ国に達しているものの、核兵器保有国を含む発効要件国44カ国のうち、署名国41カ国・批准国36カ国にとどまっているため、いまだに未発効となっている（外務省2019）。なお、署名済みではあるがまだ批准を行っていないアメリカは、臨界前実験は禁止されていないとの解釈をとり、それを実施してきた。

　また、核兵器の全廃と根絶を目的とする**核兵器禁止条約**（Treaty on the Prohibition of Nuclear Weapons）が2017年に採択されている（全核保有国とアメリカの核の傘下にある国家は不参加）。この条約の別の名称は、「核兵器の開発、実験、製造、備蓄、移譲、使用及び威嚇としての使用の禁止ならびにその廃絶に関する条約」である。この条約が効力を生ずるためには50カ国の批准が必要であるが、現状（2019年8月29日）では批准国26カ国にとどまっている（United Nations Treaty Collection）。

## 3 核兵器に対する日本の取り組み

　日本政府は、国是として、また、防衛の基本政策の一つとして**非核三原則**を堅持してきた。これは、「核兵器を持たず、作らず、持ち込ませず」という原則である。この原則は、**佐藤栄作**首相（自由民主党、任 1964〜72）が 1967 年に衆議院予算委員会での小笠原の返還に関する質問への答弁で初めて明らかにした。そもそも核兵器の製造や保有は、1955 年の原子力基本法で禁止されていた。「持ち込ませない」という表現がその後定着したのは、アメリカ軍基地の「核抜き本土なみ」を強調することにより沖縄返還における国内政治上の困難を克服するという策の結果であった（田中 1997）。

　国家安保戦略（2013, 3）では、非核三原則に言及するとともに、「国家安全保障の基本理念」の説明の中で「世界で唯一の戦争被爆国として、軍縮・不拡散に積極的に取り組み、「核兵器のない世界」を実現させるため、国際社会の取組を主導している」と述べている。他の箇所でも「世界で唯一の戦争被爆国」という表現が 2 回使われている。一つは「大量破壊兵器等の拡散の脅威」において（同, 6）、もう一つは「軍縮・不拡散に係る国際努力の主導」においてである（同, 26）。

　他方で、国家安保戦略は「核兵器の脅威に対しては、核抑止力を中心とする米国の拡大抑止が不可欠であり、その信頼性の維持・強化のために、米国と緊密に連携していくとともに、併せて弾道ミサイル防衛や国民保護を含む我が国自身の取組により適切に対応する」としている（同, 13）。つまり、日本政府は、究極的には「核兵器のない世界」を目指しながらも、現実の問題として同盟国の核兵器に依存せざるを得ないという困難な状況から抜け出せないでいるのである。この苦境が露呈したのが、2017 年に採択された核兵器禁止条約に対する日本の反対の立場であった（2018 年版外交青書）。

　上述のとおり、日本政府は、核兵器の脅威に対して自助努力も行っている。特筆すべきは、2004 年度から、アメリカと緊密に協力しながら**弾道ミサイル防衛**（**BMD**: Ballistic Missile Defense）システムを整備してきたことである。当面のシステムとして、海上自衛隊（海自）のイージス艦搭載 SM-3 ミサイルによる上層・ミッドコース段階での迎撃と、航空自衛隊（空自）のペトリオット PAC–3 ミサイルによる下層・ターミナル段階での迎撃という多

182 第4部 現代の安全保障課題

層防衛を採用している。

　そして、弾道ミサイル対処能力を向上させるために、日本政府は、2017年12月の国家安全保障会議と閣議において、陸上配備型イージス・システム（イージス・アショア）2基を導入し、陸上自衛隊の主管とすることを決定した。これは、「イージス艦と同様に、レーダー、指揮通信システム、迎撃ミサイル垂直発射装置（VLS）などで構成されるミサイル防衛システム（イージス・システム）を、陸上に配備した装備品」である（2019年版防衛白書, 284）。

## III　核抑止の理論

　本節では、核抑止の理論について、1950年代半ばから60年代の半ばまでの黄金期の戦略論の代表的理論である「恐怖の均衡」と「偶然性に委ねられた脅し」を取り上げる。

### 1　【発展】恐怖の均衡

　数学者**アルバート・ウォールステッター**は、『フォーリン・アフェアーズ』誌上に掲載された論文「**こわれやすい恐怖の均衡**」（Wohlstetter 1959）において、核抑止の安定性の鍵は報復攻撃能力の非脆弱性（invulnerability）であると主張している。もし敵国からの先制攻撃（第1撃）により報復攻撃（第2撃）能力が全滅すれば、報復することができない。懲罰的抑止における報復の威嚇が信憑性を持つためには、第2撃能力は敵国の第1撃に対し脆弱であってはならないということである。

　ウォールステッターは、恐怖の均衡は壊れやすいのであり、抑止は決して自動的に作用するのではないことを次のとおり説明している。恐怖の均衡は、相互に効果的な反撃ができるときに成り立つ。しかし、効果的な反撃のためには、次に挙げる六つ全ての段階の障害を乗り越える必要がある。すなわち、(1) 平時の安定的で着実な運用に加え、攻撃を受けた後でも、(2) 兵器の残存、(3) 報復の決定と連絡、(4) 敵地への到達、(5) 敵の防空網の突破、そして (6) 民間防衛（対爆待避壕など）を克服しての目標の破壊、という各

段階である。

　ちなみに、堅固な地下サイロで防護したミニットマン（ICBM）や、海の深いところを移動するため秘匿しやすい潜水艦に搭載されたポラリス（SLBM）といった兵器の場合、残存性は高いだろう。これらは発射前の燃料注入が不要な（移動性の高い）固体燃料ミサイルでもある。しかしこれらのミサイルであっても、他の障害が立ちはだかるのである。

　ウォールステッターは、報復能力が脆弱だと核抑止が不安定化することを「西部の拳銃の抜合い」の例で説明している。

　　　一方にとっては、相手を倒そうとしなかったり、遅れて行動したりすることは、極度に危険である。なぜなら、先んじて第一撃を加えるなら、それによって無疵で生き残りうるし、とにかくにも生き残りを期待できる方法は、それ以外にないからである。明らかに、このような状況はきわめて不安定である。（ウォールステッター 1973, 405）

しかし、報復能力が脆弱でなければ状況は安定化するという。

　　　他方、攻撃をしかけた場合、自分も破局的被害をうけることが明らかならば、たとえ相手に大打撃を与えることができる場合でも攻撃をしかけない方がよいと考えるべき十分の理由がある。報復能力の防護は、合理的な攻撃を抑止するだけではなく、双方に対して偶発戦争の機会を減ずるためのあらゆる動機を提供する点で、安定的効果をもつ。（同）

敵の第1撃からの報復能力の防護のための対策としては、「警戒態勢、分散、および移動性の強化」が考えられる（同, 406）。しかしこれらの対策は、偶発戦争のリスクを高めてしまうことになるので、そのことへの対策も必要になるという。

　前節で紹介した ABM 制限条約は、防衛能力の削減により相互の国民全体を「人質化」したとも言える（シェリング 2008, 141）。時に、相互確証破壊（MAD）の概念が「気の狂った（mad）」と揶揄されたゆえんである。

184　第4部　現代の安全保障課題

## 2　【発展】偶然性に委ねられた脅し

　経済学者**トーマス・シェリング**は、ゲーム論的に核戦略を考察した『**紛争の戦略**』（2008／原著1960）により、2005年にノーベル経済学賞を受賞している。

　シェリングは、同書において脅しの信憑性の問題に取り組んだ。「戦略的な脅しの典型的な特徴は、脅しがうまくいかず実行されると、その懲罰的な行動によって当事者双方が痛みやコストを負ってしまう点にある」。信憑性の問題における一つの解決策は、第8章のタイトルになっている「**偶然性に委ねられた脅し**」を行うことであるという（同，195）。

　　　この脅しにとって重要なことは、脅された者が従わなかった場合に脅しを実行するかどうかは別として、脅す側に最終決定権が完全に委ねられていない点にある。つまり、『実行するかどうかを自分で決める』タイプの脅しではなく、『実行するかどうか自分にもわからない』タイプの脅しがそれである。
　　　決定におけるこの不確実性はいったいどこから生まれてくるのだろうか。それは、脅す側がコントロールできるもの以外から生じてくるはずである。『偶然性』、事故、第三者からの影響、意思決定メカニズムの不完全性、また、完全には理解されていないプロセスなどなど、どう呼ぶにせよ、それはコントロールが脅す側にもそして脅される側にも委ねられていない状況を作り出す。
　　　（同，196、傍点は原文）

　このタイプの脅しは、実行の確実性ではなく、脅す側の意図から切り離された実行の不確実性に基づいている。

　シェリングは、偶然性に委ねられた脅しの一つとして「意図せざる戦争（inadvertent war）という脅し」を挙げている（同，196）。この脅しは、報復として核の全面戦争へ意図的に必ず拡大する確実性ではなく、全面戦争が偶然に起きてしまうリスクという不確実性に依拠している。

　限定戦争を実行するとの脅しは、リスクを作り出す一つの方法である。限定戦争の脅しには、「犠牲者、戦争費用、領土の損失、面汚しといった直接的なコスト」と、限定戦争がそのまま全面戦闘に拡大するかもしれないリスクという二つの側面がある（同，198）。全面戦争のリスクに基づく脅しは、全面戦争の確実性による脅しよりも、信憑性が高く、かつ抑止が失敗した場

合でも信憑性を低下させることなく全面戦争を回避できる可能性があるという点で好都合である。

　冷戦時代の文脈で言えば、ソ連にとって、自国の攻撃的な行動に対するアメリカの行動が完全にアメリカ政府のコントロールの下にあるのかが不確かな状況にあれば、全面戦争へと発展するリスクを高める行動をとることは困難なはずである。ヨーロッパに駐留しているアメリカ軍の部隊は、ソ連の侵攻を拒否できるだけの能力がなくても、全面戦争への拡大というリスクを醸成する存在として理解することができる。アメリカ人兵士の血が流されれば、アメリカ政府の意図とは関係なく、戦争拡大のリスクは高まる。海外に駐留している比較的小規模の軍隊は、その後の大規模な戦争を引き起こすかもしれないきっかけを作る**トリップ・ワイヤー**（trip wire）、すなわち仕掛け線となっていたのである。


◆注
1)　また、北大西洋条約機構（NATO）が柔軟反応戦略に関する文書 MC 14/3 を公式に採択したのは、フランスが NATO の軍事機構を離脱した翌年、1967 年 12 月のことであった（North Atlantic Military Committee 1968）。
2)　防衛には、ミサイル防衛などの**積極防衛**（active defense）と基地の抗たん化（220ページの注 2 を参照）などの**消極防衛**（passive defense）との区分がある。
3)　冷戦後において、アメリカ国防省は、これまで 4 回（1994、2001、2010、2018年）、NPR 報告書を議会に提出している。
4)　1990 年代に NPT に加盟した国家としては、核兵器を放棄した南アフリカ（91 年）、条約上「核兵器国」となっているフランスと中国（92 年）、ソ連から受け継いだ核兵器をロシアに移転したベラルーシ、ウクライナ、およびカザフスタン（93〜94 年）、核開発計画を放棄したアルゼンチン（95 年）とブラジル（98 年）がある。そして、2000 年代になってからも、キューバ（02 年）、東ティモール（03 年）、モンテネグロ（06 年）と続いた（外務省 2015）。

**文献案内**

Ⅰ　アメリカ核戦略の土台
- 吉田文彦『核のアメリカ——トルーマンからオバマまで』岩波書店，2009年．
- 佐藤行雄『差し掛けられた傘——米国の核抑止力と日本の安全保障』時事通信出版局，2017年．
- 秋山信将，高橋杉雄編『「核の忘却」の終わり——核兵器復権の時代』勁草書房，2019年．
- 日本国際政治学会編『国際政治』(「核」とアメリカの平和) 第163号，2011年1月．
- 国際安全保障学会編『国際安全保障』(ミサイル防衛の諸問題) 第29巻第4号，2002年3月；(欧州戦術核——役割の変遷と今後) 第40巻第4号，2013年3月．

Ⅱ　核兵器の軍備管理
- 秋山信将『核不拡散をめぐる国際政治——規範の遵守，秩序の変容』有信堂高文社，2012年．
- 岩田修一郎『21世紀の軍備管理論』芙蓉書房出版，2016年．
- セーガン，スコット，ケネス・ウォルツ『核兵器の拡散——終わりなき論争』川上高司監訳，斎藤剛訳，勁草書房，2017年 [Sagan, Scott D., and Kenneth N. Waltz. *The Spread of Nuclear Weapons: A Debate*, 3rd ed. New York: W.W. Norton, 2013]．
- 国際安全保障学会編『国際安全保障』(変容する軍備管理・不拡散と国際秩序) 第35巻第4号，2008年3月：(テロ対策と大量破壊兵器の不拡散) 第44巻第2号，2016年9月；(北朝鮮の核・ミサイル問題) 第46巻第2号，2018年9月．

Ⅲ　核抑止の理論
- カーン，ハーマン『考えられないことを考える——現代文明と核戦争の可能性』桃井真，松本要訳，ぺりかん社，1968年 [Kahn, Herman. *Thinking about the Unthinkable*. New York: Avon, 1962]．
- シェリング，トーマス『軍備と影響力——核兵器と駆け引きの論理』斎藤剛訳，勁草書房，2018年 [Schelling, Thomas C. *Arms and Influence*. Yale University Press, 1966]．

# 第11章　グローバル化

## はじめに

　クラウゼヴィッツは、戦争を支配している三つの傾向について**三位一体**という概念を提示している。

> 戦争とは具体的局面に応じてその性質を変えるカメレオンのようなものであるばかりでなく、その現象全体を通して支配的な諸傾向を見るに、一種奇妙な三位一体をなしているものである。この三位一体とは、一つに盲目的自然衝動と見なし得る憎悪・敵愾心といった本来的激烈性、二つに戦争を自由な精神活動たらしめる蓋然性・偶然性といった賭の要素、三つに戦争を完全な悟性の所産たらしめる政治的道具としての第二次的性質、以上三側面が一体化したことを言うのである。
> 　これら三側面のうち、第一のものは主として国民に、第二のものは主として最高司令官とその軍隊に、第三のものは主として政府にそれぞれ属している。
> （クラウゼヴィッツ 2001a, 67、傍点は原文）

この三位一体という概念が意味するのは、国家間の戦争である。

　しかし、イスラエルの歴史学者**マーチン・ファン・クレフェルト**は、著書**『戦争の変遷』**（2011／原著1991）において、第二次世界大戦が戦争形態の転換点であったと述べている。

> 現在について考え、将来に目を向けようとするとき、クラウゼヴィッツ的世界観は急速に時代遅れになりつつあり、もはや戦争を理解するための適切な枠組みを提示できないと筆者は言いたい。現代の非三位一体、低強度紛争は、ある程度第二次世界大戦に源を発している。特にドイツおよび日本軍による占領下での残忍な性質は、既成の倫理規範を壊したと広く考えられた。そのため被占領下の人民たちは、自国の軍隊が抵抗をやめていようが政府が降伏していようが、占領軍に対して反乱を起こす権利があった。この原則は連合国に認められ

188　第4部　現代の安全保障課題

定着した。しかし、それからほどなくこの原則は、国家とは異なる存在による戦いが増える原因となり、これを擁護していた国々に不利になった。現在、世界のいたるところで行われている戦い——全体で20件程度——は、いずれも従来の三位一体戦争に該当しない。(同, 109)

　クラウゼヴィッツ的戦争観を全否定する必要はないが、私たちの旧来のイメージのみで戦争を捉えることが適切ではないことは確かである。

　本章は、現代の安全保障課題の一つとして、第二次世界大戦以降における戦争の変容を促進しているグローバル化を取り上げる。第I節では、グローバル化という現象そのものについて述べる。第II節では、グローバル化が安全保障に及ぼしている影響について考察する。そして、第III節では、武力紛争の傾向をデータから読み取るとともに、国内紛争の原因やテロリズムの意味について検討する。

## I　グローバル化とは何か

　本節では、グローバル化（グローバリゼーション）について、その概念と歴史を紹介するとともに、複合的相互依存関係やグローバリズムなど関連する用語についても解説する。

### 1　グローバル化の概念と歴史

　グローバル化について広く使われている教科書は、**デイヴィッド・ヘルド**らの『**グローバル・トランスフォーメーションズ**』（2006／原著 1999）であろう。その書は、グローバル化の最も単純な定義として「地球的規模での相互連関性が拡大し、深化し、加速化する現象」を紹介している（同, 25）。しかし、それでは十分ではないとの判断により、以下の「厳密な定義」も提示している。

　　社会的関係と交流のための空間的組織の変容を具体化し——それは社会的関係や交流の広がり、強度、速度そして影響によって評価されるのだが——大陸

第11章 グローバル化 189

横断的なフローもしくはリージョナル間のフローと、活動、相互作用、パワーの行使3つのためのネットワークを生み出す過程もしくは複数の過程の組合せである。(同，27，傍点は省略)

さらに、グローバル化について、さまざまな分野における「差異化された多面的な現象」としても特徴付けている（同，46）。『グローバル・トランスフォーメーションズ』は、政治（第1章）、軍事（第2章）、貿易（第3章）、金融（第4章）、生産（第5章）、人口移動（第6章）、文化（第7章）、環境（第8章）といった分野を取り上げている。

　歴史的には、グローバル化は決して新しい現象ではなく、約1万年前に定住農耕文明が発生してからゆっくりと進んできた。そのプロセスが加速し始めたのが、ヨーロッパ世界の拡大を特徴とする**近世**（約1500〜1850年）である。15世紀において、主にポルトガルとスペインがアフリカ・アジア・アメリカ大陸に進出して、その先鞭をつけた。

　さらにプロセスが加速したのが「**近代のグローバル化**（約1850〜1945年）」である。蒸気機関を利用した鉄道や船舶が輸送力を格段に高め、また、海底ケーブルで結ばれた電信のネットワークがグローバルな通信を可能にした。そうした技術面での発達や帝国主義の拡散により、特に貿易、投資、および移住の領域において、グローバルで緊密な関係が進展した。しかし、第一次世界大戦がこの時代のグローバル化に終止符を打った。また、大戦が終わっても、約10年後には世界恐慌が起こり、グローバル経済は、イギリスやフランスなどの帝国的なブロックに分割されてしまった（本書第6章参照）。

　第二次世界大戦が終結すると「**現代のグローバル化**」が始まった。内燃機関を利用した飛行機や船舶それに電気機関車が輸送力をさらに高め、また、コンピュータや人工衛星などの情報技術の進展もグローバル化を推し進めた。現代のグローバル化は、帝国主義が衰退し植民地が独立して、主権国家で世界が覆われるようになる過程で進展した。そして、先進資本主義諸国を中心に、貿易、投資、金融といった国際的経済活動が急増した。現代のグローバル化は、あらゆる分野における大きな広がり、高い強度、速い速度、および強いインパクトの傾向に特徴付けられる「濃厚なグローバル化」に近づいて

190 第4部 現代の安全保障課題

いる (同, 39)。

## 2 複合的相互依存関係

　現代における国際安全保障環境の変化は、国際政治論の潮流に影響を与えてきた。冷戦前期では、米ソ二大陣営間の緊張関係が高まっていた。アメリカとソ連の対立関係は、核戦争の危険もあった1962年のキューバ危機で最高潮に達した。この頃は、古典的リアリズム全盛期である。その後、1960年代末からの10年間、特に1972年から75年半ばにかけては、米ソ間のデタント (緊張緩和) が最も顕著だった時期である (スチーブンスン1989)。この時は、リアリズムへの批判が高まり、空想主義などと揶揄されてきたリベラリズムの国際政治理論が復活を遂げている。

　1970年代のデタント期を象徴する概念は、**複合的相互依存関係**である。それは、**ロバート・コヘインとジョセフ・ナイ**が共著『**パワーと相互依存**』(原著初版1977) において提示した概念である。グローバル化を理解する上でも有益なので、以下、翻訳書 (コヘイン・ナイ2012／原著第3版2001) に基づき説明しておきたい。

　「**複合的相互依存関係**」という概念は、世界政治に関するリアリズムの基本的な前提を正反対にした**理念型** (モデル) である。**リアリズム**の基本的な前提とは、(1) 国家が世界政治における唯一の重要な主体である、(2) 軍事的安全保障が政策目標の対象となる主要な問題である、および (3) 軍事力が優越的な手段である、ということである。対照的に、複合的相互依存関係には、(1) 多数の接触ルート、(2) 多様な外交問題、および (3) 軍事力の低い役割という三つの主要な特徴がある。

　第1に、複合的相互依存関係には、国家間関係 (外交関係) だけでなく、各国政府の省庁間および政府以外の組織間の国境を越えた関係も含めた、多数の接触ルートが存在する。国家は必ずしも一枚岩の組織ではなく、外務省以外の省庁が外国政府の類似の省庁と直接の接触を行っている (**トランスガバメンタルな関係**)。また、非政府組織 (NGO) や多国籍企業などの政府以外の組織も、国境を横断した活動をしている (**トランスナショナルな関係**)。

　第2に、複合的相互依存の世界では、伝統的な意味での軍事的安全保障

が外交問題を独占しているわけではなく、明確に優先順位をつけられない多様な外交問題が存在する。経済や社会、環境、エネルギーなどの問題よりも軍事安全保障の方が重要というわけではない。

第3に、軍事安全保障は独占的な問題ではないため、軍事力の役割は低い。それ以外の政策目標を達成する手段としては、軍事力よりも経済力や国際組織の方が適切である。

コヘインとナイが執筆当時（1970年代）の世界政治の状況を複合的相互依存関係と呼んだわけではないことには留意する必要がある。

> 複合的相互依存関係は、世界の政治的現実を忠実に反映したものであると言い張るつもりはない。全く逆で、複合的相互依存関係もリアリストの描く国際政治の姿もあくまでも理念型なのである。国際政治のはとんどの現実は、極端なこれら2つの理念の間のどこかに位置づけられるものである。(同，31)

1970年代の時点で複合的相互依存関係の状況に近いと言及されていたのは、海洋と通貨の問題領域における国際関係および米加と仏独の二国間関係だけであった。

また、コヘインとナイは、単純化された理念型と異なり、実際の相互依存関係が複雑な性格を帯びることも指摘している。「相互依存関係が広く行き渡れば、国際紛争は消滅すると言っているのではない。それとは逆に、国際紛争は新しい形をとるようになって増加する可能性さえある」とも述べている（同，10）。

## 3 グローバリズムとグローバル化

その後、世界は複合的相互依存関係に向けて一直線には進まなかった。デタントは、1970年代後半になると陰りを見せ始め、1979年12月にソ連がアフガニスタンに侵攻した時に完全に終焉した。それからの約10年間の時期は、新冷戦または第2次冷戦と呼ばれている。この時期は、リアリズムがネオリアリズムと衣装替えをして復権している。しかし、1989年の冷戦終結と1991年のソ連崩壊が本格的なグローバル化を促進した。冷戦期の2

極構造も消滅して、アメリカを頂点とする単極構造の世界が登場した。そして、リベラルな国際秩序は、西側世界から世界全体へと拡大することになった（本書第2・第5章参照）。共産主義陣営の崩壊により、民主主義や法の支配だけでなく経済体制としての資本主義の正当性も高まった。

　コヘインとナイは、共著『パワーと相互依存』の第3版（2012／原著2001）に追加された第10章において、**グローバリズム**を「相互依存関係のネットワークがいくつかの大陸にまたがった世界の状態」と定義する一方、**グローバル化**をグローバリズムの拡大過程と捉えている（同，338）。相互依存関係の概念とは異なり、グローバリズムは二国間や地域限定の関係に対して使うことができない。それは、地理的に広範囲にわたる多国間の相互依存関係を意味している。ただし、全世界的である必要はなく、また、希薄である地域もあれば濃密である地域もあるとされる。

　なお、コヘインとナイは、グローバリズムを経済、軍事、環境、および社会と文化に関する側面に分類している。現在のグローバル化に関する特徴の一つは、「ある地域でのある側面に関する出来事の影響が、他の地域の他の側面に根本的な影響を与えることができる」ことであるという（同，358-359）。軍事とそれ以外の側面との関係も密接化している。

　コヘインとナイは、1990年代以降のグローバル化の原因として、近年の情報革命にも注目している。コンピュータやインターネットの急速な発展により情報伝達コストが大幅に低下したことが重要であるという。コストの低下により、コミュニケーションの量が飛躍的に拡大するとともに、市場やメディアなどの対応速度も格段に上がっている。また、コストの低下は、国境を横断する接触ルートの拡大を促進して、1970年代に提唱した「複合的相互依存関係」の妥当性を高めているとも述べている。他方で、「今日でさえ、複合的相互依存関係は全世界的な現象とは程遠い」ことも指摘している（同，362）。この点では、冷戦後のグローバル化を過大視すべきではないと主張するウォルツ（Waltz 1999）と変わらない。

## II　グローバル化と安全保障

　本節では、グローバル化と安全保障の関係について、前者による後者への影響を概観し、第二次世界大戦後における武力紛争の傾向を確認するとともに、日本政府の認識を国家安保戦略や 30 大綱で確認する。

### 1　国際安全保障への影響

　アルビン・トフラー（1980／原著 1980）は、グローバル化という用語は使わずに、コンピュータ化・情報化などを中心とする「**第三の波**」が産業国に押し寄せて来ていると主張した。彼は、後にハイジ夫人との共著において、この出現しつつある新しい文明を「**脱近代文明**」と呼んでいる（トフラー・トフラー 1993, 39）。それは、農業革命に基づく「第一の波」の「前近代文明」や、蒸気機関の導入による産業革命を基盤とする「第二の波」の「近代文明」に続く文明との位置付けである。脱近代文明においては、近代文明の大量生産は時代遅れとなり、情報の活用によって多くの異なる物を少しだけ迅速に生産するという加速化された「少量多種生産」が主要な生産形態になるという（同, 43）。

　トフラー夫妻によれば、技術革新は、富の創出方法（生産形態）のみならず戦争の方法（戦争形態）にも影響を与えている（第 2 部）。17 世紀後半に始まった産業革命は、産業大衆社会と近代国家を生み出した一方で、大量徴兵と大量破壊を特徴とする総力戦の時代をもたらした。情報技術革命が進行中である今日、非大量化や加速化といった変化は軍事面でも起きている。脱近代戦争は、破壊の非大量化を可能にする精密誘導兵器、小規模で多様な部隊編成、および加速化された情報・指揮伝達などの特徴を持つ。1991 年の湾岸戦争は、近代的側面と脱近代的側面をあわせ持つ初めての戦争となった。

　その後も、アメリカは、情報技術の革新が兵器システムのみならず軍隊の運用法や編成・組織にも著しく影響を与えるという**軍事革命**（RMA: Revolution in Military Affairs）を進めてきた。

　他方で、暴力を行使するいわゆるテロリスト集団も、自分たちの主義・主張の宣伝、要員の補充、作戦の準備・遂行などにおいて、情報技術革命の恩

194　第４部　現代の安全保障課題

恵を受けている。ナイとデイヴィッド・ウェルチ（2017, 404）が指摘しているように、「すべての脱国家的主体が良性なわけではない」。こうしたグローバル化が持つ負の側面のことを考えると、多様なアクターの国境を越えた接触の増加が、必ずしも軍事安全保障の重要性や軍事力の役割の低下に結びつくわけではないことが理解できる。つまり、人的接触の面から見たグローバル化の進展が平和を推進するとは限らないのである。

## 2　武力紛争の傾向

　スウェーデンのウプサラ大学にあるウプサラ紛争データプログラム（UCDP）は、第二次世界大戦後の武力紛争に関するデータを提供している（Pettersson, Högbladh, and Öberg 2019）。ここで武力紛争（armed conflicts）とは、少なくとも当事者の一方が国家の政府であり、暦年における死者数が25人以上の紛争をいう。また、武力紛争は、四つの種類、すなわち国家外（extrastate）紛争（植民地紛争）、国家間（interstate）紛争、国際化した国家内（internationalized intrastate）紛争、および国家内（intrastate）紛争に分けられている。

　1946年から2018年までの期間における種類別紛争の数の傾向について四つの指摘ができる（図11-1参照）。第1に、当初大きな割合を占めていた国家外紛争（植民地紛争）は、1970年代の半ば以降消滅した。第2に、国家間紛争は常に少ない。第3に、国家内紛争は、1991年にピークに達しその後減少したが、今日の紛争の主要な形態となっている。そして、第4に、過激派組織イスラミック・ステート（IS）のイラクからの拡散などにより、2014年から外国政府を巻き込んだ国際化した国家内紛争が急増した（同, 590）。つまり、第二次世界大戦後の紛争の発生数としては、国家間紛争は極端に少なく、対照的に国家内紛争が支配的なのである。

　ただし、国家間、特に大国間の紛争が過去の遺物になってしまったと考えるのは早計である。トランプ大統領が公表したNSS報告（2017）は、中国やロシアとの大国間競争を強調している。

第11章　グローバル化　195

図11-1　種類別の武力紛争、1946-2018年

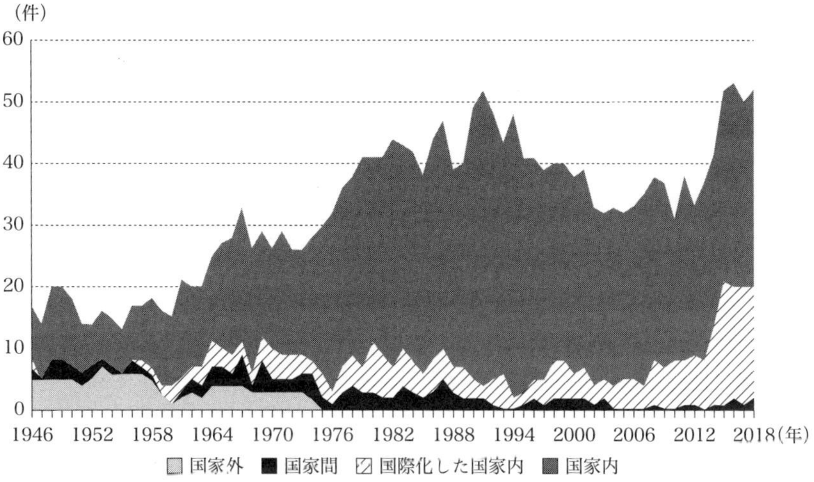

（件）

出典：Pettersson, Högbladh, and Öberg 2019, 590

　また、前世紀の現象としてしりぞけられた後、大国間の競争が戻ってきた。中国とロシアは、地域的にも世界的にも影響力を再び行使し始めた。今日、危機の際にはアメリカのアクセスを拒否するように、また、彼らは、平時にはきわめて重要な商業上の地帯において、自由に作戦行動する我々の能力に挑むように設計された軍事力を展開している。つまり、彼らは、我々の地政学的な強みと争い、国際秩序を彼らの利益になるように変えようとしているのである。（同, 27）

　本書第3章で紹介したとおり、米中戦争が発生する可能性を指摘する分析も存在する。それに、いわゆる「ハイブリッド戦」の脅威も高まっている。それは、「破壊工作、情報操作など多様な非軍事手段や秘密裏に用いられる軍事手段を組み合わせ、外形上、『武力行使』と明確には認定しがたい方法で侵略を行うこと」と定義し得るものである（2018年版防衛白書, 48）。例えば、ロシアは、2014年、この手段によりウクライナ領のクリミア半島を併合している。

## 3　日本政府の認識

　日本の国家安保戦略（2013）は、第Ⅲ章第1節「グローバルな安全保障

196　第 4 部　現代の安全保障課題

環境と課題」において、グローバル化という用語を 5 回使っている。まず、
「パワーバランスの変化」に関する記述の後に、「グローバル化の進展」や
「技術革新の急速な進展」が国際テロ組織といった非国家主体の相対的影響
力を増大させていることを指摘している。

> 　また、**グローバル化**の進展や技術革新の急速な進展は、国家間の相互依存を
> 深める一方、国家と非国家主体との間の相対的影響力の変化を助長するなど、
> グローバルな安全保障環境に複雑な影響を与えている。
> 　主権国家は、引き続き国際社会における主要な主体であり、国家間の対立や
> 協調が国際社会の安定を左右する最大の要因である。しかし、**グローバル化**の
> 進展により、人、物、資本、情報等の国境を越えた移動が容易になった結果、
> 国家以外の主体も、国際社会における意思決定により重要な役割を果たしつつ
> ある。
> 　同時に、**グローバル化**や技術革新の進展の負の側面として、非国家主体によ
> るテロや犯罪が国家の安全保障を脅かす状況が拡大しつつある。加えて、こう
> した脅威が、世界のどの地域において発生しても、瞬時に地球を回り、我が国
> の安全保障にも直接的な影響を及ぼし得る状況になっている。(同, 5-7、太字
> は筆者)

　次に、国際テロの脅威については、国家安保戦略は「**グローバル化の進展**
**により**、国際テロ組織にとって、組織内又は他の組織との間の情報共有・連
携、地理的アクセスの確保や武器の入手等がより容易になっている」と分析
している。そして、グローバル化が国際社会の繁栄をもたらすとともに「人
間の安全保障」という地球規模の課題を突きつけている点も指摘している
(同, 6, 8-9)。

　また、国家安保戦略は、アジア太平洋地域の戦略環境の特性として「領域
主権や権益等をめぐり、純然たる平時でも有事でもない事態、いわば**グレー**
**ゾーンの事態**が生じやすく、これが更に重大な事態に転じかねないリスクを
有している」と認識している(同, 10、太字は筆者)。日本政府としては、特
に尖閣諸島周辺における中国の(軍艦ではない)海上法執行機関所属の公船
の動向に注目している。

　さらに、近年、日本政府も国家間紛争への懸念を深めている。2018 年の

30 大綱は、日本周辺の安全保障環境について、「冷戦期に懸念されていたような主要国間の大規模武力紛争の蓋然性は引き続き低いと考えられる一方」、前大綱を策定した 5 年前に比べて「格段に速いスピードで厳しさと不確実性を増している」とまとめている。そして、日本の対策については「不確実性を増す安全保障環境の中で、我が国を確実に防衛するためには、平時から有事までのあらゆる段階における活動を**シームレス**に［筆者注：継ぎ目なく］実施できることが重要である」としている（太字は筆者）。

## Ⅲ　国内紛争とテロリズム

　本節では、カルドーの「新しい戦争」論を紹介するとともに、国内紛争の原因やテロリズムの意味について考察する。

### 1　【発展】グローバル化と「新しい戦争」

　**メアリー・カルドー**は、代表作『**新戦争論──グローバル時代の組織的暴力**』（2003／原著 1999）において、旧ユーゴスラヴィアや旧ソ連、それにアフリカにおいて発生した「新しい戦争」は、情報技術革命の影響により1980 年代および 90 年代に生起したグローバル化によって促進されていると主張している。以下、第 1 章を中心にこの書の現状分析の部分をまとめておく。

　「旧い**戦争**」は、ヨーロッパにおける近代国家の発展と密接に関わりあってきた（同，第 2 章）。それは「中央集権的で、『合理的』とみなされ、階層的に秩序付けられた領土に基づく近代国家を建設するためのものと考えられてきた」（同，22）。「旧い戦争」の目標は、領土の獲得やイデオロギー拡大であった。その主な方法は、国家によって独占された組織的暴力である正規軍同士の交戦である。そして、その資金は、国家が「集権的、全体的かつ自給的」に調達していた（同，12）。

　対照的に、「**新しい戦争**」には目標、方法、および資金調達において「旧い戦争」には見られない特徴がある（表 11-1 参照）。まず、「新しい戦争」の目標は、**アイデンティティの政治**である（同，第 4 章）。ここでのアイデ

198　第４部　現代の安全保障課題

表 11-1　「旧い戦争」と「新しい戦争」

|  | 旧い戦争 | 新しい戦争 |
|---|---|---|
| 戦争の目標 | 領土の獲得、イデオロギー拡大 | アイデンティティの政治 |
| 戦争の方法 | 組織的暴力の国家による独占 | 組織的暴力の分散化・私有化 |
| 資金調達の方法 | 集権的、全体的、自給的 | 略奪、闇市場、外部からの支援 |

出典：カルドー（2003，第１章）を参考にして筆者作成

ンティティの政治とは、「国家権力を掌握するために、民族的、人種的ある
いは宗教的アイデンティティを中心として人びとを動員する動き」をいう
（同，127）。次に、「新しい戦争」の主要な方法は、**分散化、私有化された組
織的暴力**による住民の強制移住である。そして、戦闘集団による資金調達は、
**略奪、闇市場、外部からの支援**という方法により行われている（同，第 5
章）。

　以上の「新しい戦争」の三つの特徴は、どれもグローバル化による影響を
強く受けている。第 1 に、グローバル化と関連している二つの現象、すな
わち国家の弱体化と「二重経済（parallel economy）」がアイデンティティ政
治の源泉である。国家の弱体化は、政治的動員の新しい形態の必要性を生み
出した。他方で、二重経済、すなわち「社会の疎外された部分において、
人々が合法的もしくは非合法的にでも生計を立てるために築いた新しい形態
の経済」は、正当化される必要があった（同，130）。さらに、国家間におけ
る通信と人の移動が容易になり国外にいる離散民の役割が高まった。また、
テレビやラジオなどのメディア技術も、政治的動員を行う能力を強化した。

　第 2 に、組織的暴力の分散化は、グローバル化により国家の自律性、特
に組織的暴力の独占が侵食されてきていることを示している。まず、国家よ
りも上のレベルでは、第二次世界大戦以降、同盟関係を通じて軍事力の国際
的統合が進んだ。そして、国家よりも下のレベルでは、軍隊の「私有化」が
進行した。

　第 3 の特徴は、まさに「グローバル化した戦争経済」である。税収と国
内生産が劇的に減少している状況において、武器、麻薬、ダイヤモンドのよ
うな物品の国境を越えた不法取引などの、グローバルな非合法的経済が確立
している。また、外国政府や離散民からの資金供給などへの依存という傾向

も見られる。

つまり、グローバル化は、「包容的、普遍主義的、あるいは多文化的な価値観に基づく『コスモポリタニズム』」のみならず、「自集団中心主義的なアイデンティティに基づく政治」をも生み出し、両者の間における政治的亀裂を深めているという（同, 8）。

## 2 【発展】国内紛争の原因

本節では、**マイケル・ブラウン著「対内紛争（internal conflict）の原因―概説」**という論文（Brown 2001）に基づき、国内紛争の多様な原因を説明する。まず、国内紛争の原因は、紛争が起きやすくなる状況を示す根本（underlying）原因と、紛争の引き金となる直接（proximate）原因の二つに分けることができる。

さらに、国内紛争の**根本原因**は、（1）構造的要因、（2）政治的要因、（3）経済・社会的要因、および（4）文化・知覚的要因という四つに分類できる（同, 4-B）。

（1）**構造的要因**：治安を維持できない弱い国家構造や、それに起因する国内の安全保障上の懸念（安全保障ジレンマの発生）、および民族の地理（少数民族の割合・分布状況）など

（2）**政治的要因**：特定の民族集団に対して差別的な政治制度や排他的な国家のイデオロギー（市民ではなく民族に基づくナショナリズムなど）、国内集団間の政治、およびエリート政治（民族たたきや責任転嫁）など

（3）**経済・社会的要因**：国内の緊張を高める経済的問題、憤りや欲求不満を生む差別的な経済システム、および試練や苦難をもたらす経済発展と近代化など

（4）**文化・知覚的要因**：少数民族への文化的差別（不公平な教育機会など）や、民族集団が共有している神話などの疑わしい歴史など

他方で、国内紛争の**直接原因**は、**国内の展開**か**国外の展開**かという軸と、**エリートレベル**か**大衆レベル**かという軸から、四つに分類できる。つまり、国内の大衆レベルの現象「悪い国内の問題」、国外の大衆レベルの現象「悪い近隣（neighborhoods）」、国外のエリートレベルの現象「悪い隣国の人々

(neighbors)」、および国内のエリートレベルの現象「悪い指導者」という四つの分類が考えられる。なお、根本原因として挙げた構造的要因、政治的要因、経済・社会的要因、および文化・知覚的要因も、変化の度合いが大きい場合は直接原因になり得る。大衆レベルにおけるこれらの要因はよく研究されている。対照的に、エリートレベルの直接的な要因については研究が遅れている。

　国内紛争の直接原因については、国内のエリートに注目することが重要である。紛争を引き起こすエリートの動機付けとしては、イデオロギー闘争における個人の信念、麻薬売買という経済的誘因、および権力闘争における個人的な政治的誘因がある。敵対的な歴史的言説の存在や悪化する経済問題という根本原因があるところに、エリート間競争の激化という直接原因が加わると、エリートの言動に多くの追随者が現れ、国内紛争が発生しやすくなると言える。

　以上のことから、紛争予防について三つの政策的含意を引き出すことができる。第1に、根本原因と直接原因のそれぞれに焦点を当てる二重（two-track）戦略をとるべきである。第2に、紛争予防は、国内の大衆レベルの現象、国外の大衆レベルの現象、国外のエリートレベルの現象、および国内のエリートレベルの現象という紛争のタイプによって異なるべきである。そして、第3に、国内エリートの決定や行動に焦点を当てるべきである。

　最後に、国内紛争研究への含意としては、国内紛争にはいろいろなタイプがあるため、「いにしえの憎しみ」といった単一の要因・要因群では全ての国内紛争を説明することはできないという点を指摘できる。今後の研究課題としては、さまざまな原因間の違いの明確化や、諸原因の異なる組み合わせによる他のタイプの紛争を識別すること、および国内紛争の直接原因に焦点を当てた詳細な事例研究の実施を挙げることができる。

## 3　【発展】テロリズムの意味

　テロリズムに関する著作は多数存在するが、中でもブルース・ホフマンによる『テロリズム―正義という名の邪悪な殺戮』（1999／原著初版 1998）は最も定評のある本の一冊であろう[1]。ホフマンは、テロリズムの定義が難し

いことを認めつつ、慎重にそれを「政治的な変化を求めて、暴力を使い、または暴力を使うとおどして恐怖を引きおこし、それを利用すること」と定義している（同，55）。

ただし、ホフマンによると、「テロリズム」という用語の意味は歴史的に変遷してきた。最初に広く使われたのは、フランス革命の時である。恐怖を意味する英語の「テラー（terror）」は、マクシミリアン・ロベスピエール率いる革命国家が行った恐怖政治を起源としている[2]。当初は、革命の理念を実現させるための統治手段として肯定的な意味を持っていた。しかし、ロベスピエールが失脚し処刑されると、テロリズムについて、権力濫用などの犯罪といった否定的な意味合いも生じた。

19世紀から第一次世界大戦ごろまで、テロリズムは、フランス革命に端を発する反君主制の機運や、マルクス主義に影響を受けた革命、反国家のイデオロギーと密接に結びついていた。テロリズムの犠牲者は、皇帝や皇族、それに政府高官であった。1914年のサライェヴォ事件で、オーストリア皇位継承者フェルディナント大公が暗殺されたのもその一例である。

その後も、テロリズムの意味は大きく変わっていく。第一次世界大戦が終わってからは、再び「非国家組織による革命的な反乱運動」から「政府による権力の濫用」へと変化した。1930年ごろには、テロリズムは、ドイツ、イタリア、およびソ連の一党独裁政権による自国民弾圧の手段を指し示すようになった。ところが、第二次世界大戦の後になると、テロリズムは、暴力を伴う反植民地運動など再び革命的な意味を帯びるようになった（同，第2章）。そして、植民地とは関係のない民族分離独立組織やイデオロギー的過激派組織なども含められるようになっていった。

テロリズムが国際的な安全保障問題となったのは、1960年代後半のことである（同，第3章）。その嚆矢となったのが、1968年に起きたイスラエルのエルアル航空機のハイジャック事件である。この事件は、パレスチナ解放機構（PLO）の一派であったパレスチナ人民解放戦線（PFLP）に所属する3人による犯行であり、中東から離れたローマを出発したばかりの航空機が狙われた。この航空機ハイジャックの新しい点は、四つあった。すなわち、テロリストが、(1) 拘留中のテロリストの釈放を求める大胆な政治声明を出

202 第4部　現代の安全保障課題

したこと、(2) イスラエルの国営航空という象徴的な攻撃目標を選んだこと、(3) イスラエル政府との直接対話を目的としたこと、および (4) 国際的な大ニュースを引き起こせることに気がついたことである。ちょうどその頃、飛行機による国際旅行や通信衛星を使ったテレビ中継が技術的に可能になっていた背景がある。このハイジャックの成功により、多くの国際テロが起こされることになる。

　現代の宗教テロ組織が登場したのは、1979 年のイラン革命が起こった後である（同, 第4章）。「イラン革命は、世界中のイスラム教徒に対する手本となり、コーランの基本的な考えを再確認し、西洋――とくにアメリカの影響が中東に侵入するのを防ごうと強く主張する」(同, 128)。まずは、このイラン革命の影響を受けて、イスラム主義のグループが登場した。1990 年代になると、マルクス・レーニン主義の人気が凋落するとともに、民族分離独立派組織の数が減少した。他方で、宗教テロ組織の数が増加し、イスラム教以外の宗教にも拡散した。宗教テロ組織の特徴としては、暴力行為の甚大化が挙げられる。オウム真理教の信者が 1995 年に東京で起こした地下鉄サリン事件では、12 名が死亡し、4,000 人近い負傷者が出た。大量破壊兵器の一種である化学兵器にも使われるサリンガスを使用した本事件は、「テロリストの戦術や武器の使用における歴史的な分岐点となった」とされている(同, 164)。

◆注

1)　2001 年 9 月 11 日に起きたアメリカでの同時多発テロは、国際テロリズムを最重要の国際安全保障問題に押し上げた。邦訳のある初版は、その前に書かれたわけであるが、テロリズムの歴史や本質を考える上で有益である。なお、原著では改訂・拡大版 (2006) と第 3 版 (2017) が出ている。

2)　クラウゼヴィッツの『戦争論』(2001b, 529) には、「テロリズムは革命政府だけがなし得る」と書かれている。なお、同じ箇所は、英訳では「terror can be used as a weapon only by a revolutionary government（テロは、革命政府によってのみ兵器として使われ得る）」となっている (Clausewitz 1984, 609)。

文献案内

I　グローバル化とは何か
- ◆ クラーク，イアン『グローバリゼーションと国際関係理論―グレート・ディヴァイドを超えて』滝田賢治訳，中央大学出版部，2010年［Clark, Ian. *Globalization and International Relations Theory*. Oxford University Press, 1999］．
- ◆ ロドリック，ダニ『グローバリゼーション・パラドクス―世界経済の未来を決める三つの道』柴山桂太，大川良文訳，白水社，2014年［Rodrik, Dani. *The Globalization Paradox: Democracy and the Future of the World Economy*. New York: W.W. Norton, 2011］．

II　グローバル化と安全保障
- ◆ 中村好寿『軍事革命（RMA）―〈情報〉が戦争を変える』中央公論新社，2001年．
- ◆ 佐原徹哉『ボスニア内戦―グローバリゼーションとカオスの民族化』有志舎，2008年．
- ◆ 国際安全保障学会編『国際安全保障』（軍事技術をめぐる最近の動向）第29巻第1号，2001年6月；（ロボット技術と戦争）第42巻第2号，2014年9月．

III　国内紛争とテロリズム
- ◆ スミス，ルパート『軍事力の効用―新時代「戦争論」』山口昇監修，佐藤友紀訳，原書房，2014年［Smith, Rupert. *The Utility of Force: The Art of War in the Modern World*. London: Allen Lane, 2005］．
- ◆ 月村太郎『民族紛争』岩波書店，2013年．
- ◆ 安部川元伸『国際テロリズム―その戦術と実態から抑止まで』原書房，2017年．
- ◆ 日本政治学会編『年報政治学』（内戦をめぐる政治学的考察）第51巻，2000年．
- ◆ 国際安全保障学会編『国際安全保障』（対テロ戦争の諸相）第32巻第4号，2005年3月；（テロ対策と大量破壊兵器の不拡散）第44巻第2号，2016年9月．

# 第12章　グローバル・コモンズ

## はじめに

　古代ギリシアの史家トゥキディデスは、ペロポネソス戦争に至るまでのギリシア海軍史を語る中で、「海を制する者がギリシアを制する」という考えが当時すでにあったことを教えてくれる。

> アテーナイ人とアイギーナ人とのあいだに戦が起こり、またペルシア勢の侵入が目前に迫ったとき、テミストクレースはアテーナイ人を説いて軍船を建造させ、こうして生まれた船隊によって海戦を挑んだのである。しかしこのときの船は、まだ全船体を被う甲板装備をもっていなかった。（……）しかし海軍の実体がこのようなものであっても、これに意を用いたものは、物質的な収益や版図の拡張をえて、侮りがたい勢力を蓄えることができた。かれらは攻撃の船隊をさしむけて島嶼を従わせることができたし、ことに充分な領地をもたない国々にとっては願ってもない手段となったからである。（トゥーキュディデス 1966, 68-69）

トゥキディデスは、アテーナイの政治家・軍人テミストクレース（前524ごろ～前460ごろ）について「アテーナイの発展は海洋制覇にかかっている、と断言した最初の人物」と紹介している（同, 140）。海軍強化を主張するテミストクレースは、アッティカ半島南部にある銀山から得た収益を活用して、当時最新鋭の三段櫂船を建造させたのである（ヘロドトス 2007, 105；アリストテレス 1980, 47-48）[1]。

　19世紀末にアメリカ海軍大学校校長を務めた**アルフレッド・マハン**（マハン 2008, 41）は、海洋のことを「一大公路（great highway）」とか「広大な公有地（wide common）」と呼び、「その上を通って人々はあらゆる方向に行くことができる」と書き記した。ここで公有地または共有地とは、開放さ

206　第4部　現代の安全保障課題

れている牧草地のような場所を意味している。

　近年では、海洋をはじめ宇宙、サイバー空間などを意味する**グローバル・コモンズ**（global commons）が安全保障の分野でも注目を集めている。それは「単独の国家や個人によって領有または支配されていない物理的または仮想的な領域（domains）」の総称と定義できる。この概念には、公海とその上空、宇宙、サイバー空間を含んでいる（Leavitt 2012, 25）。**バリー・ポーゼン**は、自らの論文（Posen 2003）において、公海と宇宙などの「コモンズの支配権」（主題）が「アメリカ覇権の軍事的基盤」（副題）であることを論じている。

　本章は、現代の安全保障課題の一つとしてグローバル・コモンズを取り上げる。以下、第Ⅰ節では、グローバル・コモンズの中でも海洋と宇宙について取り上げる。第Ⅱ節では、海洋と宇宙空間の分野における日本政府の取り組みについて紹介する。そして、第Ⅲ節では、グローバル・コモンズの一つであるサイバー空間についてより理論的に検討する。

# Ⅰ　海洋と宇宙空間

　本節では、グローバル・コモンズのうち、海洋と宇宙に焦点を当てて、まず、それぞれの領域の基本について国際法（杉原ほか 2012）と軍事戦略の観点から説明する。

## 1　海洋と宇宙空間の法

　グローバル・コモンズの一つである公海とその上空については、1982 年に採択された**国連海洋法条約**（UNCLOS: Convention on the Law of the Sea、94 年発効、96 年日本批准）で規定されている。同条約によると、**公海**（high seas）は、「いずれの国の排他的経済水域、領海若しくは内水又はいずれの群島国の群島水域にも含まれない海洋のすべての部分」（86 条）である。まず、**領海**（territorial sea）とは、基準となる海岸の低潮線（通常基線）から海側へ 12 海里（約 22 km）までの、沿岸国の主権が及ぶ海域のことをいう（2、3、5 条）。**内水**は、湾、内海、港など「領海の基線の陸地側の水域」（8

条）を指す。そして、**排他的経済水域**（EEZ: exclusive economic zone）とは、基線から海側へ 200 海里（約 370 km）までの、生物資源の保存や利用などの経済的活動について沿岸国が主権的権利を有する海域（領海を除く）のことである（55〜57 条）。**群島水域**（archipelagic waters）は、「群島の最も外側の島及び常に水面上にある礁の最も外側の点を結ぶ直線の」「群島基線により取り囲まれる水域」（47, 49 条）で群島国家にのみ認められている。

　航行と上空飛行の自由度は、水域によって異なる。公海は、全ての国家に開放されており、**航行の自由**や**上空飛行の自由**などが認められている（87 条）。排他的経済水域では、全ての国家が享受できる自由の範囲がより限定的であるが、航行と上空飛行の自由については公海と同様に認められる（58 条）。他方で、領海や群島水域においては、どの国の船舶も**無害通航権**を持っている（17、52 条）。通航が無害であるためには、「沿岸国の平和、秩序又は安全を害し」（19 条 1 項）てはならない。また、「潜水船その他の水中航行機器は、領海においては、海面上を航行し、かつ、その旗を掲げなければならない」（20 条）。なお、領空に対する主権は絶対的であるため、航空機には無害通航権に類する権利は認められていない。

　宇宙空間に関する基本条約としては、国連総会で 1966 年に採択された**宇宙条約**（Outer Space Law、67 年発効、同年日本批准）がある。正式には、「月その他の天体を含む宇宙空間の探査及び利用における国家活動を律する原則に関する条約」という。本書の観点から三つの重要な規定を挙げておく。第 1 に、全ての国に宇宙空間の探査利用の自由が認められている（1 条）。宇宙空間の探査と利用は「全人類に認められる活動分野（province）」であるとの表現も含まれている。第 2 に、領有権は否定されている。「月その他の天体を含む宇宙空間は、主権の主張、使用若しくは占拠又はその他のいかなる手段によっても国家による取得の対象とはならない」（2 条）。そして、第 3 に、宇宙空間では、大量破壊兵器の配置（地球周回軌道への投入、天体への設置を含む）は禁止され、天体の利用は平和的目的に限るとしている（4 条）。ただし、同条約は、大量破壊兵器を運搬する弾道ミサイルによる宇宙空間の通過まで禁止するものではない。

　なお、宇宙空間と**領空**（領土と領水（内水・領海）の上方にある空域）の境

界に関する国際法上のルールは存在していない。ちなみに、一般的には、カーマン・ライン（Kármán line）と呼ばれる海抜高度 100 km の境界から上が宇宙と定義されることが多いが、アメリカ空軍は海抜高度 80 km を境界としている（McDowell 2018）。ただし、空はジェットエンジン搭載の航空機が飛行できる高度 50 km までで、宇宙空間は人工衛星が円周軌道を維持できる高度 150 km 以上であり、両者は連続していないという見方も存在している（スローン 2019）。

## 2　海洋と宇宙空間における戦略

　本章の冒頭で出てきた**アルフレッド・マハン**は、『**海上権力史論**』（2008／原著 1890）の中で、**シーパワー**（sea power）が歴史の流れや国家の繁栄に及ぼす影響について分析している。マハンはシーパワーについて明確に定義していないが、「武力によって海洋ないしその一部分を支配する海上の軍事力のみならず、平和的な通商及び海運をも含んでいる」と述べている。陸路と比べて容易かつ安価な海上輸送の重要性に着目し、シーパワーを構成する「要素」として、通商保護のために存在する海軍とともに、「連鎖の環」をなす生産、海運、および植民地（基地・拠点）を挙げている（同, 46, 327）。そして、諸国家のシーパワーの大きさは、次の六つの外的な「**条件**」から影響されてきたとしている。すなわち「(1) 地理的位置、(2) 自然的形態（それに関連して天然の産物及び気候を含む）、(3) 領土の範囲、(4) 人口の数、(5) 国民性、(6) 政府の性格（国家の諸制度を含む）」である（同, 47）。

　マハンは、帆船時代（1660–1783 年）の歴史を考察することにより、いつも「海上の支配権（mastery）が勝者側にあった」ことを指摘して、海上の管制または**制海**（control of the sea）を握っている国家が平時においては繁栄し戦時においては勝者となり偉大になれたことを主張している（同, 2）。そして、次の蒸気時代にも当てはまるであろう一般原則的な教訓を引き出している。それには、補給や増援を行うための**海上交通線**（sea line of communications）を自国には確保して敵国には拒否することの重要性（同, 緒論）や、「海軍戦略は、戦時におけると同様平時においても、国のシーパワーを建設し、支援し、増大することをその目的とする」ということが含まれ

ている（同，36）。

　さて、**コリン・グレイ**は、『**現代の戦略**』（2015／原著1999）の中で、研究がまだあまり進んでいないスペースパワーの分析には、陸・海・空の環境に特化した戦略論からの類推が有益であると述べている。まず、スペースパワーの概念については、「平時、危機、そして戦時において、宇宙空間において、そして宇宙空間から、迅速かつ長期的に影響力を発揮できる能力」という広義の定義と、**制宙**（space control）に近い「自らは宇宙を使用しつつ、敵にそのような使用を拒否できる能力」という狭義の定義を行っている。加えて、シーパワーからの類推としては、「『海上権力史論』の最初の章でマハンによって鮮やかに示された例を見れば、スペースパワーには「要素」と「条件」の両方があることが納得できるはずだ」とも述べている（同，357，373）。他方で、無批判の類推がもたらす弊害に警鐘を鳴らしつつ、スペースパワーと他の地理環境のパワーとの違いにも注意を向けるよう促している。

## II　海洋・宇宙空間と日本

　本節では、海洋や宇宙空間の分野における日本政府の取り組みについて、まずは、海洋国家としてのアイデンティティや自衛隊による宇宙利用がどのように発展してきたのかという歴史的経緯を述べ、その後に、最近の国家安保戦略や防衛政策を紹介する。

### 1　海洋国家としての日本

　国土面積では世界第60位でしかない日本は、海岸線の長さと日本の権利が及ぶ海域の面積の両方で世界第6位となっている（国土技術研究センター・ウェブサイト）。日本の海岸線は、アメリカCIAの調査によれば29,751 kmの長さであり、オーストラリアやアメリカ、中国の海岸線よりも長い。また、日本の権利が及ぶ海域、つまり領海と排他的経済水域の面積は約447万平方km あり、日本の国土の約12倍という広さである。

　しかし、広大な海を持つ国が全て海洋国家というわけではない。**高坂正堯**は、今から半世紀前に公表された論文「**海洋国家日本の構想**」（2008, 232-

210 第4部 現代の安全保障課題

233）において、内向きで視野の狭い日本を「海洋国」ではなく「島国」と規定した。

　しかし、日本政府が海洋立国に向けて真剣に取り組み始めたのはそう昔のことではなく、2007年7月になって**海洋基本法**が成立した。この法律は、「新たな海洋立国を実現することが重要であることにかんがみ海洋に関する施策を総合的かつ計画的に推進」（1条）するために制定されたものである。この法律の基本理念としては、海洋の開発・利用と海洋環境の保全との調和、海洋の安全の確保、海洋に関する科学的知見の充実、海洋産業の健全な発展、海洋の総合的管理、および海洋に関する国際的協調（2〜7条）などが挙げられている（岩沢編 2018, 895）。同法に基づき、海洋に関する施策を推進するために、**総合海洋政策本部**が内閣に設置されるとともに、これまで2008年から5年ごとに**海洋基本計画**が策定されている（詳細については笹川平和財団海洋政策研究所編 2017, 37-43 を参照）。なお、防衛白書において、「海洋国家であるわが国」との表現が出現し始めたのは、海洋基本法が制定された翌年の 2008 年版であった。

　国家安保戦略（2013）は、第Ⅱ章「国家安全保障の基本理念」において、日本のことを「平和国家」や「経済大国」のみならず「海洋国家」としても位置付けている。「また、我が国は、四方を海に囲まれて広大な排他的経済水域と長い海岸線に恵まれ、海上貿易と海洋資源の開発を通じて経済発展を遂げ、『開かれ安定した海洋』を追求してきた海洋国家としての顔も併せ持つ」。そして、「海洋国家として（……）自由貿易体制を強化し、安定性及び透明性が高く、見通しがつきやすい国際環境を実現していくこと」を重要視している（同, 2, 4）。この意味で、「海洋国家」との自己認識は、「貿易国家」や「経済大国」のアイデンティティとも密接に関連しているのである。

## 2　宇宙平和利用原則の変遷

　1969年5月9日、衆議院本会議において、宇宙開発事業団法案との関連で、**宇宙平和利用原則**に関する「わが国における宇宙の開発及び利用の基本に関する決議」が採択された。この決議は、日本における宇宙の開発利用は「平和の目的に限り」行うという原則を打ち出した（1985年版防衛白書,

315）。その後、ここで言う「平和」とは「非軍事」の意味であると解釈されてきた（鳥嶋2019）。

　だが、1980年代になると、自衛隊による人工衛星、特に通信・航法・気象・地球観測衛星の利用が必要になってきた。そこで、上記の国会決議における「平和の目的」と自衛隊による衛星利用との関係について、1985年2月6日に衆議院予算委員会で日本政府は、次のとおりの見解を出した。

　　国会決議の「平和の目的に限り」とは、自衛隊が衛星を直接、殺傷力、破壊力として利用することを認めないことはいうまでもないといたしまして、その利用が一般化しない段階における自衛隊による衛星の利用を制約する趣旨のものと考えます。
　　したがいまして、<u>その利用が一般化している衛星及びそれと同様の機能を有する衛星につきましては、自衛隊による利用が認められるものと考えております</u>。（1985年版防衛白書，315-316、下線は筆者）

上記の下線部分の「**一般化理論**」によって、宇宙平和利用原則と自衛隊による衛星利用とのジレンマは公式に解決が図られた（2009年版防衛白書，105）。こうして、1980年代の半ばには、硫黄島にいる部隊との通信を目的とする、日本電信電話株式会社（NTT）の通信衛星「さくら2号」の回線の利用や、海上自衛隊がアメリカ軍と共同訓練を行う際の、アメリカ軍の通信衛星「フリートサット」の利用などが始まった（1985年版防衛白書）。

　日本政府による地球観測（偵察）衛星の保有と運用は、1998年8月末に北朝鮮が発射した弾道ミサイルが日本列島の上空を通過して太平洋に落下したことが契機となった。日本政府は、「外交・防衛等の安全保障及び大規模災害等への危機管理のために必要な情報の収集を主な目的として」「**情報収集衛星**」の導入を閣議決定した（1999年版防衛白書，332）。そして、情報収集衛星の運用を行う**内閣衛星情報センター**を設置するとともに、2003年から情報収集衛星の打ち上げを行ってきた。

　日本の宇宙開発にとって画期的である**宇宙基本法**が2008年5月に成立した。この法律は、「宇宙開発利用に関する施策を総合的かつ計画的に推進」（1条）するために制定されたものである。この法律の基本理念としては、

212 第4部 現代の安全保障課題

宇宙の平和的利用、国民生活の向上、産業の振興、人類社会の発展、国際協力、および環境への配慮（2～7条）などが挙げられている（岩沢編 2018, 904）。また、本章の観点からより重要なのは、宇宙平和利用原則の再解釈の結果、次の条文により、宇宙の軍事的利用が可能となったことである（鳥嶋 2019）。「国は、国際社会の平和及び安全の確保並びに我が国の安全保障に資する宇宙開発利用を推進するため、必要な施策を講ずるものとする」（14条）。同法に基づき、宇宙開発利用に関する施策を推進するために、**宇宙開発戦略本部**が内閣に設置されるとともに、2009年からほぼ5年ごとに**宇宙基本計画**が策定されている。

## 3 日本の国家安保戦略と防衛政策

　国家安保戦略（2013）では、「グローバルな安全保障環境と課題」（第III章第1節）の一つとして、「国際公共財（グローバル・コモンズ）に関するリスク」について記述している（同, 7-8, コラム 12-1 参照）。ここでグローバル・コモンズとして取り上げられているのは、海洋、宇宙空間、およびサイバー空間である。グローバル・コモンズへの「自由なアクセス及びその活用を妨げるリスクが拡散し、深刻化している」という。そうしたリスクへの対処法として「適切な国際的ルール作りを進め、当該ルールを尊重しつつ国際社会が協力して取り組むこと」を挙げている。

　国家安保戦略は、第IV章「我が国がとるべき国家安全保障上の戦略的アプローチ」でも、グローバル・コモンズを重点領域の一つとしている。まず、第1節の「我が国の能力・役割の強化・拡大」には、以下の項目が含まれている。

　(4) 海洋安全保障の確保

　(5) サイバーセキュリティの強化

　(9) 宇宙空間の安定的利用の確保及び安全保障分野での活用の推進

次に、第2節の「日米同盟の強化」では、「(1) 幅広い分野における日米間の安全保障・防衛協力の更なる強化」の中に、海洋、宇宙空間、およびサイバー空間への言及がある。そして、第4節の「国際社会の平和と安定のための国際的努力への積極的寄与」の「(2) 法の支配の強化」においても、

海洋、宇宙空間、およびサイバー空間は特記されている。

　2015 年の「日米防衛協力のための指針（ガイドライン、本書第 8 章参照）」は、グローバル・コモンズという用語は登場しないものの、海洋、宇宙空間、およびサイバー空間での日米防衛協力を重視している。伝統的な協力分野である海洋安全保障や海域防衛作戦については、第Ⅳ章「日本の平和及び安全の切れ目のない確保」や第Ⅴ章「地域の及びグローバルな平和と安全のための協力」に含められている。

　また、これまでの指針にはなかった新しい特徴としては、第Ⅳ章の作戦構想に「領域横断的な作戦」が追加されるとともに、第Ⅵ章「宇宙及びサイバー空間に関する協力」が設けられたことが挙げられる。領域横断的な作戦とは、「複数の領域を横断して同時に効果を達成することを目的とする」ものである。領域横断的な協力の例として、情報収集・警戒監視・偵察（ISR: intelligence, surveillance, and reconnaissance）活動、打撃作戦、宇宙とサイバー空間における脅威への対処、特殊作戦部隊による作戦が挙げられている。宇宙に関する協力については、宇宙システムの抗たん性の確保[2] や宇宙状況監視に関わる協力が含められた。また、サイバー空間に関する協力については、「日本の安全に影響を与える深刻なサイバー事案が発生した場合、日米両政府は、緊密に協議し、適切な協力行動をとり対処する」という一文が注目される。

### コラム 12-1　グローバル・コモンズの訳語

　国家安保戦略や防衛白書は、グローバル・コモンズを国際公共財と訳している。しかし、前者は領域・空間のことであり、財とは異なる。学術文献においては、コモンズは、公共財（public goods）あるいは集合財（collective goods）[3] と異なる概念として使われている。例えば、サンドラ・リービットは、グローバル・コモンズをグローバルな「公共財の源（sources）」と位置付けている（Leavitt 2012, 25）。また、バリー・ポーゼンは、アメリカによるコモンズの支配権が平和・秩序、貿易・旅行・通信・遠隔測定といった集合財をアメリカの同盟諸国に提供していると書いている（Posen 2003, 46）。

　ちなみに、国際法では、グローバル・コモンズは、「国際公域」（res communis）と呼ばれ、具体的には国家の管轄権の及ばない「公海とその上空、南極地域、深海底、宇宙空間・天体」などが該当する（杉原ほか 2012）。

214　第4部　現代の安全保障課題

　同指針を受けて、2018（平成30）年に策定された「**平成31年度以降に係る防衛計画の大綱**（30大綱、本書第7章参照）」は、「**多次元統合防衛力**」構想を打ち出した。この構想の背景には、次のとおりの認識がある。

　　　厳しさを増す安全保障環境の中で、軍事力の質・量に優れた脅威に対する実効的な抑止及び対処を可能とするためには、宇宙・サイバー・電磁波といった新たな領域と陸・海・空という従来の領域の組合せによる戦闘様相に適応することが死活的に重要になっている。（同, 9）

同大綱では、この認識に基づき、「**領域横断（クロス・ドメイン）作戦**」やそのための統合運用が重視されている。第Ⅳ章「防衛力強化に当たっての優先事項」においても、「宇宙・サイバー・電磁波の領域における能力の獲得・強化」は最優先事項となっている。

## Ⅲ　サイバー空間

　本節では、サイバー空間に焦点を当てて、その基本事項を解説するとともに、サイバー技術が戦争に革命をもたらしつつあるという主張とその反論について紹介する。

### 1　サイバー空間とは

　サイバーに関する包括的な入門書として、**ピーター・シンガー**と**アラン・フリードマン**の共著『**サイバーセキュリティとサイバー戦争**』（Singer and Friedman 2014）は定評がある。本項では、同書に基づきサイバー空間の基本的な事項について解説したい。

　サイバー空間にはいろいろな定義が存在しているが、単純な定義を挙げれば「情報がオンライン上で記憶、共有、および伝達される諸コンピュータネットワークの領域（とそれらの背後にいる利用者）」というものがある（同, 13）。サイバー空間の構成要素としては、デジタル化されたデータ、データを記憶しておくコンピュータ、それに情報を伝えるシステムやインフラ（開

かれたインターネット、閉じられたイントラネット、携帯電話技術、光ファイバー網、および衛星通信を含む）がある。また、サイバー空間は、そのシステムや技術が人造物であることから、人間の認識面も重要であるとの特徴を有している。

シンガーとフリードマンによれば、政府やメディアのように、サイバー空間をグローバル・コモンズとして位置付けるのは間違っているという（同様の主張については伊東2016, 202；ナイ2011, 187参照）。サイバー空間は物質的なインフラや人間の利用者に依拠している以上、特定の場所に位置するだけでなく、主権、国籍、所有物という概念の影響も受ける。ただし、サイバー空間は、技術やわれわれの認識とともに発展しており、その実態は常に流動的である。今日では、交通機関や水道、電気などの重要インフラともリンクして文明を支えているのみならず、ビジネス、文化、および人間関係の中心的な基盤となりつつある。

さて、サイバー戦争の主な要素は、陸、海、空、および宇宙などの他の領域における戦争と類似点や関連性を持っている。すなわち、各領域の戦争は、政治的目標や暴力という要素で共通している。ちなみに、アメリカ政府は、効果に着目して、武力行使としてのサイバー攻撃を死傷や重大な破壊をもたらすものに限定している。

サイバー空間に関する国際法の整備は始まったばかりである。1945年の国連憲章や1949年のジュネーヴ条約などの戦争法は、新しい技術によって創出されたサイバー空間にそのまま当てはめることはできない。情報の自由な流通を重視する諸国やそれに反対する中国や北朝鮮のような国があるように、サイバー空間の規範に関する世界的なコンセンサスを形成していくのは決して容易なことではない。ただし、戦争が政治的な行為であることから、やはりある行為が戦争に当たるのかどうかを決めるのには、法的というよりも政治的な判断が重要になってくる。

サイバー攻撃を含む軍事作戦としては、イスラエルによる**オーチャード作戦**が有名である。これは、シリアが北朝鮮の援助を受けて秘密裏に進めようとしていた核開発を阻止するために、イスラエル空軍が2007年にアル・キバールにある核施設を空爆して破壊した作戦である。イスラエルは、事前に

216　第４部　現代の安全保障課題

シリアの軍事コンピュータネットワークに侵入し防空システムを乗っ取り、シリア国内に侵入するイスラエルの戦闘機を発見できないようにしただけでなく、何事も起きていないことを示す偽像をモニターに映し出すことに成功した。これこそ、通常の軍事攻撃を補完する「コンピュータネットワーク作戦」であった。

　ネットワーク中心に組織されている現代の軍隊は、サイバー攻撃に対する脆弱性を抱えている。コンピュータネットワーク作戦は、敵側の指揮統制を妨害し、無能にすることや、偽りの情報・命令を伝えることを狙って行われる。今後は、敵の無人兵器やロボット兵器の操作を妨害したり、乗っ取ったりする可能性も考えられる。また、サイバー攻撃には、敵軍の破壊を目的としてサイバー空間とつながっている船のエンジンを攻撃対象とするものや、より攻撃しやすい攻撃対象と言える一般市民の殺害や民間のネットワークの破壊を目的とするものが考えられる。

## ２　サイバー革命論

　アメリカ政府内では、サイバー技術が戦争に**軍事革命**（RMA、本書第11章参照）をもたらしつつあり、重要な経済や軍事のインフラが危険なまでに脆弱になっていると広く信じられている。コンピュータ科学の修士号を持つ**政治学者ジョン・リンジー**は、そうした「サイバー革命論」の根拠として、以下のとおり、非対称性、攻撃優位、および抑止力の弱体化の三点が挙げられることが多いと指摘している（Lindsay 2013）。

　第１に、インターネットが軍事的に弱いアクターに非対称的な強みを与えている（**非対称性**）。一方で、インターネットにより弱小なアクターのパワーが強化されている。サイバー攻撃能力は比較的に安価で獲得することができ、また、攻撃対象に関する情報もインターネットを通じて費用をかけずに入手できる場合があるからである。そして、弱小なアクターは探知や報復を回避するようサイバー空間を匿名で利用できる。他方で、強力なアクターは脆弱になっている。先進国であるほどサイバー空間に依存しており、ネットワークでつながれた数多くの重要インフラが侵入・攻撃の対象となり得る。

　第２に、攻撃がより容易になりつつある一方、防御がより困難になりつ

つある（**攻撃優位**）。匿名性があるため、どこからでも安全にサイバー攻撃が可能である。防御側が検知し対処できるよりも速く、攻撃側はマルウェア（悪意のあるソフトウェア）を修正していくことができる。また、攻撃側は多数の攻撃のうち一回でも成功すればよいが、防御側は全ての攻撃に対して効果的に防御する必要がある。それに、ネットワークが拡大すればするほど、サイバー防御の費用は上昇していく。さまざまな利益を持つアクターの寄せ集めである防御側は、協調するインセンティブを欠いている。特に重要なインフラは侵入防止よりも効率性と信頼性が重視されているため、その防御は困難である。

第3に、誰が攻撃を仕掛けたのかを特定することが困難であることが抑止力を弱めている（**抑止力の弱体化**）。ここでもまたサイバー空間における匿名性が問題となる。サイバー攻撃の出所がはっきりしないことが多いため、被害を受ける側は将来あり得る攻撃に対して報復するという信憑性のある威嚇をすることができない。懲罰的抑止だけではない。防御の向上を通じた拒否的抑止についても、上記のサイバー空間特有の非対称性と攻撃優位のために困難である（懲罰的と拒否的な抑止については本書第7章参照）。

さて、日本の政府内でも、サイバー革命論は広い支持を集めている（コラム12-2参照）。防衛省が2012年に策定した「防衛省・自衛隊によるサイバー空間の安定的・効果的な利用に向けて」では、サイバー攻撃の特性として、(1) **多様性**（主体・手法・目的・状況）、(2) **匿名性**、(3) **隠密性**（攻撃の存在を察知し難いもの・そもそも被害発生の認識すら困難なもの）、(4) **攻撃側の優位性**、および (5) **抑止の困難性**を挙げている（防衛省 2012）。

陸上自衛隊でサイバー防衛を任務とするシステム防護隊初代隊長であった**伊東寛**は、著書『**サイバー戦争論**』(2016, 29) の中で、サイバー技術が「軍事革命のひとつを提供した」と述べている。そして、特にサイバー空間における攻撃優位を強調している。「繰り返すが、サイバー戦争はすでに始まっている。そしてこの戦争では守っているだけでは必ず負けてしまう。サイバー攻撃に対する攻防両面からの国際的防衛戦略の構築が早急に必要である」（同, 225）。この主張は、サイバー空間においては「専守防衛に徹する」との日本の防衛政策の基本理念を放棄しなければならないと言っていること

218 第4部 現代の安全保障課題

### コラム 12-2 日本政府によるサイバー攻撃対処

　日本政府内において、サイバー攻撃対処に向けた取り組みが進められている。2014年3月には自衛隊指揮通信システム隊の下に**サイバー防衛隊**が新編されている。政府全体の取り組みとしては、同年11月には**サイバーセキュリティ基本法**が成立し、翌年1月には**サイバーセキュリティ戦略本部**とその事務局である**内閣サイバーセキュリティセンター**がそれぞれ内閣と内閣官房に設置された（2015年版防衛白書）。

と同じであり、注目に値する。

## 3　サイバー革命論への懐疑

　「サイバー革命論」については、政策分析の専門家の間では支持者が多いが、より学術的な研究者には批判者も散見される。例えば、批判者の一人であるリンジーは、国境を越えて物理的な損害を引き起こしたサイバー戦の唯一の事例であったスタックスネット事件を検証することによって、非対称性、攻撃優位、および抑止力の弱体化という通念に反論を試みている（Lindsay 2013）。なお、スタックスネット（stuxnet）とは、イランがナタンツにあるウラン濃縮施設で使っていた遠心分離機に損害を与えたコンピュータ・ワーム（自己増殖し感染していくマルウェア）のことで、2010年に発見された。リンジーの議論は概要次のとおりである。

　第1に、スタックスネットは、明らかに弱者の兵器ではなかった。報道によると、イランの核開発を少しでも遅らせたいアメリカとイスラエルが攻撃を行ったとされる。意味のある損害を引き起こすサイバー兵器を開発・実験するとともに、攻撃対象システムの情報を得るには、かなりの時間や資金、諜報機関などの組織的な努力が必要となる。また、強国の場合は、サイバー攻撃のリスクに対してもハードな軍事力という、失敗しても保険となる手段を持っている。相当に高いレベルでの資源やリスク受容の必要性は、弱小アクターにとって参入障壁となる。

　第2に、サイバー空間では、必ずしも攻撃が防御よりも優位であるとは限らない。スタックスネットの効果は、小さく一時的なものであった。スタックスネット攻撃は、外交交渉や経済制裁の効果が出るまでの時間稼ぎのた

めに長期にわたって濃縮のレベルを低下させることを狙っていた。そこで、サイバー攻撃の隠密性を維持するためには、損害を与えすぎないことが必要であった。それでも、攻撃によるウラン濃縮計画の遅れは1年程度に過ぎなかった。また、ナタンツ施設の組織的な複雑性や、マルウェア対策の無料のパッチを提供した世界的な情報セキュリティ共同体の存在が防御側を有利にしたと考えられる。サイバー空間における攻撃優位というのは、無差別に人や機械を狙う低強度のサイバー攻撃（サイバー犯罪やサイバースパイ活動）には当てはまるであろうが、固有な特性を持ち複雑な対象を狙う高強度のサイバー攻撃（サイバー戦）では正しいとは言えないであろう。

　第3に、ナタンツへのサイバー攻撃は、抑止の成功例と解釈できる。サイバー攻撃そのものを防止するという意味では失敗しているが、サイバー兵器によるか否かにかかわらず、許容できない武力行使を防止するという意味では成功しているのである。報復や自己への悪影響などサイバー戦の危険な不確実性があったため、アメリカとしては攻撃の烈度を制限せざるを得なかった。攻撃者が誰であるかを特定するのが困難であるという帰属（attribution）問題もいつも解決不可能であるわけではない。攻撃防御バランスと同様、サイバー攻撃の烈度によって帰属問題の程度が異なってくる。つまり、攻撃烈度が高くなるほど、防御側は攻撃の帰属について精査するようになり、匿名性を維持するのが困難になるのである。

　ちなみに、サイバー・パワーに関心のあるジョセフ・ナイも、サイバー革命論に対して慎重な立場をとっている。サイバー攻撃の非対称性については認めているものの、過度の強調に対しては「力の拡散は力の均等化と同じではない」と批判を加えている。また、抑止力が働かないという主張については「単純すぎる」と批判している（ナイ2011, 178, 191）。サイバー攻撃の匿名性や弱い破壊力から懲罰的抑止の困難さは認めるものの、防衛力の強化による拒否的抑止のみならず、他者への攻撃が自己への悪影響を引き起こすかもしれない相互依存関係の深化による抑止や、アクターの評判を左右する規範的制度の強化による抑止なども国家間関係では作用するとしている（Nye 2016/17）。

　以上のとおり、サイバー革命論には賛否がある。現状での軍事的なサイバ

ー攻撃は、敵の行動の自由を拒否するなど、通常兵器による攻撃を補完する役割を担っていると考えるのが妥当であるように思われる（スローン 2019）。

◆注
1) テミストクレースが建造した三段櫂船の数について、ヘロドトス（2007）は 200 隻、アリストテレス（1980）は 100 隻としている。
2) 抗たん性の確保とは、「基地や施設などが敵の攻撃を受けた場合でも、簡単にはその機能を停止することがないように対策を講じておくこと」をいう（1987年版防衛白書）。
3) 公共財と集合財は、同義の意味で使われることが多い（例：オルソン 1996）。

 文献案内

I 海洋と宇宙空間
◆ 石津朋之ほか編著『エア・パワー――その理論と実践』芙蓉書房出版，2005 年．
◆ 立川京一ほか編著『シー・パワー――その理論と実践』芙蓉書房出版，2008 年．
◆ 鈴木一人『宇宙開発と国際政治』岩波書店，2011 年．
◆ スパイクマン，ニコラス『スパイクマン地政学――「世界政治と米国の戦略」』渡邉公太訳，芙蓉書房出版，2017 年［Spykman, Nicholas J. *America's Strategy in World Politics: The United States and the Balance of Power.* New York: Harcourt, Brace, 1942］．
◆ 国際安全保障学会編『国際安全保障』（海洋権益と国家の海洋力）第 35 巻第 1 号，2007 年 6 月；（海洋安全保障の今日的課題）第 42 巻第 1 号，2014 年 6 月．

II 海洋・宇宙空間と日本
◆ 村田良平『海が日本の将来を決める』成山堂書店，2006 年．
◆ 青木節子『日本の宇宙戦略』慶應義塾大学出版会，2006 年．
◆ 国際安全保障学会編『国際安全保障』（作戦領域の拡大と日本の対応）第 41 巻第 1 号，2013 年 6 月．

III サイバー空間
◆ 土屋大洋『サイバーセキュリティと国際政治』千倉書房，2015 年．
◆ 猪俣敦夫『サイバーセキュリティ入門―私たちを取り巻く光と闇』共立出版，2016 年．
◆ 国際安全保障学会編『国際安全保障』（作戦領域の拡大と日本の対応）第 41 巻第 1 号，2013 年 6 月．

# 引用参考文献リスト

Art, Robert J. 1980. To What Ends Military Power? *International Security* 4, no. 4（Spring）: 3–35.

Art, Robert J., and Kelly M. Greenhill, eds., 2015. *The Use of Force: Military Power and International Politics*, 8th ed. Rowman & Littlefield.

Baldwin, David A. 1995. Security Studies and the End of the Cold War. *World Politics* 48, no. 1（October）: 117–141.

Baldwin, David A. 1997. The Concept of Security. *Review of International Studies* 23, no. 1（January）: 5–26.

Ball, Desmond. 1980. *Politics and Force Levels: The Strategic Missile Program of the Kennedy Administration*. University of California Press.

Ball, Desmond. 1986. The Development of the SIOP, 1960–1983. In *Strategic Nuclear Targeting*, ed. Desmond Ball and Jeffrey Richelson, 57–83. Cornell University Press.

Berkowitz, Morton, and P. G. Bock. 1965. *American National Security*. New York: Free Press.

Brodie, Bernard, ed. 1946. *The Absolute Weapon: Atomic Power and World Order*. New York: Harcourt.

Brooks, Stephen G., and William C. Wohlforth. 2008. *World out of Balance: International Relations and the Challenge of American Primacy*. Princeton University Press.

Brown, Michael E. 2001. The Causes of Internal Conflict: An Overview. In *Nationalism and Ethnic Conflict*, ed. Michael E. Brown et al., 3–25. MIT Press.

Buzan, Barry, and Lene Hansen. 2009. *The Evolution of International Security Studies*. Cambridge University Press.

Buzan, Barry. 1983. *People, States, and Fear: The National Security Problem in International Relations*. Brighton, Sussex: Wheatsheaf Books, 1983.

Claude, Inis L., Jr. 1959. *Swords into Plowshares: The Problems and Progress of International Organization*, 2nd. ed., rev. and enl. New York: Random House.

Clausewitz, Carl von. 1984. *On War*. Ed. and trans. Michael Howard and Peter Paret. Princeton University Press.

Conference on Security and Co-operation in Europe（CSCE）. 1990. Charter of Paris for A New Europe. November. http://www.osce.org/mc/39516, available on October 6, 2013.

Copeland, Dale C. 1996. Economic Interdependence and War: A Theory of Trade Expectations. *International Security* 20, no. 4（Spring）: 5–41.

Copeland, Dale C. 2000. *The Origins of Major Wars*. Cornell University Press.

Doyle, Michael W. 1997. *Ways of War and Peace: Realism, Liberalism, and Socialism*. New York: W. W. Norton.

Dupuy, Kendra, and Siri Aas Rustad. 2018. Trends in Armed Conflict, 1946–2017. *Conflict Trends*（May）. Oslo: PRIO. https://www.prio.org/utility/DownloadFile.ashx?id=1698&type=publicationfile（accessed March 13, 2019）.

Edelstein, David M. 2010. Realists Don't Go for Bombs and Bullets. Foreign Policy. Blog post, July 21, 2010, at https://foreignpolicy.com/2010/07/21/why-realists-dont-go-for-bombs-and-bullets/ (accessed October 13, 2019).

The Editors. 1976. Foreword. *International Security* 1, no. 1 (Summer): 2.

Ekbladh, David. 2011. Present at the Creation: Edward Mead Earle and the Depression-Era Origins of Security Studies. *International Security* 36, no. 3 (Winter): 107–141.

Elrod, Richard B. 1976. Concert of Europe: Fresh Look at an International System. *World Politics* 28, no. 2 (January): 159–174.

Fazal, Tanisha M. 2004. State Death in the International System. *International Organization* 58, no. 2 (Spring): 311–344.

Freedman, Lawrence. 2003. *The Evolution of Nuclear Strategy*, 3rd ed. Houndmills: Palgrave Macmillan.

Freedom House. 2019. *Freedom in the World*, 2019 ed. https://freedomhouse.org/sites/default/files/Feb2019_FH_FITW_2019_Report_ForWeb-compressed.pdf (accessed April 25, 2019).

Fukuyama, Francis. 1989. The End of History? *The National Interest* 16 (Summer): 3–18.

George, Alexander L., and Richard Smoke. 1974. *Deterrence in American Foreign Policy: Theory and Practice*. Columbia University Press.

Gilpin, Robert. 1981. *War and Change in World Politics*. Cambridge University Press.

Gilpin, Robert. 1988. The Theory of Hegemonic War. *Journal of Interdisciplinary History* 18, no.4 (Spring): 591–614.

Gray, Colin S. 1982. *Strategic Studies and Public Policy: The American Experience*. The University Press of Kentucky.

Grieco, Joseph M. 1988. Anarchy and the Limits of Cooperation: A Realist Critique of the Newest Liberal Institutionalism. *International Organization* 42, no. 3 (Summer): 485–507.

Herz, John H. 1950. Idealist Internationalism and the Security Dilemma. *World Politics* 2, no. 2 (January): 157–180.

Ikenberry, G. John. 2011. *Liberal Leviathan: The Origins, Crisis, and Transformation of the American World Order*. Princeton University Press.

Jervis, Robert. 1978. Cooperation under the Security Dilemma. *World Politics* 30, no. 2 (January): 167–214,

Jervis, Robert. 1979. Deterrence Theory Revisited. *World Politics* 31, no. 2 (January): 289–324.

Jervis, Robert. 1983. Security Regimes. In *International Regimes*, ed., Stephen D. Krasner, 173–194. Cornell University Press [also *International Organization* 36, no. 2 (Spring 1982): 357–378].

Jervis, Robert. 1985. From Balance to Concert: A Study of International Security Cooperation. *World Politics* 38, no. 1 (October): 58–79 [also in *Cooperation under Anarchy*, edited by Kenneth A. Oye, 58–79. Princeton University Press, 1986].

Jervis, Robert. 1989. *The Meaning of the Nuclear Revolution: Statecraft and the Prospect of Armageddon*. Cornell University Press.

Kaplan, Fred. 1983. *The Wizards of Armageddon*. Stanford University Press.

Keohane, Robert O. 1986. Reciprocity in International Relations. *International Organization* 40, no. 1 (Winter): 1–27.

Keohane, Robert O. 1989. *International Institutions and State Power: Essays in International Relations Theory*. Boulder: Westview Press.

Keohane, Robert O. 1990. International Liberalism Reconsidered. In *The Economic Limits to Modern Politics*, ed. John Dunn, 165–194. Cambridge University Press [also in *Power and Governance in a Partially Globalized World*, edited by Robert O. Keohane, 39–62. London: Routledge, 2002].

Krasner, Stephen D. ed. 1983. *International Regimes*. Cornell University Press.

Krasner, Stephen D. 1983. Structural Causes and Regime Consequences: Regimes as Intervening Variables. In *International Regimes*, ed., Stephen D. Krasner, 1–21. Cornell University Press [also *International Organization* 36, no. 2 (Spring 1982): 185–205].

Krause, Keith, and Michael Williams. 1996. Broadening the Agenda of Security Studies. *Mershon International Studies Review* 40, no. 2 (October): 229–254.

Layne, Christopher. 1993. The Unipolar Illusion: Why New Great Powers Will Rise. *International Security* 17, no. 4 (Spring): 5–51.

Layne, Christopher. 1994. Kant or Cant: The Myth of the Democratic Peace. *International Security* 19, no. 2 (Fall): 5–49

Layne, Christopher. 2006. The Unipolar Illusion Revisited: The Coming End of the United States' Unipolar Moment. *International Security* 31, no. 2 (Fall): 7–41.

Leavitt, Sandra R. 2012. Problems in Collective Action. In *Conflict and Cooperation in the Commons a Comprehensive Approach for International Security*, ed. Scott Jasper, 23–39. Georgetown University Press.

Levy, Jack S., and William R. Thompson. 2010a. *Causes of War*. Chichester: Wiley-Blackwell.

Levy, Jack S., and William R. Thompson. 2010b. Balancing on Land and at Sea: Do States Ally against the Leading Global Power? *International Security* 35, no. 1 (Summer): 7–43.

Lindsay, Jon R. 2013. Stuxnet and the Limits of Cyber Warfare. *Security Studies* 22, no. 3 (July): 365–404.

Locke, John. 1980. *Second Treatise of Government*. Ed. C. B. Macpherson. Cambridge, Mass.: Hackett Publishing Company, Inc.

Luard, Evan, ed. 1992. *Basic Texts in International Relations: The Evolution of Ideas about International Society*. Basingstoke, Hants: Macmillan Academic and Professional.

McCalla, Robert B. 1996. NATO's Persistence after the Cold War. *International Organization* 50, no. 3 (Summer): 445–475.

McDowell, Jonathan C. 2018. The Edge of Space: Revisiting the Karman Line. *Acta Astronautica* 151 (October): 668–677.

McNamara, Robert S. 1962. Defense Arrangements of the North Atlantic Community. *The Department of State Bulletin* 47, no. 1202 (July 9): 64–69.

McNamara, Robert S. 1965. Statement of Secretary of Defense Robert S. McNamara before the House

Armed Service Committee on the Fiscal Year 1966–70 Defense Program and 1966 Defense Budget. February. https://cdn.loc.gov/service/sgp/sgpmbb/00416159579/00416159579.pdf (accessed August 7, 2019).

Mearsheimer, John J. 1990. Back to the Future: Instability in Europe after the Cold War. *International Security* 15, no. 1 (Summer): 5–56.

Monteiro, Nuno P. 2011. Unrest Assured: Why Unipolarity is Not Peaceful. *International Security* 36, no. 3 (Winter): 9–40.

Morgenthau, Hans J. 1952. Another "Great Debate": The National Interest of the United States. *American Political Science Review* 46, no. 4 (December): 961–988.

Morrow, James D. 1991. Alliances and Asymmetry: An Alternative to the Capability Aggregation Model of Alliances. *American Journal of Political Science* 35, no. 4 (November): 904–933.

Morrow, James. 1993. Arms Versus Allies. *International Organization* 47, no. 2 (Spring): 207–234.

National Security Council (NSC). 1974. National Security Decision Memorandum 242: Policy for Planning the Employment of Nuclear Weapons. January 17. https://nsarchive2.gwu.edu/NSAEBB/NSAEBB173/SIOP-24b.pdf (accessed August 16, 2019).

National Security Council (NSC). 1980. Presidential Directive/NSC-59. July 25. https://nsarchive2.gwu.edu//nukevault/ebb390/docs/7-25-80%20PD%2059.pdf (accessed August 16, 2019).

North Atlantic Military Committee. 1968. Overall Strategic Concept for the Defense of the North Atlantic Treaty Organization Area MC 14/3 (Final) - 16.1.1968. In *NATO Strategy Documents 1949 - 1969*, ed. Gregory W. Pedlow. https://www.nato.int/docu/stratdoc/eng/a680116a.pdf (accessed August 6, 2019).

Nuechterlein, Donald E. 1985. *America Overcommitted: United States National Interests in the 1980s*. University Press of Kentucky.

Nye, Joseph S. Jr. 2016/17. Deterrence and Dissuasion in Cyberspace. *International Security* 41, no. 3 (Winter): 44–71.

Nye, Joseph S. Jr., and Sean M. Lynn-Jones. 1988. International Security Studies: A Report of a Conference on the State of the Field. *International Security* 12, no. 4 (Spring): 5–27.

Office of the Chairman of the Joint Chiefs of Staff (OCJCS). 2019. *DOD Dictionary of Military and Associated Terms*. Washington DC: The Joint Staff, November. https://www.jcs.mil/Portals/36/Documents/Doctrine/pubs/dictionary.pdf (accessed December 31, 2019).

Organski, A.F.K. 1968. *World Politics*, 2nd ed., New York: Knopf.

Oye, Kenneth A. 1985. Explaining Cooperation under Anarchy: Hypotheses and Strategies. *World Politics* 38, no. 1 (October): 1–24 [also in *Cooperation under Anarchy*, edited by Kenneth A. Oye, 1–24. Princeton University Press, 1986].

Paris, Roland. 2001. Human Security: Paradigm Shift or Hot Air? *International Security* 26, no. 2 (Fall): 87–102.

Pettersson, Therese, Stina Högbladh, and Magnus Öberg. 2019. Organized Violence, 1989–2018 and Peace Agreements. *Journal of Peace Research* 56, no. 4 (July): 589–603.

Posen, Barry R. 2003. Command of the Commons: The Military Foundations of U.S. Hegemony. *International Security* 28, no. 1 (Summer): 5–46.

Rosato, Sebastian, and John Schuessler. 2011. A Realist Foreign Policy for the United States. *Perspectives on Politics* 9, no. 4 (December): 803–819.

Ruggie, John G. 1982. International Regimes, Transactions, and Change: Embedded Liberalism in the Post-War Economic Order. In *International Regimes*, ed., Stephen D. Krasner, 195–231. Cornell University Press〔also *International Organization* 36, no. 2 (Spring 1982): 379–415〕.

Russett, Bruce, and John R. Oneal. 2001. *Triangulating Peace: Democracy, Interdependence, and International Organizations*. New York: Norton.

Singer, P. W., and Allan Friedman. 2014. *Cybersecurity and Cyberwar*. Oxford University Press.

Smith, Steve. 1996. Positivism and Beyond. In *International Theory: Positivism and Beyond*, ed. Steve Smith, Ken Booth, and Marysia Zalewski, 11–44. Cambridge University Press.

Snyder, Glenn. 1961. *Defense and Deterrence: Toward a Theory of National Security*. Princeton University Press.

Snyder, Glenn H. 1997. *Alliance Politics*. Cornell University Press.

United Nations Treaty Collection, https://treaties.un.org/pages/ViewDetails.aspx?src=TREATY& mtdsg_no=XXVI-9&chapter=26&clang=_en

U.S. Department of Defense (USDoD). 2002. *Excerpts of Classified Nuclear Posture Review/S*. January 8. https://fas.org/wp-content/uploads/media/Excerpts-of-Classified-Nuclear-Posture-Review.pdf (accessed August 25, 2019).

U.S. Department of Defense (USDoD). 2018. *Nuclear Posture Review*. Office of the Secretary of Defense. February. https://media.defense.gov/2018/Feb/02/2001872886/-1/-1/1/2018-NUCLEAR-POSTURE-REVIEW-FINAL-REPORT.PDF

Viner, Jacob. 1948. Power Versus Plenty as Objectives of Foreign Policy in the Seventeenth and Eighteenth Centuries. *World Politics* 1, no. 1 (October): 1–29.

Wæver, Ole. 1996. The Rise and Fall of the Inter-Paradigm Debate. In *International Theory: Positivism and Beyond*, ed. Steve Smith, Ken Booth, and Marysia Zalewski, 149–185. Cambridge University Press.

Wallander, Celeste A. 2000. Institutional Assets and Adaptability: NATO After the Cold War. *International Organization* 54, no. 4 (September): 705–735.

Walt, Stephen M. 1985. Alliance Formation and the Balance of World Power. *International Security* 9, no. 4 (Spring): 3–43.

Walt, Stephen M. 1991. The Renaissance of Security Studies. *International Studies Quarterly* 35, no. 2 (June): 211–239.

Walt, Stephen M. 1997. Why Alliances Endure or Collapse. *Survival* 39, no. 1 (Spring): 156–179.

Walt, Stephen M. 2009. Alliances in a Unipolar World. *World Politics* 61, no. 1 (January): 86–120.

Waltz, Kenneth N. 1964. The Stability of a Bipolar World. *Daedalus* 93, no. 3 (Summer): 881–909.

Waltz, Kenneth N. 1993. The Emerging Structure of International Politics. *International Security* 18, no. 2 (Fall): 44–79.

Waltz, Kenneth N. 1999. Globalization and Governance. *PS: Political Science and Politics* 32, no. 4 （December）: 693–700.

Waltz, Kenneth N. 2000. Structural Realism after the Cold War. *International Security* 25, no. 1 （Summer）: 137–173.

Wohlforth, William C. 1999. The Stability of a Unipolar World. *International Security* 24, no. 1 （Summer）: 5–41.

Wohlstetter, Albert. 1959. The Delicate Balance of Terror. *Foreign Affairs* 37, no. 2 （January）: 211–234.

Wolfers, Arnold. 1962. *Discord and Collaboration: Essays on International Politics*. Baltimore: Johns Hopkins Press.

Wolfers, Arnold. 1968. Alliances. In *International Encyclopedia of the Social Sciences*, ed. David L. Shils, 268–271. New York: Macmillan.

World Bank. 2019. Exports of Goods and Services （% of GDP）. http://data.worldbank.org/indicator/NE.EXP.GNFS.ZS （accessed December 7, 2019）.

Yergin, Daniel. 1977. *Shattered Peace: The Origins of the Cold War and the National Security State*. Boston: Houghton Mifflin.


アイケンベリー，G・ジョン．2004．『アフター・ヴィクトリー──戦後構築の理論と行動』鈴木康雄訳，NTT出版［Ikenberry, G. John. 2001. *After Victory: Institutions, Strategic Restraint, and the Rebuilding of Order after Major Wars*. Princeton University Press］．

アイケンベリー，G・ジョン．2012．『リベラルな秩序か帝国か──アメリカと世界政治の行方（下）』細谷雄一監訳，勁草書房［Ikenberry, G. John. 2006. *Liberal Order and Imperial Ambition: Essays on American Power and World Politics*. Cambridge, U.K.: Polity Press］．

明石欽司．1998．「欧州近代国家系形成期の多数国間条約における「勢力均衡」概念」『法學研究』第71巻第7号，7月，49–80頁．

アクセルロッド，R. 1998．『つきあい方の科学──バクテリアから国際関係まで』松田裕之訳，ミネルヴァ書房［Axelrod, Robert. 1984. *The Evolution of Cooperation*. New York: Basic Books］．

朝雲新聞社編．2019．『防衛ハンドブック 2019』朝雲新聞社．

芦部信喜．2019．『憲法』第7版，高橋和之補訂，岩波書店．

アメリカ国防総省編．1983．『英和和英最新軍事用語辞典』吉原恒雄ほか訳編，三修社．

アリストテレス．1980．『アテナイ人の国制』村川堅太郎訳，岩波書店．

アリソン，グレアム．2017．『米中戦争前夜──新旧大国を衝突させる歴史の法則と回避のシナリオ』藤原朝子訳，ダイヤモンド社［Allison, Graham. 2017. *Destined for War: Can America and China Escape Thucydides's Trap?* Boston: Houghton Mifflin Harcourt］．

伊東寛．2016．『サイバー戦争論──ナショナルセキュリティの現在』原書房．

岩沢雄司編．2018．『国際条約集』2018年版，有斐閣．

ヴェーバー，マックス．1980．『職業としての政治』脇圭平訳，岩波書店．

ウェルチ，デイヴィッド・A. 2016．『苦渋の選択──対外政策変更に関する理論』田所昌

幸監訳，千倉書房［Welch, David A. 2011. *Painful Choices: A Theory of Foreign Policy Change.* Princeton University Press］．

ウォールステッター，アルバート．1973．「こわれやすい恐怖の均衡」高坂正堯，桃井真共編『多極化時代の戦略　上―核理論の史的展開』日本国際問題研究所［Wohlstetter, Albert. 1959. The Delicate Balance of Terror. *Foreign Affairs* 37, no. 2（January）: 211-234］．

ウォルツ，ケネス．2010．『国際政治の理論』河野勝，岡垣知子訳，勁草書房［Waltz, Kenneth N. 1979. *Theory of International Politics.* New York: McGraw-Hill］．

ウォルツ，ケネス．2013．『人間・国家・戦争―国際政治の3つのイメージ』渡邉昭夫，岡垣知子訳，勁草書房［Waltz, Kenneth N. 1959. *Man, the State, and War: A Theoretical Analysis.* Columbia University Press］．

ウォルト，スティーヴン・M．2008．『米国世界戦略の核心―世界は「アメリカン・パワー」を制御できるか？』奥山真司訳，五月書房［Walt, Stephen M. 2005. *Taming American Power: The Global Response to U.S. Primacy.* New York: Norton］．

江藤淳．1995．『占領史録　下』新装版，講談社．

NHK取材班，渡邊裕鴻．2015．『山本五十六戦後70年の真実』NHK出版．

エンセル，ノルマン．1912．『現代戦争論―兵力と国利の関係』安部磯雄訳，博文館［Angell, Norman. 1910. *The Great Illusion: A Study of the Relation of Military Power in Nations to their Economic and Social Advantage.* London: W. Heinemann］．

オルソン，マンサー．1996．『集合行為論―公共財と集団理論』依田博，森脇俊雅訳，新装版，ミネルヴァ書房［Olson, Mancur, Jr. 1965. *The Logic of Collective Action: Public Goods and the Theory of Groups.* Harvard University Press］．

カー，E・H．2011．『危機の二十年―理想と現実』原彬久訳．岩波書店［Carr, E. H. 1946. *The Twenty Years' Crisis, 1919-1939: An Introduction to the Study of International Relations*, 2nd ed. London: Macmillan］．

外務省．2015．「核兵器不拡散条約（NPT）の概要」6月2日，https://www.mofa.go.jp/mofaj/gaiko/kaku/npt/gaiyo.html，2019年8月30日アクセス．

外務省．2019．「包括的核実験禁止条約」6月5日，https://www.mofa.go.jp/mofaj/gaiko/kaku/ctbt/gaiyo.html，2019年8月30日アクセス．

カウフマン，ウイリアム．1968．『マクナマラの戦略理論』桃井真訳，ぺりかん社［Kaufmann, William W. 1964. *The McNamara Strategy.* New York: Harper & Row］．

カウフマン，ウィリアム・W．1973．「抑止の諸条件」高坂正堯，桃井真共編『多極化時代の戦略　上―核理論の史的展開』日本国際問題研究所［Kaufmann, William W. 1956. Requirements of Deterrence. In *Military Policy and National Security*, ed. William W. Kaufmann, 12-38. Princeton University Press］．

カルドー，メアリー．2003．『新戦争論―グローバル時代の組織的暴力』山本武彦，渡部正樹訳，岩波書店［Kaldor, Mary. 1999. *New and Old Wars: Organized Violence in a Global Era.* Stanford University Press］．

カント．2006．『永遠平和のために／啓蒙とは何か他3編』中山元訳，光文社．

木村靖二，岸本美緒，小松久男編．2017．『詳説世界史研究』山川出版社．

ギルピン，ロバート．1990．『世界システムの政治経済学―国際関係の新段階』佐藤誠三郎，竹内透監修，大蔵省世界システム研究会訳，東洋経済新報社［Gilpin, Robert. 1987. *The Political Economy of International Relations*. Princeton University Press］．

クラウゼヴィッツ．2001a．『戦争論　上』清水多吉訳，中央公論新社．

クラウゼヴィッツ．2001b．『戦争論　下』清水多吉訳，中央公論新社．

グレイ，コリン．2015．『現代の戦略』奥山真司訳，中央公論新社［Gray, Colin S. 1999. *Modern Strategy*. Oxford University Press］．

クレフェルト，マーチン・ファン．2011．『戦争の変遷』石津朋之監訳，原書房［Van Creveld, Martin. 1991. *The Transformation of War*. New York: Free Press］．

ケネディ，ポール．1993．『大国の興亡―1500 年から 2000 年までの経済の変遷と軍事闘争　上巻』鈴木主税訳，決定版．草思社［Kennedy, Paul. 1987. *The Rise and Fall of the Great Powers: Economic Change and Military Conflict from 1500 to 2000*. New York: Random House］．

高坂正堯．1968．『宰相吉田茂』中央公論社．

高坂正堯．1989．「日本外交の弁証」渡辺昭夫ほか編『講座　国際政治 4―日本の外交』東京大学出版会．

高坂正堯．2008．『海洋国家日本の構想』中央公論新社．

国際連合．2008．『国連平和維持活動―原則と指針』平和維持活動局，フィールド支援局，https://www.unic.or.jp/files/pko_100126.pdf，2019 年 7 月 6 日アクセス［United Nations. 2008. *United Nations Peacekeeping Operations: Principles and Guidelines*. Department of Peacekeeping Operations and Department of Field Support］．

国際連合広報センター．「国連を正しく知るために」http://www.unic.or.jp/info/un/un_organization/setting_the_record_straight/，2018 年 5 月 7 日アクセス．

国土技術研究センター．「海に囲まれている国，日本」．http://www.jice.or.jp/knowledge/japan/commentary03，2019 年 12 月 15 日アクセス．

コックス，ロバート・W．1995．「社会勢力，国家，世界秩序―国際関係論を超えて」遠藤誠治訳，坂本義和編『世界政治の構造変動 2　国家』岩波書店［Cox, Robert W. 1981. Social Forces, States and World Orders: Beyond International Relations Theory. *Millennium* 10, no. 2 (Summer): 126–155］．

コヘイン，ロバート．1998．『覇権後の国際政治経済学』石黒馨，小林誠訳，晃洋書房［Keohane, Robert. 1984. *After Hegemony: Cooperation and Discord in the World Political Economy*. Princeton University Press］．

コヘイン，ロバート・O，ジョセフ・S・ナイ．2012．『パワーと相互依存』滝田賢治監訳，ミネルヴァ書房［Keohane, Robert O., and Joseph S. Nye. 2001. *Power and Interdependence*, 3rd ed. New York: Longman］．

坂元一哉．2000．『日米同盟の絆―安保条約と相互性の模索』有斐閣．

笹川平和財団海洋政策研究所編．2017．『海洋白書―本格化する海洋をめぐる世界と日本の取組み』成山堂書店．

佐々木卓也編著．2011．『ハンドブック　アメリカ外交史—建国から冷戦後まで』ミネルヴァ書房．

佐瀬昌盛．2012．『集団的自衛権—新たな論争のために』新版，一藝社．

シェリング，トーマス．2008．『紛争の戦略　ゲーム理論のエッセンス』河野勝訳，勁草書房［Schelling, Thomas C. 1960. *The Strategy of Conflict*. Harvard University Press］．

シュナイダー，グレン・H．1973．「拒否と懲罰による抑止力」桃井真訳，高坂正堯，桃井真共編『多極化時代の戦略　上—核理論の史的展開』日本国際問題研究所．

ジョージ，アレキサンダー，アンドリュー・ベネット．2013．『社会科学のケース・スタディ—理論形成のための定性的手法』泉川泰博訳，勁草書房［George, Alexander L., and Andrew Bennett. 2005. *Case Studies and Theory Development in the Social Sciences*. MIT Press］．

杉原高嶺ほか．2012．『現代国際法講義』第 5 版，有斐閣．

スチーブンスン，R・W．1989．『デタントの成立と変容—現代米ソ関係の政治力学』滝田賢治訳，中央大学出版部［Stevenson, Richard W. 1985. *The Rise and Fall of Détente: Relaxations of Tension in US-Soviet Relations, 1953-84*. University of Illinois Press］．

スミス，アダム．2000．『国富論 (2)』水田洋監訳，岩波書店．

スミス，アダム．2001．『国富論 (3)』水田洋監訳，岩波書店．

スローン，エリノア．2019．『現代の軍事戦略入門—陸海空から PKO，サイバー，核，宇宙まで』増補新版，奥山真司，平山茂敏訳，芙蓉書房出版［Sloan, Elinor C. 2017. *Modern Military Strategy: An Introduction*, revised and updated second edition. New York, NY: Routledge］．

セーガン，スコット，ケネス・ウォルツ．2017．『核兵器の拡散—終わりなき論争』斎藤剛訳，勁草書房［Sagan, Scott D., and Kenneth N. Waltz. 2013. *The Spread of Nuclear Weapons: An Enduring Debate*, 3rd ed. New York: W.W. Norton］．

外岡秀俊，本田優，三浦俊章．2001．『日米同盟半世紀—安保と密約』朝日新聞社．

多田実．1982．『日米安保条約—日本国とアメリカ合衆国との間の相互協力及び安全保障条約』三笠書房．

田中明彦．1997．『安全保障—戦後 50 年の模索』読売新聞社．

ダレス，ジョン・F．1973．「外交政策の進展」高坂正堯，桃井真共編『多極化時代の戦略　上—核理論の史的展開』日本国際問題研究所［Dulles, John Foster. 1954. Revolution of Foreign Policy. *The Department of State Bulletin* 30, no. 761（January 25）: 107-110］．

ドイル，マイケル・W．2004．「カント，自由主義の遺産，外交」猪口孝編『国際関係リーディングズ』東洋書林［Doyle, Michael. 1983. Kant, Liberal Legacies, and Foreign Affairs, Part I. *Philosophy and Public Affairs* 12, no. 3（Summer）: 205-235］．

トゥーキュディデース．1966．『戦史（上）』久保正彰訳，岩波書店．

トフラー，アルビン．1980．『第三の波』徳山二郎監修，鈴木健次，桜井元雄ほか訳，日本放送出版協会［Toffler, Alvin. 1980. *The Third Wave*. New York: Morrow］．

トフラー，アルビン，ハイジ・トフラー．1993．『アルビン・トフラーの戦争と平和—21世紀，日本への警鐘』徳山二郎訳，フジテレビ出版［刊行された原著なし．類書にToffler, Alvin, and Heidi Toffler. 1993. *War and Anti-War: Survival at the Dawn of the 21st Century*.

Boston: Little, Brown がある].

鳥嶋真也．2019．「日本版 GPS「みちびき」の軍事利用が始まる　衛星攻撃兵器やキラー衛星に本格的に対処『令和』時代の自衛隊による宇宙戦争」『軍事研究』第 54 巻第 6 号，6 月，70-81 頁．

ナイ，ジョセフ・S．1996．「米軍の撤退など論外だ」『新脅威時代の「安全保障」—『フォーリン・アフェアーズ』アンソロジー』中央公論社［Nye, Joseph S. Jr. 1995. The Case for Deep Engagement. *Foreign Affairs* 74, no. 4（July/August）: 90-102].

ナイ，ジョセフ・S．2011．『スマート・パワー—21 世紀を支配する新しい力』山岡洋一，藤島京子訳，日本経済新聞出版社［Nye, Joseph S. 2011. *The Future of Power*. New York: PublicAffairs].

ナイ，ジョセフ・S・ジュニア，デイヴィッド・A・ウェルチ．2017．『国際紛争—理論と歴史』原書第 10 版，田中明彦，村田晃嗣訳，有斐閣［Nye, Joseph S. Jr., and David A. Welch. 2017. *Understanding Global Conflict and Cooperation: An Introduction to Theory and History*, 10th ed. Boston: Pearson].

内閣官房（内閣審議室分室，内閣総理大臣補佐官室）編．1980．『総合安全保障戦略—総合安全保障研究グループ』大蔵省印刷局．

内閣官房（国家安全保障会議設置準備室）．2013．「『国家安全保障会議』について（説明資料）」http://www.kantei.go.jp/jp/singi/ka_yusiki/dai6/siryou1.pdf，2018 年 3 月 23 日アクセス．

内閣官房．2014．「国の存立を全うし，国民を守るための切れ目のない安全保障法制の整備について」国家安全保障会議決定・閣議決定，7 月 1 日，https://www.cas.go.jp/jp/gaiyou/jimu/pdf/anpohosei.pdf，2019 年 6 月 22 日アクセス．

内閣官房．2018．「『国家安全保障戦略』の現時点での評価について」12 月 18 日，https://www.cas.go.jp/jp/siryou/pdf/h301218hyouka.pdf，2019 年 5 月 31 日アクセス．

中江兆民．2014．『三酔人経綸問答』鶴ヶ谷真一訳，光文社．

中西寛．2007．「安全保障概念の歴史的再検討」赤根谷達雄，落合浩太郎編著．『「新しい安全保障」論の視座—人間　環境　経済　情報』増補改訂版，亜紀書房．

人間の安全保障委員会．2003．『安全保障の今日的課題—人間の安全保障委員会報告書』朝日新聞社．

バーリン，アイザィア．2000．『自由論』新装版，小川晃一ほか共訳，みすず書房［Berlin, Isaiah. 1979. *Four Essays on Liberty*. Oxford University Press].

バターフィールド，H．2010．「勢力均衡」H・バターフィールド，M・ワイト編『国際関係理論の探究—英国学派のパラダイム』佐藤誠ほか訳，日本経済評論社［Butterfield, Herbert. 1966. Balance of Power. In *Diplomatic Investigations: Essays in the Theory of International Politics*, ed. Herbert Butterfield and Martin G. Wight. London: Allen & Unwin].

花井等，石井貫太郎編．2009．『名著に学ぶ国際関係論』第 2 版，有斐閣．

花井等，木村卓司．1993．『アメリカの国家安全保障政策—決定プロセスの政治学』原書房．

ハンチントン，S・P．1995．『第三の波―20世紀後半の民主化』坪郷實，中道寿一，藪野裕三訳，三嶺書房［Huntington, Samuel P. 1991. *The Third Wave: Democratization in the Late Twentieth Century*. Oklahoma University Press］．

久江雅彦．2002．『9・11と日本外交』講談社．

福田歓一．1985．『政治学史』東京大学出版会．

福田毅．2011．『アメリカの国防政策―冷戦後の再編と戦略文化』昭和堂．

フクヤマ，フランシス．2005．『歴史の終わり　上巻』新装版，渡部昇一訳・特別解説，三笠書房［Fukuyama, Francis. 1992. *The End of History and the Last Man*. New York: Free Press］．

ブラント委員会．1980．『南と北―生存のための戦略』ブラント委員会報告，森治樹監訳，日本経済新聞社．

ブル，ヘドリー．2000．『国際社会論―アナーキーカル・ソサイエティ』臼杵英一訳，岩波書店［Bull, Hedley. 1995. *The Anarchical Society: A Study of Order in World Politics*, 2nd ed. Basingstoke, Hampshire: Macmillan Press］．

ブレイニー，ジェフリー．1975．『戦争と平和の条件―近代戦争原因の史的考察』中野泰雄，川畑寿，呉忠根訳，新光閣書店［Blainey, Geoffrey. 1973. *The Causes of War*. London: Macmillan］．

米国大使館レファレンス資料室編．2008．『米国の歴史と民主主義の基本文書』米国大使館レファレンス資料室．

ヘルド，デイヴィッドほか．2006．『グローバル・トランスフォーメーションズ―政治・経済・文化』古城利明ほか訳，中央大学出版部［Held, David et al. 1999. *Global Transformations: Politics, Economics and Culture*. Cambridge, U.K.: Polity Press］．

ヘロドトス．2007．『歴史（下）』改版，松平千秋訳，岩波書店．

防衛省．2012．「防衛省・自衛隊によるサイバー空間の安定的・効果的な利用に向けて」9月，http://www.mod.go.jp/j/approach/others/security/cyber_security_sisin. Pdf，2019年12月15日アクセス．

防衛を考える会事務局編．1975．『わが国の防衛を考える』朝雲新聞社．

細谷千博ほか編．1999．『日米関係資料集　1945-97』東京大学出版会．

ホッブズ．1954．『リヴァイアサン 1』水田洋訳，岩波書店．

ホッブズ．1964．『リヴァイアサン 2』水田洋訳，岩波書店．

ホフマン，ブルース．1999．『テロリズム―正義という名の邪悪な殺戮』上野元美訳，原書房［Hoffman, Bruce. 1998. *Inside Terrorism*. Columbia University Press］．

前田哲男，飯島滋明編．2003．『国会審議から防衛論を読み解く』三省堂．

マクナマラ，ロバート・S．1968．「ロバート・S・マクナマラ国防長官の上院軍事委員会における一九六九――一九七三会計年度国防計画および一九六九会計年度国防予算に関するステートメント」『国防』第17巻第5号，5月［Statement of Secretary of Defense Robert S. McNamara before the House Armed Service Committee on the Fiscal Year 1966-70 Defense Program and 1966 Defense Budget. February. https://cdn.loc.gov/service/sgp/sgpmbb/00416159968/00416159968.pdf（accessed August 7, 2019）］．

松田康博, 細野英揮. 2009. 「第8章　日本―安全保障会議と内閣官房」松田康博編
『NSC 国家安全保障会議―危機管理・安保政策統合メカニズムの比較研究』彩流社.

マハン, アルフレッド・セイヤー. 2008. 『マハン海上権力史論』北村謙一訳, 原書房
[Mahan, Alfred T. 2012. *The Influence of Sea Power upon History, 1660–1783*. Newburyport: Dover
Publications].

マンスフィールド, エドワード, ジャック・スナイダー. 1995. 「民主化は本当に世界を
平和にするか」『中央公論』第110巻第10号, 7月号, 367–385頁 [Mansfield, Edward D.,
and Jack Snyder. 1995. Democratization and War. *Foreign Affairs* 74, no. 3 (May-June): 79–97].

ミアシャイマー, ジョン・J. 2017. 『大国政治の悲劇』完全版, 奥山真司訳, 五月書房新
社 [Mearsheimer, John J. 2014. *The Tragedy of Great Power Politics*, updated ed. New York: W.W. Nor-
ton].

宮岡勲. 2006. 「『規範の学校』としての欧州安全保障協力機構―旧ソ連諸国における民主
的軍統制の国内法制化」『国際政治』第144号, 2月, 16–31頁.

室山義正. 1992. 『日米安保体制―冷戦後の安全保障戦略を構想する（上)』有斐閣.

室山義正. 1997. 「冷戦後の日米安保体制―「冷戦安保」から「再定義安保」へ」『国際政
治』第115号, 5月.

モーゲンソー, ハンス・J. 1998. 『国際政治―権力と平和』現代平和研究会訳, 新装版,
福村出版 [Morgenthau, Hans J. 1978. *Politics among Nations: The Struggle for Power and Peace*, 5th
ed., rev. New York: Knopf].

山本草二. 1994. 『国際法』新版, 有斐閣.

ラセット, ブルース. 1996. 『パクス・デモクラティア―冷戦後世界への原理』東京大学
出版会 [Russett, Bruce. 1993. *Grasping the Democratic Peace: Principles for a Post-Cold War World*.
Princeton University Press].

ルソー. 2008. 『人間不平等起源論』中山元訳, 光文社.

レイン, クリストファー. 2011. 『幻想の平和―1940年から現在までのアメリカの大戦
略』奥山真司訳, 五月書房 [Layne, Christopher. 2006. *The Peace of Illusions: American Grand
Strategy from 1940 to the Present*. Cornell University Press].

ローズクランス, リチャード. 1987. 『新貿易国家論』土屋政雄訳, 中央公論社. [Rose-
crance, Richard. 1986. *The Rise of the Trading State: Commerce and Conquest in the Modern World*. New
York: Basic Books].

ローレン, ポール・ゴードン, ゴードン・A・クレイグ, アレキサンダー・L・ジョージ.
2009. 『軍事力と現代外交―現代における外交的課題』木村修三ほか訳, 有斐閣 [Lau-
ren, Paul Gordon, Gordon A. Craig, and Alexander L. George. 2007. *Force and Statecraft: Diplomatic
Challenges of Our Time*, 4th ed. Oxford University Press].

ロック. 2011. 『市民政府論』角田安正訳, 光文社.

## あとがき

　正直に言えば、学生の頃には政治学を専攻していたにもかかわらず安全保障論にはあまり関心がなかった。私が 1998 年に提出した博士論文は、野生生物保護の国際規範（調査捕鯨、公海流し網漁業および象牙貿易を禁止する規範）に対する日本政府の対応を分析したものである。しかし、その後、1999〜2001 年のハーヴァード大学国際問題研究所への留学や、2002〜04 年の平和・安全保障研究所の安全保障研究奨学プログラムと 2007 年 7 月のコロンビア大学ザルツマン戦争平和研究所主催の軍事作戦・戦略分析サマーワークショップ（SWAMOS）などへの参加を通じて、私の学問的関心は「動物の安全保障（？）」から「国家の安全保障」へ完全に移ってしまった。本書は、それ以来、約 20 年間にわたり安全保障論の分野で研究と教育を実践してきた成果である。

　実は、国際政治論の入門書を執筆する企画は、2014 年に遡る。当初は、国際政治理論のみを扱う予定であったが、なかなか執筆に専念できずにどんどん後回しになってしまった。しかし、その後、安全保障論のテキストとして仕切り直し、2019 年度後半には大学の特別研究期間という執筆のためのまとまった時間を確保することができた。しかし、特別研究期間が始まるや否や予期しない出来事が起こった。

　本書を書き上げるに際して、ペロポネソス戦争と関係の深いアテネとデロス島を訪れ、そこで感じたことをこの「あとがき」に書こうと計画していた。ところが、ギリシアに飛び立つ前日に、新潟市で開催されていた日本国際政治学会・研究大会の会場において、何の前触れもなく、突然、胸のあたりが苦しくなり倒れてしまったのである。そして、長岡市にある立川綜合病院に救急車で運び込まれ緊急手術を受けた。長時間かかったこの手術は幸いにも成功し、なんとか一命をとりとめることができたのだが、その後も入院生活が 4 カ月近く続くことになった。

　私は、過去の偉大な学者に思いを馳せ、自分を励ました。古代ギリシアの

トゥキディデスは、ペロポネソス戦争ではアテーナイ（アテネ）の指揮官に任命されたが、アテーナイ植民都市アムピポリスの救援に失敗し、20年の追放刑を受け亡命生活を余儀なくされた。しかし「亡命者たることが幸いしてペロポネソス側の実情にも接して、経過の一々を一そう冷静に知る機会にめぐまれた」と『戦史』の中で回想している（第5巻第26章）。他にも、フィレンツェ共和国の官僚であったニッコロ・マキアヴェリは、政変により政府から追放されて山荘での隠遁生活を余儀なくされたことがあった。また、プロシアの軍人クラウゼヴィッツは、ナポレオン戦争後に陸軍大学校校長の任に就いたものの軍政改革派であったことが災いして、限定的な管理業務しか託されなかったことがあった。しかしこれらの例でも災いが転じて、彼らは不遇の時期にそれぞれ名著『君主論』と『戦争論』の執筆に専念することができたのである。

　私には「災いが転じて」という実感はまだない。入院生活では思うように本書の執筆に専念することができなかった。倒れる前までに9割方は脱稿していたものの、まだまだ不完全な内容であることは重々承知している（例えば、日本の安全保障政策において重要性を増している、オーストラリア、インド、韓国、東南アジア諸国およびヨーロッパ諸国との安全保障協力については紙幅の都合で取り上げられなかった）。しかし完璧を期していてはいつまでも出版はできない。今後、いろいろなご批判を真摯に受け止め、機会があれば次の改訂版に生かしたいと考えている。


　学問の基礎を身に着ける上でお世話になった方は数限りない。特に学生時代に研究指導をしてくださった田中宏先生、故リチャード・ケナウェイ先生、アーサー・ストックウィン先生、安全保障研究奨学プログラムにおいてディレクターをされていた山本吉宣先生と土山實男先生、そして現在の職場で以前、安全保障論の授業を担当されていた赤木完爾先生は、私の恩師と言える方々である。

　本書の執筆が進められたのも多くの人々のご厚意によるところが大きい。まとまった研究時間を与えてくださった慶應義塾大学法学部の岩谷十郎学部長をはじめとする同僚の方々、国際関係理論研究会に集う研究者の方々、本

あとがき　235

書の原稿をチェックしてくれた 2019 年度国際政治論特殊研究に出席した院
生のみなさん、長い間辛抱強く本書の執筆を支援していただいた慶應義塾大
学出版会の乗みどり氏、それに東京の職場から長岡の病院に資料を届けるな
どいろいろな手伝いをしてくれた妻・聡子と長男・賢太郎にも心からの謝意
を表したい。

　そして、昨秋に一命をとりとめ本書を完成することができたのは、緊急入
院と手術、その後の入院生活を支えてくださった方々のおかげである。倒れ
た現場付近にいた日本国際政治学会の書評小委員会の先生方、病院への緊急
搬送をしてくれた消防士・救急救命士の方々、主治医の葛仁猛先生をはじめ
とする立川綜合病院の心臓血管外科、形成外科、泌尿器科、およびリハビリ
テーション科の医師とスタッフ、そして何度も見舞いに来てくれた私と妻の
両親や弟など、お世話になった全ての方々に心よりお礼申し上げる。

　2020 年 2 月

宮岡　勲

宮岡　勲（みやおか　いさお）
慶應義塾大学法学部教授。1965 年生まれ。
オックスフォード大学大学院社会科学研究科博士課程政治学専攻修了、
D.Phil. 取得。
専門領域：国際政治理論、安全保障研究。
主要業績：*Legitimacy in International Society: Japan's Reaction to Global Wildlife Preservation*（Palgrave Macmillan、2004）、『日米同盟論——歴史・機能・周辺諸国の視点』（共著、ミネルヴァ書房、2011年）、*Security, Strategy and Military Change in the 21st Century: Cross-Regional Perspectives*（共著、Routledge、2015）、『安全保障政策と戦後日本 1972〜1994——記憶と記録の中の日米安保』（共著、千倉書房、2016 年）、ほか。

入門講義　安全保障論

2020 年 5 月 30 日　初版第 1 刷発行

著　者─────宮岡　勲
発行者─────依田俊之
発行所─────慶應義塾大学出版会株式会社
　　　　　　　〒108-8346　東京都港区三田 2-19-30
　　　　　　　TEL〔編集部〕03-3451-0931
　　　　　　　　　〔営業部〕03-3451-3584〈ご注文〉
　　　　　　　　　〔　〃　〕03-3451-6926
　　　　　　　FAX〔営業部〕03-3451-3122
　　　　　　　振替　00190-8-155497
　　　　　　　http://www.keio-up.co.jp/
装　丁─────Boogie Design
印刷・製本──株式会社理想社
カバー印刷──株式会社太平印刷社

©2020 Isao Miyaoka
Printed in Japan　ISBN 978-4-7664-2679-3

慶應義塾大学出版会

## 入門講義　戦後日本外交史

添谷芳秀著　憲法、日米安保、歴史問題、沖縄基地問題、北方領土問題……。日本が抱える外交問題の起源はここにあった。占領期から現在までの日本外交を、変動する国際政治のなかで読みとき、将来への視界を切りひらく、日本外交史入門の決定版。　　　　　　　　◎2,400円

## 戦後国際関係史
―二極化世界から混迷の時代へ

モーリス・ヴァイス 著／細谷雄一・宮下雄一郎監訳
国際政治史の世界的権威が、激動の戦後史を外交や軍事のみならず、経済・社会・文化の広い視点からダイナミックに描き出す。日本や中国を含む東アジア地域についての記述を大幅に追加した最新版の翻訳。　　◎3,500円

## 第一次世界大戦への道
―破局は避けられなかったのか

ウィリアム・マリガン著／赤木完爾・今野茂充訳
大国間の平和維持メカニズムはなぜ崩壊したのか。各国の国内情勢、外交の諸相、指導者の言動、軍部の計画や認識、世論の動向などの分析を通じて明快に解き明かす。大国が世界規模で複雑に交錯する現代にこそ、学ぶべき「歴史の教訓」がちりばめられた一冊。　◎3,200円

表示価格は刊行時の本体価格（税別）です。